CB136104

A IDEOLOGIA DA VERGONHA

E O CLERO DO BRASIL

Dados Internacionais de Catalogação na Publicação (CIP)
(Câmara Brasileira do Livro, SP, Brasil)

Pereira, William Cesar Castilho
A ideologia da vergonha e o clero do Brasil / William Cesar Castilho Pereira. – Petrópolis, RJ : Vozes, 2025.

Bibliografia.
ISBN 978-85-326-7340-4

1. Clero – Brasil 2. Cristianismo 3. Espiritualidade 4. Ideologia I. Título.

25-292210.0 CDD-230

Índices para catálogo sistemático:
1. Cristianismo : Religião 230

Eliete Marques da Silva – Bibliotecária – CRB-8/9380

A IDEOLOGIA DA VERGONHA

E O CLERO DO BRASIL

William Cesar Castilho Pereira

EDITORA VOZES

Petrópolis

Rua Frei Luís, 100
25689-900 – Petrópolis, RJ
www.vozes.com.br
Brasil

Revisão de texto: Adriana Maria Brandão Penzim, Ana Cristina Pereira Martins e Maria Antonieta Pereira
Editoração: Felipe Cotrim
Diagramação: Guilherme Ayres
Revisão gráfica: Alessandra Karl
Capa: Rodolfo Domingos | Dom Create

ISBN 978-85-326-7340-4

Este livro foi composto e impresso pela Editora Vozes Ltda.

Registro aqui a minha homenagem ao Papa Francisco – único, pleno, intenso –, que, pela sua indignação e coragem, ensinou-nos com esperança a não nos conformarmos com a ideologia da vergonha, que cobre a alma dos empobrecidos e dos mais sofridos.

Sumário

Introdução

Me pediram pra deixar de lado toda a tristeza,
Prá só trazer alegrias e não falar de pobreza.
E mais: prometeram que se eu cantasse feliz
agradava com certeza.
Eu que não posso enganar misturo tudo o que vivo.
Canto sem competidor partindo da
natureza do lugar onde nasci.
Faço versos com clareza, à rima, belo e tristeza.
Não separo dor de amor.
Deixo claro que a firmeza do meu canto
vem da certeza que tenho
De que o poder que cresce sobre a pobreza
e faz dos fracos riqueza
Foi que me fez cantador.

Geraldo Vandré, "Terra plana", 1968

Neste livro abordo algumas questões sobre três temas: a ideologia, a vergonha e o clero do Brasil. Embora a base de dados que usei refira-se a uma pesquisa feita com presbíteros, em 2019, pela CNBB, quando uso o vocábulo *clero*, estão incluídos os bispos e diáconos transitórios e permanentes. Uma vez que os bispos são escolhidos entre os presbíteros, e que os diáconos transitórios serão ordenados presbíteros, o tema da pesquisa também lhes diz respeito. A situação dos diáconos permanentes, normalmente casados e financeiramente autônomos, em alguma medida também podem ser afetados pelo que chamamos de *ideologia da vergonha*. O tema do livro diz respeito, portanto, ao clero do Brasil na sua diversidade ministerial. O objetivo é criar discussões que, há tempo, repousam silenciosas ao redor de determinados conflitos: dominação, dependência, recalque, liberdade, vergonha, autonomia, indignação e esperança.

Caso este livro tiver algum mérito, não se atribua propriamente à escrita do autor aqui apresentado – insignificante se comparada aos amplos estudos já realizados acerca da temática abordada. Ou seja, se comparada aos estudos sócio-históricos, religiosos e psicanalíticos sobre a origem das famílias, da riqueza cultural da religiosidade popular, do capital econômico e intelectual dos padres, a respeito do exercício ministerial nas paróquias nos meios urbanos e, por consequência, os modos de sofrimento psíquico que muitos membros do clero manifestam devido à introjeção ideológica da vergonha decorrente de uma longa história que abrange sua origem geográfica, familiar, cultural, econômica, intelectual, religiosa, racial, de orientação psicoafetiva e sexual.

O texto convida os leitores a colocarem os temas da ideologia, da vergonha e os modos de viver do clero do Brasil em análise: Em que consiste cada um deles e qual a relação deles na construção da subjetividade do sujeito numa sociedade cada vez mais exigente de desempenho do modelo neoliberal, de mercado e de autocentramento no gozo narcisista? A ideologia dominante seria uma forma de usufruto, ou seja, de gozar, visando à satisfação diante do vazio da existência, mas consciente de que aquilo que você goza não lhe pertence? Quais os predicados tomados emprestados do grande Outro que contribuem fortemente com a dor psíquica dos sujeitos mais pobres e sofridos? Quais as formas de cuidado do sofrimento psíquico observadas em grande parcela dos padres (de 65% a 70%) pertencentes ao contingente de 40% da população brasileira, que constituem os mais sofridos?

Essa é uma questão política. Não a ideia de política como concepção de "mentes pequenas", na estreita visão de mundo, na resistência à mudança social ou na baixa preocupação com o próximo. Segundo Hannah Arendt (1998, p. 48),

> A coisa política entendida nesse sentido grego está, portanto, centrada em torno da liberdade, sendo liberdade entendida negativamente como o não ser dominado e não dominar, e positivamente como um espaço que só pode ser produzido por muitos, onde cada qual se move entre iguais. Sem esses outros, que são meus iguais, não existe liberdade alguma; por isso, aquele que domina outros e, por conseguinte, é diferente dos outros em princípios, é mais feliz e digno de inveja que aqueles a quem ele domina, mas não é mais livre em coisa alguma.

Na perspectiva política, o que nos interessa, na relação entre os conceitos de ideologia, vergonha e o clero, é a noção de *resistência*, como matéria-prima de mudança. Assim está escrito em Mc 12,10: "A pedra que os construtores rejeitaram, esta é que se transformou em pedra preciosa para a construção"[1].

Esse trabalho de consciência da potencialidade latente do sujeito (pedra preciosa), do inconsciente, é semelhante ao ofício do garimpeiro. Caprichosa e pacientemente, o garimpeiro seleciona as primeiras pedras, muitas vezes sem nenhum valor, até encontrar, bem no fundo, as pedras preciosas. As pedras valiosas (principais da construção): as manifestações e os desejos inconscientes, que, num determinado momento, estão adormecidos, recalcados, à espera de uma linguagem que os faça escoar por meio da palavra. "O Verbo se fez carne", dizia São João (Jo 1,1).

Esta é a proposta original deste livro: mais que uma simples leitura a respeito da formação social, econômica, intelectual e religiosa do clero do Brasil, é um convite à participação reflexiva do leitor no processo de análise do sofrimento psíquico de homens consagrados que buscam no ministério presbiteral a aventura de uma maior identidade com suas raízes familiares, culturais, religiosas, econômicas, intelectuais e estéticas.

A ideologia dominante, tal como "um passo em falso" ou "tropeço", esbarra na ausência da palavra original de si mesmo para compreen-

1. Todas as traduções de textos bíblicos são da *Bíblia Sagrada* (Brasília: Edições CNBB, 2018).

der quem de fato somos. Não é possível escutar plenamente o que é dito nessa busca, pois muitas imagens de si são indizíveis. Os psicanalistas diriam que é o *real*. Os teólogos nomeiam-no como *mistério*. O confessionário, a direção espiritual e o consultório psicanalítico constituem-se, portanto, como "lugar" para a escuta do que é impossível dizer: as raízes originais do sujeito, e não as camadas superpostas das fábricas de ideologia da vergonha.

Toda a narrativa aqui desdobrada teve seu início na minha infância. Sou de uma família católica, por isso escolhi a Igreja Católica como lugar de viver a fé, de convivência comunitária e de objeto de estudo. Não sou teólogo, pastoralista ou biblista. Meu interesse é estudar o patrimônio das ideias religiosas da Igreja Católica, tal como a cultura o transmite ao psiquismo do sujeito. A Igreja Católica é um patrimônio de fé, de cultura e de transformação social. Jacques Lacan (2005, p. 65), renomado psicanalista, dizia:

> Ora, a religião, sobretudo a verdadeira [aqui ele se referia à Igreja Católica], tem recursos de que sequer se suspeita. Por ora, basta ver como ela fervilha. É absolutamente fabuloso. Eles gastam um tempo, mas de repente compreenderam qual era sua chance com a ciência. Vão precisar dar um sentido a todas as reviravoltas introduzidas pela ciência. E, no que se refere ao sentido, eles conhecem um bocado. São capazes de dar sentido realmente a qualquer coisa. Um sentido à vida humana, por exemplo. São formados nisso.

Há cinquenta anos exerço a escuta psicológica em consultório privado. Há décadas dedico-me ao exercício de pesquisador e conferencista a respeito da questão do sofrimento psíquico dos presbíteros à luz da psicanálise. Se, por um lado, a existência de laços afetivos tão antigos na família e na Igreja Católica, com a população presbiteral e os religiosos e as religiosas, possibilitou-me conhecer de perto, sob várias facetas, a realidade ideológica da vergonha no cotidiano de suas vidas, por outro, desempenhar a função clínica de psicólogo e o papel de pesquisador possibilitou-me conhecer mais ainda os sofrimentos psíquicos das pessoas ouvidas – a vergonha que atinge em cheio a alma humana.

Por esses motivos, redigi este texto. Este livro é, pois, símbolo de um dever cumprido. Deixo claro, plagiando Geraldo Vandré, que não escrevo aqui versos eufóricos e fantasias maníacas da realidade do clero do Brasil. Não posso enganar o leitor. O texto deste livro é uma mistura de amor e dor. É até possível rimar o belo e a tristeza. Creio na reviravolta do sofrimento na transformação de vidas. Deixo claro que a certeza que tenho é que o combate ao poder perverso da ideologia dominante, a qual faz crescer a vergonha entre os indefesos, é o que me impulsionou a escrever esta obra com vontade profética.

No capítulo 1, apresento, por meio de números e das interpretações que eles possibilitam, como se compõe o universo do clero do Brasil, no que diz respeito a aspectos objetivos e mensuráveis, nas cinco macrorregiões brasileiras. Meu intento é também analisar, de modo breve, alguns aspectos socioeconômicos, ecológicos e religiosos dessas regiões. Examino também o perfil do clero identificado historicamente com o catolicismo popular rural e o mal-estar diante das mutações ocorridas em paróquias nos grandes centros urbanos pautados pelo modelo industrial e por novas tecnologias de comunicação. Finalmente, diante do impasse do modelo da pastoral rural e a urbana midiática, analiso quais os caminhos das diretrizes apontadas pelo Sínodo convocado e dirigido pelo saudoso Papa Francisco.

O capítulo 2 analisa as questões etárias e raciais do clero do Brasil. O intuito é compreender e discutir alguns aspectos etários, sobretudo a questão das gerações convivendo em espaços e tempos diversos no presbitério. Articulando a dimensão racial e as questões etárias, analiso como a Igreja lida com as práticas e identidades culturais, a exposição à violência e sua atitude perante o racismo, em especial com as populações negra e indígena. Tais produções objetivas e subjetivas constituem verdadeiras fábricas do racismo estrutural da ideologia da vergonha.

No capítulo 3, o bloco de questões, cujas respostas serão retratadas nessa parte, visa, primeiro, traçar o perfil das famílias dos respondentes à pesquisa, no que tange aos pais, à origem socioeconômica e ao grau de escolaridade dos progenitores. Na sequência, analisamos os dados estatísticos apresentados, referentes à situação de escolaridade do clero, e aprofundaremos a alusão que fizemos no capítulo anterior à influência das redes sociais no exercício pastoral do clero. Finalmente, apresentaremos uma pequena análise da Igreja e alguns pontos frágeis e fortes introjetados pelo clero.

No capítulo 4, discuto a questão econômica do clero do Brasil. "O trabalhador merece o seu salário" (1Tm 5,18; Lc 10,7) – esse tem sido o grande mote que fundamenta a importância antropológica e teológica da sustentabilidade econômica do clero do Brasil. O objetivo dessa parte é, essencialmente, discutir questões pertinentes à maneira como os padres têm sido remunerados na Igreja numa determinada linha de tempo, estruturando-as com os depoimentos das personagens ouvidas conforme as periodizações históricas: antes e após o Concílio Vaticano II. Nesse sentido, não há apenas um modelo para gerenciar uma paróquia e produzir remuneração, mas múltiplos estados de se viver em sucessão, que se formam e se desmancham em diferentes períodos – pré-capitalista, capitalista e neoliberal – em múltiplos espaços sociais. A intenção desse capítulo é analisar os modos de funcionamento do significante dinheiro na vida do clero do Brasil: o dinheiro como partilha ou como gozo narcisista.

No capítulo 5, último desta publicação e cujo título é nele inspirado, discuto, inicialmente, os dois principais conceitos que embasam esta obra: *ideologia* e *vergonha*. Na sequência, assinalo o elo existente entre algumas obras clássicas que abordam a questão da ideologia e determinados conceitos oriundos da teoria psicanalítica freudiana, como *narcisismo*, *eu ideal*, *identificação* ou *idealização* e *ideal de eu*. O que me interessa, na relação entre os conceitos de ideologia e vergonha, é a noção de *resistência*, como reação às relações de poder, de prazer e de saber. Pretendo verificar as estratégias e as formas de resistência que poderão ser produzidas e mobilizadas pelos grupos excluídos da sociedade (presbíteros), em diferentes contextos sociais, políticos e religiosos, visando à transformação de suas vidas.

Termino o livro com uma reflexão acerca da melancolia e do luto, como forma de elaboração do processo de separação. Melancolia é uma escolha triste, passiva e autoagressiva devida à introjeção da figura do grande dominador sobre o dominado – a ideologia da vergonha. O luto é dor, mas uma dor que mira a *esperança*. Circula pelas redes um pequeno texto de autoria anônima e que expressa com beleza o que aqui quero dizer: "A esperança tem duas filhas lindas, a indignação e a coragem. A indignação nos ensina a não aceitar as coisas como estão. A coragem, a mudá-las".

William Cesar Castilho Pereira
Inverno de 2025

Agradecimentos

O presente trabalho assemelha-se muito à forma de vida do povo que, quando deseja construir algo, organiza-se em empreitadas à base de mutirão. O sistema de mutirão é um princípio típico de trabalho rural, que mobiliza várias pessoas coletivamente visando à colaboração e à solidariedade.

Para suprirmos a falta de recursos de financiamento acadêmico adequados à realização deste projeto de pesquisa e de escrita, recorremos ao trabalho gratuito, coletivo e participativo de várias pessoas: bispos, padres e leigos engajados na Igreja. Inestimáveis amigos e amigas do coração, testemunhando que a utopia da solidariedade ainda é possível hoje. A todos, minha profunda gratidão pela amizade, pelas críticas e, especialmente, pelos diálogos pertinentes e intermináveis.

Dirigimos, por isso, nossos agradecimentos àqueles cuja contribuição foi decisiva neste trabalho. Não posso me esquecer de agradecer às minhas amigas Adriana Maria Brandão Penzim, Ana Cristina Pereira Martins e Maria Antonieta Pereira – interlocutoras principais deste texto, que me acolheram desde a primeira hora às últimas letras, com sensibilidade, competência, dialogando comigo e revendo cada parágrafo. Especial agradecimento a Dom Edson Taschetto Damian, irmão que escolhi recentemente depois de estar em São Gabriel da Cachoeira, Amazonas. Agradeço-lhe por suas leituras e pelas longas e generosas conversas acerca do texto.

O afeto e, em muitos momentos, o encorajamento e a dedicação da Maninha, filhos, Pedro, João e Cesar, suas companheiras e, principalmente, Otto, Elis, Caio e Diana – netos e netas, pedras angulares de inspiração mística desta obra. Meus amores em plenitude.

Devo particular gratidão aos amigos(as) Dom Leonardo Steiner, Dom Esmeraldo Barretos de Farias, Dom Walmor de Oliveira de Azevedo, Dom Joaquim Hudson de Souza Ribeiro, Dom João Francisco Salm, Dom Luiz Fernando Lisboa (C.P.), Dom Joel Maria dos Santos, Dom Juarez Albino Destro, Dom Joaquim Giovani Mol Guimarães, Carlos Dominguez Morano, Ana Lúcia Marçolla, Lúcia Teixeira Alvim, Paulo Gabriel, João Bosco Castro Teixeira, Lino Brunel, Frei Betto, Antônio Tatagiba Vimercat, Leonardo Lucas Pereira, Paulo Sérgio Carrara, Durval Ângelo, Dalton Almeida Barros, Maikel Dalbem, Bernardo S. Nunes Mendes, Giovani do Carmo Junior, Isabel dos Anjos Leandro, Elias Souza, Edmar Avelar de Sena, Fábio Potiguar Santos, Jaldemir Vitório, Jailson Salvador da Silva, Euder Daniane Canuto Monteiro, Júlio Cezar Santos Souza, Gabriel Vilardi, Carlos Henrique Senna, Nereu de Castro Teixeira, Manoel Godoy, Paulo Cabral, José Antônio, Geraldo Luiz De Mori, Henrique Moura Farias, Domingos Barroso, Marcelo Vicente de Paula, Zélia Castilho de Souza Rogedo, Ivan Domingues, Kelder José Brandão Figueira, Mauro Passos e Luly Rodrigues, pelas críticas, correções e observações acerca do texto.

Prefácio

> O homem é um ente narrador, porque em devir: descobre-se e enriquece-se com as tramas dos seus dias. Mas, desde o início, a nossa narração está ameaçada: na história, serpeja o mal.
>
> Papa Francisco, *Mensagem do Dia Mundial das Comunicações*, 2020

Um ser narrador, por ser devir! Vai tecendo (*textum* em latim) no tempo e no espaço que lhe é oferecido. Vai tecendo a si mesmo, vai como que traçando a narrativa nos seus dias. "As histórias que contamos e recontamos e transmitimos uns aos outros são tendas sob as quais nos reunimos, estandartes a seguir na batalha, cordas indestrutíveis para conectar os vivos e os mortos, e o entrelaçamento dessas vastas tramas através dos séculos e das culturas nos liga fortemente uns aos outros e à história, guiando-nos através das gerações" (Tartt, 2024).

A tessitura acontece no espaço e no tempo da finitude humana. Sem destecer a existência, pode entrelaçar "cordas" que impedem a tessitura sempre mais harmoniosa, cheia de arte e beleza, uma consumação de vida. Talvez, nesse sentido, Gilbert Keith Chesterton (2003), em *São Francisco de Assis*, afirma que a "inovação moderna que substitui a história pelo jornalismo, ou por aquela tradição que podemos chamar de 'fofoca' da história, teve ao menos um efeito claro: garantiu que todas as pessoas ouçam apenas o fim das histórias". O fim das histórias, pouco ou nada ajudam na percepção das sendas, das veredas trilhadas, da tessitura existencial. Mas especialmente pouco ou nada dizem de uma vida que se consumou de um modo próprio. O fim de uma história pouco ou nada diz dos confrontos, das alegrias, das decisões, das decepções, dos impasses, das frustrações, das buscas, das escutas, das energias empregadas, dos sonhos, das transformações e libertações, da maturação, do caminho da fé, do exercitar-se no ministério e na missão; de um amor que deu razão e acrisolou as crises. Uma tessitura!

Pre-facio! *Prae-fari*: falar antes! No antes, trazer à fala o que virá. Como um despertar para o que está por vir. Uma espécie de "curiosar" para, em dizendo, sem tudo conseguir dizer, abrir falas, ditos, leituras, reflexões. Uma provocação, um despertar, para o desejo da leitura do escrito. Ou, "o senhor solte em minha frente uma ideia ligeira, e eu rastreio essa por fundo de todos os matos, amém!" (Guimarães Rosa, 1988, p. 8). Uma ideia ligeira a provocar o leitor a rastrear o fundo que deseja iluminar a alma humana.

William Cesar Castilho Pereira em diversas obras ofereceu uma excelente contribuição na busca da verdade da pessoa. Em *A formação religiosa em questão*, propõe aos formadores, na qualidade de educadores, uma reflexão crítica a respeito das práticas e carismas da vida consagrada; em *Sofrimento psíquico dos presbíteros*, aborda a dor institucional. Uma obra para todos os que trabalham com formação inicial e permanente na Igreja: aspirantes ao sacerdócio.

O livro *A ideologia da vergonha e o clero do Brasil* ilumina diversas dimensões de quem recebeu o ministério ordenado. O clero, como todo o ser humano, está em gestação. Como afirma Riobaldo: "Mire veja: o mais importante e bonito, do mundo, é isto: que as pessoas não estão sempre iguais, ainda não foram terminadas – mas que elas vão sempre mudando. Afinam ou desafinam. Verdade maior. É o que a vida me ensinou" (Guimarães Rosa, 1988, p. 15). Apoiado em pesquisas e na escuta do clero, o livro provoca reflexão e questionamento das desafinações e afinações, para oferecer uma possibilidade de uma tessitura livre, libertadora.

Os capítulos iniciais são uma preparação para abordar a questão incômoda da ideologia e da vergonha. A ideologia e a vergonha como impeditivos para o exercício do ministério e a vida da missão presbiteral. Tomada a ideologia como *ideos + logia*, ideia e lógos, o discorrer pode superar o fechamento, a limitado, o endurecido, tornando-se um lógos libertador. O mesmo com a vergonha, quando acordado pela vergonha, vem o respiro do ar puro da manhã. "É o que a vida me ensinou"!

Quando saí de casa, aos treze anos, minha mãe traçou o sinal da cruz na minha fronte com o conselho: "Não esqueça que você nasceu na roça". Sentado na capela Paulina à espera do início do Conclave que elegeu o Papa Leão XIV, espontaneamente se apresentou o conselho materno. O filho do cultivo da terra, participando da celebração eclesial para escolher o sucessor de Pedro, o sinal da comunhão. O conselho materno guiou-me nas alegrias, nas decepções, nos encantos e desencantos, no afinar e desafinar. Continua a certo guia seguro no tecer e cultivo dos meus dias.

O conselho é que a ideologia e a vergonha sejam caminho do tecer encantador, admirado, solto, gratuito, como quem cultiva a terra. Podem ser sinais de esperança: "A esperança não engana" (Rm 5,5).

O livro vem a público no Ano Santo da Redenção, Ano da Esperança. Castilho Pereira cita: "A esperança tem duas filhas lindas, a indignação e a coragem. A indignação nos ensina a não aceitar as coisas como estão. A coragem, a mudá-las".

A indignação como filha da esperança, gera pessoas inquietas, insatisfeitas, sonhadoras, transformadoras, que se deixam tomar pelo movimento da geração, da transfiguração, da libertação. A esperança, por meio de sua filha indignação, indica o sentido do anúncio e da visibilização do reino da verdade e da vida, reino da santidade e da graça, reino da justiça do amor e da paz (Prefácio). A indignação guiada e tomada pela verdade e pela justiça conduz à paz, à harmonia, à consumação.

A esperança, na filha coragem, aspira, anseia plenitude, vida bem-sucedida, querer agarrar o que é grande, o que enche o coração e eleva o espírito para coisas grandes, como a verdade, a bondade e a beleza, a justiça e o amor. A esperança, na indignação e coragem, desperta ousadia, sabe olhar para além das comodidades pessoais, das pequenas seguranças e compensações que reduzem o horizonte, para se abrir ao que torna a vida mais bela e digna, atraente e sublime – conforme discursou Papa Francisco em encontro com jovens cubanos, em 2015.

Na finitude da cotidianidade, no serpejar do mal, que a ideologia possa ser liberdade e a vergonha graça! Aceitar o conselho: ouvir a ideologia e ver a vergonha, para ser guiado através das gerações, da geração. A existência: uma tessitura de transformação.

Gratidão, por iluminar a vida e o ministério dos ministros ordenados, despertando-os para a vida plena do Reino!

Leonardo Ulrich Cardeal Steiner
Arcebispo metropolitano de Manaus

A esperança tem duas filhas lindas, a indignação e
a coragem. A indignação nos ensina a não aceitar
as coisas como estão. A coragem, a mudá-las.

Autoria desconhecida. Atribuída a Santo
Agostinho e a Pablo Neruda

1
Regiões brasileiras e diferenças pastorais

1.1 Perfil dos presbíteros

Este primeiro capítulo apresenta, por meio de números e de interpretações que eles possibilitam, como se compõe o universo de padres do Brasil, no que diz respeito a aspectos objetivos e mensuráveis, nas cinco macrorregiões brasileiras. Visamos também analisar alguns aspectos socioeconômicos, ecológicos e religiosos dessas regiões, bem como examinar o perfil de padres identificados historicamente com o catolicismo popular rural e o mal-estar diante das mutações havidas em paróquias nos grandes centros urbanos pautados pelo modelo industrial e por novas tecnologias de comunicação.

De acordo com vários estudos sobre o clero do Brasil, estimava-se, em 2019, a existência de 26.601 presbíteros no país (CNBB, 2024b). É sobre esse universo que desejamos refletir.

1.1.1 Macrorregiões de atuação dos padres

Quanto ao local de atuação dos padres pesquisados, 43,5% responderam que atuam na Região Sudeste; 21,5% na Nordeste; 19,5% na Sul; 9,03% na Centro-Oeste e 6,3% na Norte.

Tabela 1 – Local de atuação dos padres brasileiros. Distribuição por macrorregiões

	Frequência	Percentual
Norte	1.464	5,6%
Centro-Oeste	2.079	7,8%
Sul	4.47	16,8%
Nordeste	4.937	18,5%
Sudeste	10.003	37,6%
Não informado	3.648	13,7%
Total	26.601	100%

Fonte: CNBB (2019).

Compreender a relação entre o número de padres e o número de habitantes no Brasil é importante para a nossa análise. Nesse sentido, Godoy (2019) aponta que em 2000 havia 16.772 padres. Em 2010, eram 22.119, e em 2014 havia 24.598 padres no país.

Aquele autor prossegue relacionando o número de padres e o de habitantes. Em 2000, a população total do país era de 169 milhões, havendo 10.123 habitantes para cada sacerdote. Dez anos depois, com uma população de aproximadamente 190 milhões, havia 8.624 habitantes para cada padre. E em 2014, quando o país alcançava 204 milhões de habitantes, a cada padre correspondiam 8.292 habitantes.

No Censo de 2022, a população residente no Brasil foi estimada em 212,6 milhões, sendo 8,5 % na Região Norte; 8% na Centro-Oeste; 14,7% na Sul; 26,9% na Nordeste e 41,8% na Sudeste.

Para que possamos refletir de forma mais ampla acerca da distribuição dos padres em relação à população, é necessário que, além do dado numérico sobre o local de atuação dos padres nas macrorregiões, se discuta como nelas se manifestam as diferenças culturais, socioeconômicas, geopolíticas, ecológicas e teológicas em cada diocese ou arquidiocese e nas paróquias.

As macrorregiões brasileiras não constituem uma unidade nacional homogênea e uniforme. Ao contrário, trata-se de uma combinação ontológica marcada por multiplicidades paisagísticas, artísticas, topográficas, geográficas, urbanísticas, históricas, políticas, econômicas, socioculturais, religiosas e linguísticas.

No Brasil, a diversidade linguística é relevante, dado que o português é o idioma oficial mais falado, mas há muitas outras línguas em uso no país, devido à pluralidade étnica e cultural, reflexo de uma história de colonização, das migrações e da presença de povos originários, de imigrantes e refugiados. Estima-se que existam 274 línguas indígenas, faladas por 305 etnias (Weber, 2025). E, ainda, em algumas cidades do sul fortemente marcadas pela imigração, fala-se usualmente o alemão e o italiano. Nas fronteiras com países de língua hispânica, é forte o portunhol. Muito mais do que um sistema de comunicação, a língua é um componente central da cultura e da identidade de um povo, além de ser um meio de veiculação de poder.

A Constituição do Brasil reconhece a diversidade cultural e linguística do país, e, em algumas regiões, as línguas indígenas e outras línguas minoritárias têm *status* de cooficiais em contextos específicos.

1.1.2 Desigualdades regionais

Nas diferentes regiões brasileiras, produzem-se, cotidianamente, diversos e permanentes movimentos compartilhados entre as comunidades que se manifestam na forma de festividades, folclore, artes, costumes, culinária, celebrações, ritos religiosos, indumentárias, abrangendo questões de gênero, raça, etnia, afetivas, morais e éticas.

Ainda que o nível de desenvolvimento de um povo tenha que ser pensado além da distribuição de renda, em relatório apresentado no Fórum Econômico Mundial de 2024, a Oxfam Brasil destacou que, não obstante uma queda histórica da desigualdade social no país – principalmente devida ao crescimento do salário entre os trabalhadores mais pobres –, a desigualdade de renda no Brasil é elevadíssima: o 1% mais rico da população tem uma renda 31,2 vezes maior do que os 50% mais pobres. E, ainda, 63% da riqueza do país está nas mãos de 1% da população.

A tais dados se somam outros fatores, sobretudo os de ordem racial e de gênero, pois, "em média, o rendimento das pessoas brancas é mais de 70% superior à renda de pessoas negras" (Oxfam Brasil, [2025]), ao que se acrescenta a desigualdade salarial entre homens e mulheres, que persiste em nosso país de forma significativa. Segundo o *3º Relatório de transparência salarial e critérios remuneratórios*, divulgado em abril de 2025 pelo Ministério do Trabalho e Emprego, as mulheres recebem, em média, 20,9% a menos do que os homens em empresas com cem ou mais empregados. Essa diferença é ainda mais acentuada quando se considera o recorte racial: mulheres negras ganham, em média, 52,5% a menos do que homens não negros (Brasil, 2025).

No que tange aos aspectos espaciais, de acordo com o Censo de 2022, 87,4% da população do Brasil reside em áreas urbanas e 12,6% em áreas rurais. Em elevação permanente, observa-se que o índice de urbanização era de 84,4% em 2010. A Região Centro-Oeste teve a maior variação em contingente de população urbana entre 2010 e 2022, com aumento de 19,21% (IBGE, 2023). Tais dados refletem o contínuo processo de urbanização no Brasil, com a maioria da população concentrando-se nas cidades.

Contudo, ao mesmo tempo em que o país tem tanto cidades quanto áreas rurais bastante desenvolvidas, como é o caso das regiões Sul, Sudeste e Centro-Oeste, é possível encontrar outras que têm índices de desenvolvimento inferiores, como as do Norte e Nordeste.

Ampliando a nossa discussão, para pensar a questão das desigualdades há que se superar o entendimento de que se trata apenas de valores e posses, do ter ou não ter. É significativo compreender o que se tem denominado como "desenvolvimento humano".

> Desenvolvimento humano é o processo de ampliação das liberdades das pessoas com relação às suas capacidades e oportunidades. Pode ser compreendido como o desenvolvimento das pessoas por meio da construção de capacidades humanas, com a participação ativa dos indivíduos no centro dos processos que possibilitam a valorização e a melhora da qualidade de suas vidas. A abordagem do desenvolvimento humano coloca as pessoas no centro da análise do bem-estar, perspectiva oposta

> ao que sugere a ideia de desenvolvimento ancorada no crescimento econômico, redefinindo a maneira como pensamos e lidamos com o desenvolvimento em diferentes escalas territoriais (Ipea; FJP; PNUD, [2025]).

Observa-se uma redução das disparidades entre as macrorregiões brasileiras nos últimos anos, não suficientes, contudo, para que o Brasil supere um histórico de desigualdades.

Ainda que já possam ter sido alterados, os dados apontados em *Desenvolvimento humano nas macrorregiões brasileiras* (Ipea; FJP; PNUD, 2016), em um estudo que abrangeu um longo período histórico (1991-2010), lê-se que

> o maior IDHM[2] encontrado em 2010 foi o da Região Sudeste, com valor de 0,766; e o menor, o da Região Nordeste, com 0,663. A Região Norte aparece praticamente empatada com a Região Nordeste, apresentando IDHM de 0,667. A Região Sul aparece na terceira posição, com IDHM de 0,754, também praticamente empatada com a Região Centro-Oeste, de IDHM 0,757. Esses valores evidenciam que todas as macrorregiões brasileiras têm médio ou alto desenvolvimento humano. Nota-se, com isso, grande avanço desde 1991, quando nenhuma macrorregião alcançava médio desenvolvimento humano.

A ONU coloca o Brasil entre os dez países mais desiguais do mundo no que diz respeito às suas condições socioeconômicas (Sasse, 2021).

Como se pode observar, a desigualdade não se atém ao poder aquisitivo das pessoas e aos valores médios de renda, evidenciando-se no acesso à saúde, à educação, à moradia, à cultura e ao lazer. É desigual a oferta de saneamento básico, de coleta de lixo, a cobertura vacinal, o número de escolas, o transporte coletivo, o nível de emprego, entre outros aspectos.

---

2. Ajustado à realidade das cidades brasileiras, o Índice de Desenvolvimento Humano Municipal (IDHM) é uma adaptação do Índice de Desenvolvimento Humano (IDH) global. O IDHM é calculado com base em três dimensões: longevidade, educação e renda. O IDH é entendido como uma medida composta que varia de 0 a 1. Quanto mais próximo de 1, maior é o desenvolvimento humano de uma região.

A geopolítica das metrópoles evidencia uma cidade partida: bairros que concentram equipamentos sociais, culturais, segurança e infraestrutura de qualidade; e outros onde o transporte coletivo continua deficiente ou mesmo ausente, assim como os espaços públicos de lazer e convivência harmônica em praças e parques. Os sinais dessa desigualdade são marcados por indicadores de raça, etnia, classe econômica, gênero, migração e desenvolvimento intelectual.

A ideia de cidade clivada (dividida) faz-nos lembrar o poema de Charles Baudelaire (1995, p. 308-309), escrito em 1864, quando o poeta francês nos diz que quando a comunicação social (entre os olhos dos pobres e os olhos dos ricos) não acontece mais, a sociedade (a cidade) fica extremamente perversa e brutal. Diz o poeta: "Como é belo! Como é belo! Mas é uma casa onde só podem entrar as pessoas que não são como nós".

Nas grandes cidades a segurança pública é um fator determinante para essa análise dado o alto índice de homicídio nas periferias, de jovens negros e empobrecidos, vítimas do tráfico e da polícia. Existe um abismo entre a forma como a polícia atua na periferia e nos bairros de classes média e rica. A incidência e a transversalidade do tráfico nas relações familiares e políticas são determinantes nas metrópoles. Em 2017, os doze estados brasileiros classificados com alta vulnerabilidade juvenil à violência pertenciam às macrorregiões Nordeste (oito estados) e Norte (quatro estados) (Em Movimento; Pacto das Juventudes pelos ODS, 2021).

As desigualdades regionais aprofundam-se de diferentes formas. Quando observamos a taxa de analfabetismo (da população de 15 anos ou mais), em dados do Censo de 2022, a Região Sul conta com os menores índices: apenas 2,8% de sua população é analfabeta; em seguida, a Sudeste apresenta 2,9% de analfabetismo. Na sequência, a Centro-Oeste tem 3,7% de população analfabeta; a Norte, 6,4%; e, por fim, entre os habitantes da Nordeste, observam-se 11,2% de analfabetos. Destaca-se que a taxa de analfabetismo é mais alta entre idosos, pretos e pardos e que o analfabetismo reflete diretamente na qualidade do trabalho, na obtenção de renda e, sobretudo, na compreensão da realidade para que se possa transformá-la, na ação individual e coletiva (IBGE, 2023).

Além das disparidades educacionais, segundo dados de 2022, os indicadores socioeconômicos também evidenciam profundas desigualdades entre as macrorregiões brasileiras. Em termos de rendimento domiciliar per capita, as regiões Sul (R$ 1.983), Centro-Oeste (R$ 1.909) e Sudeste (R$ 1.842) apresentam valores significativamente superiores à média nacional (R$ 1.625), enquanto as Regiões Norte (R$ 1.107) e Nordeste (R$ 1.023) permanecem com os menores rendimentos. No mesmo sentido, o PIB per capita é mais elevado no Centro-Oeste (R$ 60.365), seguido pelo Sudeste (R$ 54.559) e Sul (R$ 47.619), ao passo que o Norte (R$ 33.153) e o Nordeste (R$ 28.409) apresentam os valores mais baixos (Cabral, 2024).

Já o Índice de Gini[3], tomado regionalmente, revela que a Região Sul apresenta o menor grau de desigualdade (0,458), enquanto a Nordeste registra o maior (0,517), confirmando a persistência de desequilíbrios estruturais entre as macrorregiões.

Em 2024, o IBGE divulgou estudo experimental a respeito da análise das condições de vida dos brasileiros em 2023 por estratos geográficos. Foi identificado que as proporções mais altas de pessoas vivendo abaixo da linha de pobreza estão nas regiões Norte e Nordeste. Outro dado relevante diz respeito ao mundo do trabalho. Entre outros indicadores, observa-se que, em nosso país, o nível de ocupação era de 57,6%. O Nordeste apresentou a menor taxa, inclusive, quando comparadas as capitais estaduais das outras macrorregiões. Observa-se imensa mudança a partir do Governo Federal atual (2023-2026), quando o número de desempregados é um dos menores da série histórica.

---

3. O Banco Mundial utiliza a linha de pobreza para medir a proporção da população que vive em condições de extrema pobreza, considerando a renda necessária para atender às necessidades básicas de subsistência. A linha internacional de pobreza extrema é definida em 2,15 dólares por dia (em valores de 2017), segundo o Banco Mundial. Além dessa, o Banco Mundial também utiliza outras linhas de pobreza, como 3,65 e 6,85 dólares por dia, para avaliar a pobreza em países de renda média (World Bank Group, [2025]). O Índice de Gini, como se viu, é um indicador utilizado para medir a desigualdade de distribuição de renda em uma população. O Gini varia de 0 a 1; quanto mais próximo de 1, maior é a desigualdade (IBGE, 2023).

Entre os dados divulgados, o IBGE destaca o acesso adequado a esgotamento sanitário[4]. Em nível nacional, 67,9% das pessoas contam com acesso adequado. Segundo o IBGE,

> as desigualdades regionais mais uma vez aparecem quando se nota que havia estratos com os piores indicadores [...] em todas as regiões do país, mas concentradas no Norte, Nordeste e Centro-Oeste, inclusive abrangendo algumas capitais: Teresina (PI), com 18,1%; Macapá (AP), com 33,6%; Porto Velho (RO), com 48,3%; e Belém (PA), com 52,9% (Ferreira, 2024).

Ao avançar para as mensurações acerca do acesso a bens e consumo, por exemplo, máquina de lavar, acesso à internet, os índices mais baixos continuam no Nordeste e no Norte do país.

Os dados disponibilizados pela FGV também demonstram as fortes discrepâncias entre as regiões brasileiras. Ao comparar a queda da taxa de desemprego, é possível afirmar seu declínio em todas as cinco macrorregiões. "Embora se observe a manutenção das clássicas disparidades regionais, as diferenças entres as regiões têm se atenuado". Assim, o Nordeste continua liderando o ranking com a maior taxa do país: 8,7% (Feijó; Peruchetti, 2024).

As diferenças salariais e a escassez de trabalhadores qualificados aceleram exponencialmente o processo de migração em massa de habitantes das regiões Norte e Nordeste para as grandes cidades do Sul e do Sudeste. Tal movimento colabora para o colapso do nível de vida urbano com diferentes tipos de carência, nas áreas de habitação, saneamento básico, saúde pública, educação, cultura, lazer e, consequentemente, na aceleração dos níveis de violência e estabelecimento de uma cultura da morte.

Os diversos estudos mencionados acima demonstram as acentuadas desigualdades entre as regiões brasileiras. Se compararmos as carências e o desenvolvimento social, a região Nordeste, segunda mais populosa do país, apresenta historicamente os piores índices, seguida da região

---

4. Por acesso adequado ao esgotamento sanitário entende-se o acesso domiciliar a esgotamento por rede coletora ou pluvial.

Norte. Por outro lado, nota-se a concentração positiva de indicadores nas regiões Sul e Sudeste. O que reafirma as complexas desigualdades históricas, persistentes na atualidade.

Diante da realidade descrita a respeito das desigualdades das macrorregiões brasileiras, cabe perguntar o que o clero responderia às seguintes questões:

- O que o padre realmente deseja – "sonha" – quando opta pelo ministério ordenado?
- O que está buscando?
- Por que, diante da realidade brasileira, a qualidade do clero católico decresce quanto aos aspectos espiritual, acadêmica, pastoral, ética, religiosa e cultural..., quando deveria ser o contrário, em vista dos desafios encontrados entre o diálogo da realidade das cinco regiões brasileiras e a dimensão pastoral?

São muitas as questões que as desigualdades regionais e a dimensão pastoral nos obrigam a discernir e analisar.

1.2 Diferentes pastorais

1.2.1 Pastoral rural

Do deslocamento territorial decorrem, cotidianamente, movimentos de diferentes ordens. Em um caldeirão cultural, são distintas as contribuições de nortistas, capixabas, paulistas, fluminenses, nordestinos, centro-oestinos, mineiros, goianos, baianos, sulistas, brasileiros e imigrantes, com seus costumes e tradições, suas festas, danças, artesanatos, folclores, artes, culinária, hábitos... São inúmeras e distintas as celebrações ecumênicas, os ritos religiosos, indumentárias, afetos e costumes.

Nas zonas rurais, a cultura popular e a religião são práticas mais homogêneas e estáveis. As antigas famílias são transmissoras de exercícios devocionais fortemente inseridos na vida camponesa: música, artesanato, folclore, culinária, danças e lendas misturam-se às devoções aos santos. A influência religiosa é um marco fundamental no desenvolvimento cultural, de geração a geração. O aspecto religioso aparece nas devoções a santos e santas, principalmente nas comunidades rurais. Santa Bárbara, protetora dos camponeses, resguarda as plantações dos temporais, e as pessoas e os animais dos raios. São Bento antepara a comunidade contra as picadas de cobras venenosas. Santa Luzia ampara os camponeses na colheita do café, impedindo que seus olhos sejam vazados por varas e galhos. Dos males da garganta, São Brás é o protetor. Quando a mulher dá à luz, a Senhora do Bom Parto intercede ao seu filho Jesus. Para os animais e a plantação, São Sebastião engrossa a fila dos protetores. Para pedir qualquer coisa, recorre-se a São Longuinho; ou, para os mais devotos, a Santo Antônio, por meio de seu responso: "Se milagres desejais, recorrei a Santo Antônio: recupera-se o perdido, rompe-se a dura prisão e do auge do furacão cede o mar embravecido. Foge a peste, o erro e a morte, torna-se o fraco forte e torna-se o enfermo são".

O calendário dos santos – com o qual o catolicismo popular dos portugueses marcou a costa brasileira – continua existindo nos nomes de pessoas, lojas, hotéis, rodoviárias, bairros, vilas e cidades por todo o Brasil. A cruz ou as imagens de santos, ainda hoje, são comuns nas salas das casas, boleias de caminhões e nas paredes das repartições públicas (Leers; Trasferetti, 2009). Expressões corriqueiras prosseguem em nosso cotidiano, invocando a proteção de Deus e de todos os santos: "Se Deus quiser!", "Graças a Deus!", "Vai com Deus!", "Deus te abençoe, meu filho!", "Deus te pague!", "Minha Nossa Senhora!", "São Brás!".

Assim disse o Papa Francisco (2025, p. 216, grifo nosso) acerca da religiosidade popular:

> O continente latino-americano é marcado por duas realidades: a pobreza e o cristianismo; é um lugar com muitos pobres e muitos cristãos. Isso faz com que a fé em Jesus Cristo tenha cor especial nessa terra. As procissões lotadas, a fervilhante veneração de imagens religiosas, o profundo amor pela Virgem Maria e tantas outras manifestações de piedade popular são testemunhos eloquentes. Quando nos aproximamos do nosso povo com o olhar do bom pastor, quando amamos em vez de julgar, descobrimos que esse modo cultural de expressar a fé cristã está mais vivo do que nunca, especialmente em nossos

pobres. *E isso é o oposto de idealizar a pobreza, ou de todo tipo de pauperismo teológico: é um fato.*

O catolicismo rural subsiste independentemente do apoio dos padres. A piedade popular é a revelação da memória de um povo. A paróquia rural incumbe-se de levar as novas gerações aos sacramentos, à reza do terço, à Via-Sacra, às procissões, ao hábito das romarias e às crenças dos milagres.

Com o advento da midiatização do campo religioso, comunidades rurais se reúnem na capela, sintonizam uma rede social no horário em que a missa está sendo transmitida e acompanham a celebração com toda devoção. Na hora do ofertório há oferta. Na comunhão, distribui-se aos presentes a hóstia consagrada que fica armazenada no sacrário da comunidade. "O povo dá jeito"!

A economia da monocultura configurou a existência de um catolicismo mais simples e popular. Superar o cotidiano, conseguir comer, trabalhar na lavoura ou no pequeno comércio, vestir-se, morar, cuidar dos filhos, da saúde, e divertir-se é uma luta que só pode ser vencida, ou suportada, com o auxílio de Deus, dos santos e das forças que estão acima da compreensão humana. "O discurso da religião do povo fala mais *a* Deus do que *de* Deus" (Cesar, 1976, p. 6).

Do ponto de vista ideológico, moral e religioso, a classe social rural que reúne os donos de terra – fazendeiros, latifundiários e mesmo pequenos proprietários – constitui um grupo mais ou menos homogêneo. Desde a chegada dos europeus brancos e católicos, criou-se um padrão de ocupação da terra por meio da submissão, escravização e assassinato de seus verdadeiros donos originários.

Considerando os povos originários como "bárbaros", especialmente no que diz respeito a seus deuses, ritos, valores e costumes, os colonizadores apoiaram-se no dever de evangelizar o "gentio" como uma forma de justificar sua dominação. Assim, desenvolveu-se toda uma representação teatral em que o conquistador se autoproclamava como representante do verdadeiro Deus, falando em seu nome, impondo regras, costumes, linguagens e valores como se fossem a mais pura expressão da vontade divina. Camuflado sob uma religião católica ainda portadora de forte conteúdo medieval, o senhor de terras encontrou na Igreja de então uma aliada fiel e constante.

Com raras e honrosas exceções[5], a Igreja atuou na construção de justificativas morais e culturais para implantar costumes, crenças, valores, sentimentos e afetos oriundos da classe que dominava as terras e seu povo pobre.

Esse enunciado encontra fundamento na teoria de Weber, ressaltado por Bourdieu quando este afirma que a "religião cumpre uma função conservadora da ordem social, contribuindo, segundo os termos de sua própria linguagem, para legitimação do poder dos dominantes e para a domesticação dos dominados" (Weber *apud* Bourdieu, 2009, p. 32).

Por isso, até hoje, encontramos no meio rural uma forte associação entre a ideologia moral dos donos de terras e a "vontade de Deus". Todos os sofrimentos das classes dominadas do campo – trabalhadores rurais, quilombolas, ambulantes, andarilhos, prestadores de serviços gerais, pequenos comerciantes, terceirizados, desempregados – são considerados, pelo senso comum, como um castigo divino, a fim de que o sofredor purgue seus pecados ou pague por seu desrespeito às leis de Deus.

As mais claras e abjetas formas de exploração dos camponeses – trabalho exaustivo e mal remunerado, prostituição de crianças e adolescentes, trabalho infantil, falta de assistência aos idosos e portadores de enfermidades psíquicas, negação prática do direito à educação, à saúde e ao lazer – são consideradas como "vontade de Deus". Assim, o povo introjetou e agora aplica, a si próprio, a ideologia da classe dominante que o acorrenta ao carro triunfal dessa mesma classe, arrastando-o pela

5. Frei Bartolomeu de las Casas foi um grande defensor dos indígenas na América Hispânica. No Brasil, a defesa dos indígenas coube aos jesuítas que fundaram, com os indígenas, a Missão dos Sete Povos. Depois, em 1759, durante o reinado de D. José I, sob orientação de Sebastião José de Carvalho e Melo, futuro Marquês de Pombal, os jesuítas foram expulsos do Brasil. Dentre os jesuítas que combateram a escravidão indígena e africana e a Inquisição, destaca-se Padre Antônio Vieira. Filósofo, orador e escritor, ele é considerado um dos mais importantes missionários e pensadores das culturas brasileira e portuguesa do século XVI.

vida afora como uma pessoa imprestável qualquer. (Aprofundaremos essa temática no capítulo 5.)

Assim, também se desenvolve a dependência fatal do "pequeno ser humano" (medos infantis de abandono) diante da grande natureza e das forças da autoridade local, perante os membros da comunidade. As autoridades políticas e fundiárias associam seus poderes à imagem do Deus castigador, que tudo vê, escuta e controla, vigiando as condutas humanas.

Historicamente, em um mundo de relações sociais hierárquicas, a Igreja manteve boas relações com os donos do poder político, em um regime patriarcal, patrimonial e extremamente machista. A presença do padre, em diferentes ocasiões, transforma-o na figura da autoridade da Igreja que legitima como tradição os códigos morais para os camponeses fortemente impactados pela ideologia e pelo poder econômico dos donos de terras.

As festas religiosas, as procissões, as solenidades dos santos padroeiros, os modos e os conteúdos de pregação do padre constituem uma teia de alta complexidade, de sincretismo religioso e da cultura local. Por meio desses valores, a classe dominante impõe seu poder e suas normas, reforçando um código moral que, introjetado entre a população, constitui um camuflado, mas indispensável, adesivo a unir interesses sociais totalmente antagônicos.

A celebração da Eucaristia e a oferta dos sacramentos nas comunidades rurais demandam tempo e perseverança do padre. Na Região Norte e em parte da Centro-Oeste, os sacramentos podem exigir dos fiéis de dois a três dias de barco, em longos e perigosos rios. Em outras regiões brasileiras, o tempo é menor, contudo, nas estradas de chão, em época de seca, durante o percurso, respira-se poeira. Nos períodos chuvosos, o grande perigo é a derrapagem do jipe ou das caminhonetes *pick-up* nos caminhos barrentos. Em média, são mais de quarenta capelas a 50km de distância da igreja matriz[6].

---

6. Depoimentos de padres entrevistados para este trabalho.

Há décadas que se observa a inserção de freiras religiosas na catequese, na educação, na saúde e nos movimentos de direitos humanos. Essa experiência ganha relevância a partir dos anos de 1970, quando religiosas e religiosos deixam suas grandes obras – escolas e hospitais – e inserem-se nos meios populares e criam um jeito novo de construir a pastoral: as Comunidades Eclesiais de Base (CEBs). A imagem do Deus castigador e vigilante é gradativamente substituída pela de seu Filho, Jesus Cristo, amante dos mais sofridos e defensor de um mundo mais justo e amoroso. Nesse período, a Bíblia começa a fazer parte da religiosidade popular, por meio dos círculos bíblicos. O documento *Comunidade de comunidades, uma nova paróquia*, da CNBB (2013), comenta essas mudanças:

> [Em 1968,] Medellín sugeriu a formação de comunidades eclesiais nas paróquias, as quais deveriam se basear na Palavra de Deus, de modo que seus membros tivessem sentimento de pertença e pudessem viver a solidariedade entre si. Insistiu na vivência comunitária e litúrgica da fé cristã, especialmente com a celebração da Eucaristia.

Conhecido por sua paixão e morte, crucificado em estilo Barroco, a devoção ao Senhor do Bonfim e a veneração ao Sagrado Coração de Jesus ultrapassam fronteiras em diferentes santuários (Leers; Trasferetti, 2009, p. 15). O mesmo acontece com as muitas Nossas Senhoras que, no coração do povo, nunca são simplesmente iguais: temos a do Círio de Nazaré, na região Norte, a Nossa Senhora Aparecida, nacionalmente referendada, a Nossa Senhora da Penha, em vários estados brasileiros, sobretudo nos do Sudeste. Já a festa de Nossa Senhora do Rosário é celebrada nas periferias das cidades e na zona rural, em memória das comunidades afro-brasileiras. Afinal, as irmandades de Nossa Senhora do Rosário dos Pretos eram quilombos com vestes católicas. Uma estratégia de menor confronto com o catolicismo oficial que proibia as ritualísticas africanas. Vale observar que, há algum tempo, observa-se uma discriminação entre irmandades de brancos e irmandades de pretos. Mas, gradualmente, as irmandades do Rosário passaram a ser constituídas de brancos e de pretos.

Os santos celebrados no meio rural não aparecem apenas como aqueles capazes de fornecer exemplos morais. Eles são, sobretudo, aqueles que acolhem as pessoas, apaziguando seu interior aflito. O santo congrega muitas qualidades, sendo benfeitor, confidente, conselheiro e capaz de entender os dramas cotidianos dos que acreditam nele. O povo, ao se relacionar com os santos e as santas, sente o agradecimento e a consolação. Ele está presente na história familiar e, segundo as crenças comuns, concede as graças solicitadas: saúde para o parente, emprego estável, livrar o marido da bebida e juízo para os filhos mais jovens. Os santos desempenham o papel de protetores do povo junto a Deus. São João, durante as festas juninas, protege o Nordeste. A fileira de devoções é longa: São Pedro, São José, São Francisco, Santo Antônio, São Sebastião, São Judas Tadeu, São Jorge, Santa Bárbara, Santa Luzia e Santa Rita. Eles são protetores e especialistas em causas perdidas, casamentos em perigo, tempestades, colheita de grãos, desemprego e doenças graves. O "Santo do Nordeste", considerado por muitos, é tão próximo do povo e das famílias que se tornou pai protetor de todos e todas: "meu padim Padre Cícero".

As festas dos santos, além de celebrarem a fé e permitirem a floração da cultura popular, são um meio extraordinário de arrecadação econômica por parte da Igreja, mantendo a paróquia e a construção dos salões das obras sociais. Por seu lado, romeiros se transformam em vendedores ambulantes de mercadorias, nas ruas e praças em volta das igrejas, comercializando miudezas sagradas e profanas: lembranças do artesanato local, estampas de santos, fitas, escapulários, objetos de couro e cerâmica, além de roupas, comidas e bebidas regionais.

A Pastoral Rural, presente onde o povo vive, ouvindo suas dores e lutas, promovendo solidariedade, é o reservatório patrimonial dos laços entre várias gerações agrícolas, nos aspectos artísticos, culturais, espirituais e nos valores éticos e morais, de defesa de direitos e apoio às comunidades do campo, trabalhadores rurais, as populações indígenas, ribeirinhas e quilombolas.

No *Manifesto antropófago*, Oswald de Andrade (1995) afirmava que "só a antropofagia nos une. Socialmente. Economicamente. Filosoficamente". Por "antropofagia", ele compreende o fenômeno tipicamente brasileiro da pluralidade, da incorporação do outro ao que já é próprio do sujeito, produzindo um novo elemento, distinto de ambas as partes. Essa nova identidade, pelas inúmeras possibilidades de combinação de suas partículas constituintes, não é fixa e imutável, mas fluida, sensível às alterações de quaisquer de suas partes. Falamos aqui da absorção da cultura alheia, seja ela religiosa, folclórica ou artística, sem que, para isso, seja preciso submetê-la, fazê-la desaparecer. Pelo contrário, a antropofagia positiva desenvolve o próprio processo de criação, pois incorpora o que o outro pode oferecer em sua singularidade. O que herdamos dos portugueses foi enriquecido com a contribuição legada pelos indígenas, pelos negros, pelos imigrantes europeus[7], e até pelos orientais – nas caravelas que voltavam da Índia ou da China no período colonial e, mais recentemente, na grande imigração japonesa –, formando um complexo cultural e social que é a mais autêntica fonte de nossas raízes brasileiras.

Nisso, o Brasil obteve sucesso. Segundo o antropólogo Pierre Sanchis (2018), "um sincretismo variado, polimorfo, criador em vários níveis e várias direções. E revestido de formas diferentes. [...] Nesse sentido, acima da consideração de um resultado, impõe-se a ideia de uma tendência e de um processo".

No entanto, isso não imprime no país, ou em sua religião, algo que possamos compreender como uma identidade da mistura. Não há, também, como buscar uma identidade coesa e uniforme, nascida de uma única espiritualidade, seja ela do padre, das religiosas ou do povo de Deus. Na verdade, essa identidade nunca existiu, nem quando a Igreja se mostrava mais tridentina do que se mostra hoje. Não é verdade que se perdeu algo quimicamente puro. A identidade da espiritualidade entre os devotos de todos os santos é indígena, portuguesa, africana, europeia e traz até alguns traços dos povos orientais. Viva os devotos da Bandeira do Divino!

7. O sentimento religioso do imigrante – italianos, alemães, poloneses – no sul do Brasil, a partir do século XIX, é uma constante, e a participação nas celebrações litúrgicas era uma obrigação moral (Manfroi, 2001).

No estandarte vai escrito
Que Ele voltará de novo
Que o rei será bendito
Ele nascerá do povo, ai, ai! (Bandeira..., 1978)[8].

1.2.2 Pastoral urbana

Contudo, nas médias e grandes cidades brasileiras, a pastoral católica não conserva tanto esses costumes (Comblin, 2000). No espaço urbano, a influência da economia da monocultura, que configurava a existência de um catolicismo mais simples e popular, já não existe mais. A cidade é o centro da polissemia do mercado econômico. Não há mais garantia de transmissão da religião dos pais para os filhos. Nas metrópoles, são inúmeras as ofertas religiosas. O padre não é mais o único legítimo representante da autoridade de Deus. As novas gerações não aceitam obedecer ao modo de viver, pensar e agir de seus pais e de outras figuras de autoridade. Os modelos agora cultuados são preferencialmente horizontais e não verticais. Com as novas tecnologias, os espelhos das identidades são múltiplos, sedutores e eroticamente agradáveis aos olhos.

Milhões de católicos converteram-se a tradições religiosas de matriz evangélica, e, pesquisas nos mostram, são muitos os católicos que, cotidianamente, migram de Igreja, sobretudo para as neopentecostais. Com isso, o catolicismo perdeu o privilégio histórico de representar, de forma quase exclusiva, o cristianismo no Brasil. Contemporaneamente, observa-se um crescimento expressivo do segmento evangélico. Segundo o Censo de 2022, os católicos diminuíram de 83,76%, em 1991, para 56,7%. Os evangélicos saltaram de 21,6%, em 2010, para 26,9% da população, em 2022. Diminuiu a parcela daqueles que seguem o espiritismo no país: de 2,2% em 2010 para 1,8% em 2022. Em contrapartida, a

8. "Bandeira do Divino", composta por Ivan Lins e Vitor Martins. Lançada em 1978, a canção é uma homenagem à tradicional Festa do Divino Espírito Santo, uma celebração popular de raízes religiosas que ocorre em diversas regiões do Brasil, especialmente no interior. A música reflete a fé, a esperança e a solidariedade presentes nessas festividades, destacando valores como a partilha e a justiça social.

parcela de seguidores da umbanda e do candomblé triplicou no mesmo período, de 0,3% para 1%. Finalmente, a parcela de brasileiros que se declararam sem religião aumentou de 8% para 9,3%, uma alta de 1,4% em doze anos (Loschi, 2025).

De acordo com o demógrafo José Eustáquio Alves (2022), mantendo-se o ritmo de mudanças de religião, até 2030, os católicos serão menos de 50% da população brasileira. E, em 2040, acontecerá um empate entre o número de católicos e evangélicos no Brasil.

> Evidentemente, o futuro concreto da transição religiosa está em aberto e os números exatos vão depender de uma multiplicidade de fatores. O ritmo pode variar, mas a tendência geral é de continuidade do declínio absoluto e relativo das filiações católicas e o aumento absoluto e relativo dos evangélicos, das outras religiões e das pessoas que se declaram sem religião. Com certeza, na primeira metade do século XXI, o Brasil vai apresentar uma configuração religiosa mais plural do que aquela que prevaleceu nos quinhentos anos do país ou nos duzentos anos da Independência (Alves, 2022).

As religiões que sobreviviam discretamente, devido ao alto grau de repressão e discriminação racial, ganharam visibilidade. Foi o que ocorreu com as religiões afro-brasileiras como a umbanda e o candomblé. Também cresceram outras formas religiosas, como as orientais, que buscam a libertação do sofrimento por meio de meditação, do autoconhecimento e do equilíbrio do universo.

Chama a atenção que, estatisticamente, em seguida aos números que indicam o crescimento dos evangélicos, os brasileiros sem religião constituem o segundo grupo que mais cresce no conjunto da população, sobretudo, entre os jovens da Região Sudeste.

O monopólio religioso, de que a Igreja Católica desfrutou durante séculos, começou a declinar não somente em decorrência da industrialização e do processo de urbanização, mas também devido ao crescente pluralismo social e religioso e a maior liberdade de expressão, pois, muitos se declaravam católicos sem de fato o serem. A cidade vai se transformando e a centralidade dos padres na cultura e na vida social do país vai diminuindo. É uma consequência do processo político democrático e de novos avanços sociais, como a comunicação de massa, as oportunidades educacionais, a cultura do consumo e o surgimento de novas lideranças no cenário social (Serbin, 2008).

A população católica viu-se seduzida pelos ideais da Modernidade e da Pós-modernidade. Atualmente, num cenário em que o sagrado é comercializado e pode proporcionar prosperidade, a fé foi posta à prova, tanto pela falta de comunicação entre o clero e o laicato quanto pela entrada em cena do Iluminismo, que pretendeu substituir a religião pelo culto da razão, pela ideia de progresso individual e pela secularização ou laicismo[9]. O clero era pensado, até então, na qualidade de mediador entre as pessoas e Deus, sendo sua principal missão rezar e cuidar do culto divino, não lhe cabendo, portanto, preocupações com atividades sociais e pastorais. Essa postura ideológica perdura no universo religioso de muitos que, até hoje, cobram da Igreja um posicionamento alheio à caminhada social e política do povo, portanto, mais espiritualizada e alienante.

Hoje, muitos habitantes da cidade se sentem perdidos diante do paradigma neoliberal[10] urbano de mercado. Ganha destaque tudo que é líquido, rápido, imediato, descartável e virtual. Esgarçam-se os traços de longo prazo e de vida comunitária do ambiente rural. As subjetividades individualistas, de isolamento e vazio angustiante penetram em cheio os indivíduos. Nesse contexto, as demandas religiosas são mais frequentes diante de acontecimentos urbanos marcantes da vida: morte de uma

---

9. Padre João Batista Libânio (2009) comenta que, "enquanto o laicismo significasse a independência do Estado diante da Igreja, não teria sido funesto. Mas o poder civil teve a pretensão de impor limite à religião, para fazer unicamente de seus interesses temporais a última norma de sua ação".

10. O neoliberalismo é um conjunto de princípios políticos e econômicos adotados a partir do fim da década de 1970, fundamentado na ideia de que a intervenção estatal na economia deve ser mínima. Essa abordagem favorece a competitividade internacional e a integração ao mercado globalizado. O papel do Estado se limita à regulamentação dos agentes econômicos e à redução dos gastos públicos. Seus defensores promovem a privatização de empresas estatais, a diminuição das políticas sociais e a livre-concorrência entre empresas em todos os setores, incluindo áreas como educação, saúde, transporte público e habitação. Neste livro, discutiremos o lado imanente do neoliberalismo, seja na produção de modos de sofrimento psíquico, seja nas fascinantes necessidades de gozar.

pessoa querida, adoecimento físico e mental, quadros de depressão, suicídios e acidentes graves. E mais: o uso indiscriminado de drogas lícitas (álcool, tabaco, ansiolíticos, antidepressivos) e ilícitas, prisão de algum filho, ruptura com o cônjuge, separação de pais e filhos, desemprego e expectativa de aprovação profissional, crise etária perante o processo de envelhecimento, insegurança, violência urbana e catástrofes ambientais.

O confessionário ou a sala de direção espiritual das paróquias são os lugares em que os padres recebem os cristãos, sobretudo pessoas de classes médias e pobres, na "pastoral da escuta". São moradores urbanos que buscam avidamente um sentido para todas as tristes reviravoltas presentes no cotidiano da metrópole. Como a espiritualidade religiosa conhece muito bem tudo o que se refere à produção de sentido[11], o acolhimento pastoral é o espaço de oferta de sentido aos diversos sofrimentos humanos. Nesse caso, o que é espiritual se cruza com as temáticas afetivo-sexuais e econômicas: dramas de consciência diante de impulsos sexuais de atos e visualização de sites eróticos, compulsão à masturbação, doenças, drogas, violência, desemprego e abandono.

Paradoxalmente, ouve-se – com frequência e de enorme contingente de padres – que o espaço burocrático diocesano e as cobranças fiscais do Estado brasileiro têm exigido maior tempo de dedicação do que a tarefa da escuta pastoral.

Nesse cenário, as devoções aos santos e as celebrações populares culturais e folclóricas estão declinando, ao passo que ascendem diferentes práticas pastorais visando aplacar as angústias oriundas das metrópoles. Algumas dessas práticas ocorrem por meio de complexos sistemas de rádio e televisão, como a TV Século 21, a TV Canção Nova e a TV Evangelizar – fundados em 1980, 1989 e 2011, respectivamente –, bem como a projeção de padres midiáticos. Há também as Comunidades de Comunidades – uma nova maneira de entender a paróquia –, o Movi-

11. Em 1960, perguntaram a Jacques Lacan (2005), num evento em Bruxelas, se a religião triunfaria sobre a psicanálise e ele respondeu: "Sim. Não triunfará apenas sobre a psicanálise, triunfará sobre muitas outras coisas também. É inclusive impossível imaginar quão poderosa é a religião".

mento da Renovação Carismática, o Encontro de Casais com Cristo, os Cursilhos de Cristandade, os Grupos de Jovens e de Adolescentes Católicos, Comunidades de Vida, as comunidades Shalom, Toca de Assis e Pão da Vida. Ou seja, os movimentos de vida no Espírito, incentivados pelo Papa João Paulo II, ganham força e espaço na Igreja. Além disso, prospera a evangelização realizada pelos velozes meios cibernéticos das mídias digitais de católicos e evangélicos (Sell, 2025, p. 210).

1.2.3 Plataformas digitais

Na atualidade, convivemos com significativas mudanças nos hábitos privados das pessoas. Durante e depois da pandemia de covid-19, o consumo de informações nos mais variados formatos, nas mídias sociais, aumentou significativamente. As tecnologias de comunicação digital são hoje uma realidade insofismável. Reduziram-se as barreiras de tempo e espaço. As informações tornaram-se instantâneas e, consequentemente, criou-se a oportunidade de se adquirir conhecimento por meio de valiosos *insights* e inúmeros aplicativos. No contato com diferentes culturas, novas perspectivas de gênero, raça, idade, cultura, economia e religião se estabelecem. O pequeno vilarejo da aldeia transfigurou-se na imensa globalização, conforme profetizou, nos anos de 1960, Marshall McLuhan (1969), filósofo e teórico de comunicação canadense. Para ele, os meios de comunicação derrubariam todas as barreiras, quebrando fronteiras geográficas e sociais, inclusive a ideia do Estado-nação.

A globalização digital não é neutra nem está isenta de desafios. Ela sempre provoca graves efeitos colaterais. Suas decorrências já são observadas na sobrecarga de informações, a qual não desenvolve a consciência crítica. Pelo contrário, a avalanche informativa, cada vez mais, aliena o sujeito.

Nesse cenário, a esfera privada é alvo constante da violência simbólica disseminada por fake news, muitas vezes carregadas de um ódio erotizado que mobiliza afetos e manipula percepções. Essa dinâmica, impulsionada pelas redes digitais, contribui para o enfraquecimento da pluralidade cultural e para a erosão das diferenças, à medida que modos de vida e expressões culturais são substituídos por modelos homogêneos e padronizados. A comunicação digital, embora apresente potencial para a diversidade e o diálogo, tem sido instrumentalizada para reforçar processos de massificação e alienação, promovendo uma homogeneização cultural cada vez mais intensa.

As plataformas digitais não são democráticas. Elas criam um faz de conta, uma fábula atraente - um "semblante", isto é, uma aparência de liberdade, participação e pluralidade que oculta as estruturas de controle e dominação subjacentes. São pouquíssimos os proprietários dessas plataformas que, integrando as *big techs* - Apple, Google, Amazon, Microsoft, Meta, X Corp. –, dominam inteiramente o mercado de tecnologia e inovação da atualidade. Além de dominar a produção econômica, esses monopólios dominam as subjetividades e afetam a forma como as pessoas percebem e entendem o mundo ao seu redor. A ação desses recursos tecnológicos é determinante na forma como se constroem e se manifestam as emoções e os afetos, inclusive nas relações amorosas entre os sujeitos humanos. O uso indiscriminado das tecnologias da comunicação está produzindo subjetividades cada vez mais intimistas ou sujeitos viciados em si mesmos, solipsistas, os quais renunciam às perspectivas comunitárias e de boa convivência.

O monopólio das tecnologias digitais é o oxigênio do modelo neoliberal que almeja dissipar radicalmente tudo aquilo que representa, no âmbito do Estado de bem-estar social. Nesse caso, a proposta de Estado mínimo corresponde a um novo tipo de subjetividade, a qual, inventada pelas *big techs*, ignora, desconhece ou renuncia aos direitos sociais conquistados em lutas sociais anteriores. Para o geógrafo brasileiro Milton Santos (2003), a globalização deveria ser um evento que privilegiasse a humanização e a democratização do espaço global, e não um instrumento perverso que estimula comportamentos cada vez mais competitivos.

1.2.4 Evangelização digital

O processo de evangelização não está isento da revolução cibernética das mídias digitais. Pelo contrário, é necessário que a evangelização conquiste cada vez mais pessoas preparadas, ética e tecnicamente, para desenvolver um diálogo feito de mensagens antropológicas, sociais e espirituais, a exemplo do novo Pátio dos Gentios[12]. Na verdade, esse diálogo já começou. Trata-se de uma demanda de mão dupla: há uma grande quantidade e diversidade de pessoas que desejam compartilhar sua fé no ambiente das mídias digitais e, no caso brasileiro, há um bom número de pessoas que atuam nas redes sociais da fé católica, oferecendo um serviço digital missionário.

1.2.4.1 Demandas e encomendas

A partir dos conceitos do Movimento Institucionalista[13], entendemos que o diálogo midiático entre os influenciadores digitais católicos e os demais cristãos não se concretizou espontaneamente. Na realidade, nenhuma demanda é espontânea, mas sempre fruto de algo que foi produzido. Nesse caso, é necessário analisar cuidadosamente como ocorreram as efetivas práticas de si, a partir de questionamentos básicos. Como se deu a produção dos inúmeros programas de evangelização? Em que contexto histórico surgiram as solicitações e as ofertas dos serviços de influenciadores digitais católicos? Por que e por quem tais serviços foram solicitados? Quais seriam as expectativas desses demandantes? Tais expectativas são passíveis de serem atingidas? Quais seriam as razões explícitas e implícitas que levariam as pessoas a procurarem os influenciadores digitais católicos? Tais motivações estão amparadas na

---

12. Pátio ou Átrio dos Gentios é um fórum de iniciativa do Pontifício Conselho para a Cultura. Fundado durante o papado de Bento XVI, o fórum atende aos questionamentos da atualidade e promove o diálogo entre cristãos e não crentes a respeito de temas de interesse comum a ambos os grupos. Essa iniciativa foi precedida, pelo Cardeal Carlo Maria Martini, arcebispo de Milão, com o diálogo com agnósticos e ateus intitulado *Em que creem os que não creem?* (Eco; Martini, 1999).

13. O Movimento Institucionalista refere-se a teorias, correntes, pensamentos, práticas e experiências que têm como premissa a autogestão e a autoanálise: análise institucional, pedagogia institucional, psiquiatria democrática, sociopsicanálise, psicossociologia, esquizoanálise, grupo-drama-institucionalista, sociologia clínica, grupo operativo, educação popular e outras escolas que impulsionam experiências coletivas, as quais, embora sejam consideradas utópicas, são geradoras de novos saberes e de modos alternativos de viver.

solução dos conflitos espirituais ou nos dramas da angústia e do abandono? Podem também estar embasadas nas penúrias socioeconômicas do povo sofrido?

Quem oferece esse tipo de acolhimento, evidentemente, tem algo a ver com a demanda. Se há uma demanda de escuta por parte de alguém, deve haver uma estreita colaboração de quem ouve para que essa demanda se torne factível, o que, por si só, já requer uma análise mais aprofundada. Como exemplo, podemos pensar na atitude inconsciente de um padre que assume essa demanda: "Eu sou a resposta à necessidade gerada por tua carência ou pelos teus problemas" (Albuquerque, 1992, p. 85). Isso poderia provocar, no cristão, a submissão e a aceitação de que o "especialista", o padre, tem aquilo que lhe falta? Sabemos que, nesse jogo de demanda e oferta, podem se produzir a dependência, a ignorância e as formas recalcadas que impedem os cidadãos de terem seu próprio saber e sua própria posição diante dos dramas da vida.

Diríamos, inicialmente, que a solicitação do trabalho de acolhida (espiritual) é dirigida a uma figura de autoridade: padre influenciador digital. Essa demanda se apresenta como as duas faces de uma moeda: a demanda explícita, formulada com clareza por quem procura a acolhida, e a demanda implícita, que subjaz à primeira e requer uma escuta apurada para que possa ser identificada. A figura de autoridade, o padre influenciador digital, responde à demanda explícita que lhe é feita? Em outras palavras, ele a acolhe, numa escuta atenta, para analisar a demanda implícita?

É preciso considerar que a demanda explícita é, por si mesma, conservadora: constitui uma mera repetição de um mesmo sintoma. Trata-se de um simples gesto do cristão visando depositar seu conflito nas mãos da autoridade eclesial. O demandante já traz em si um pedido inconsciente de "correção de seu desequilíbrio". A autoridade, o padre influenciador digital, seria um mero "mecânico de ajuste da consciência moral" a serviço das leis conservadoras do Estado e de outras instituições, como boa parte da própria Igreja Católica. A demanda é um pedido inconsciente de restauração do equilíbrio, o qual foi desorganizado por um forte sentimento de culpa ou por uma posição psíquica infantil. Essa busca de ajuda também pode remeter às possíveis agressões internas de sua própria imagem ideal, que foi quebrada, gerando sentimentos de autoagressão e autopunição. A demanda pode, ainda, consistir em uma mensagem direcionada às leis sociais, solicitando-lhes que mantenham as coisas como estão, eliminando, contudo, os sintomas do demandante: suas alterações físicas e ou psíquicas.

A demanda deve, portanto, ser decifrada. Por meio desse material inicial se acessará a dinâmica do atendimento espiritual. Trata-se de um conteúdo rico em aspectos que podem auxiliar na elaboração de um esboço do que se passa na relação daquela pessoa, influenciadora digital católica, e sua clientela de cristãos, ávidos por viverem a dimensão apaziguadora da espiritualidade.

Uma característica da evangelização cibernética realizada nas mídias digitais é sua impessoalidade: ela carece de símbolos, ritos e de tradições culturais, artísticas, folclóricas e religiosas. Os donos do poder de gerenciar tais mecanismos escolheram, preferencialmente, as máquinas propagandísticas e mercadológicas das mídias digitais, em detrimento da evangelização ética e transformadora. Os principais temas escolhidos pelos agenciadores religiosos são o psicologismo *light* da autoajuda e do tipo *coaching*[14] – pleno de valores morais rígidos e fortemente identificado aos grupos sociais e econômicos hegemônicos. O público acaba sendo fidelizado, pois é atraído, eroticamente, e manipulado, emocionalmente, por meio das estruturas psíquicas infantis, nas quais estão presentes o medo do abandono. Nesse processo, criam-se massas vulneráveis, que facilmente continuam a ser seduzidas.

Num cenário infantilizado e conservador, ganha força a concepção tradicional de pecado vinculada às falhas morais do indivíduo, à ideia de

14. *Coaching* é um processo assistido por um líder, espécie de tutor, que induz a pessoa a alcançar metas físicas e mentais ou competências e habilidades profissionais. O *coach* trabalha com a imagem de um perfil ideal de pessoa a ser atingido a partir do desenvolvimento das competências pessoais adequadas. Existe um número considerável de padres que abraçaram esse modelo para a evangelização.

um demônio tentador e perseguidor, aos sentimentos de medo de abandono e de culpa de um sujeito desvinculado de seu contexto histórico-social. Os demônios que povoam amplamente o mundo religioso inspiram um pavor medonho no espaço psíquico das pessoas. Paradoxalmente, os adeptos da ideia de pecado e de rigidez experimentam uma espiritualidade mais intimista, individualizada em uma versão *light*, com forte carga emocional e completamente distanciada do modelo misericordioso de Jesus Cristo. Muitos desses influenciadores são pessoas que carregam graves sofrimentos psíquicos, recalcados durante sua infância ou no início de sua adolescência.

Os donos das agências midiáticas escolhem a dedo o perfil dos influenciadores religiosos: em primeiro lugar, o sujeito precisa ter uma forte autorreferência. Personagens que se mostram extremamente histriônicas, narcisistas[15] e exibicionistas. Um influenciador goza com a possibilidade da pulsão de olhar e o prazer de ver e ser visto. Em segundo lugar, tais figurantes são defensores de uma perspectiva apologético-moralista severa, muito autopunitiva, alinhada a grupos econômico-partidários comprometidos com a lógica do mercado. E, finalmente, os influenciadores ideais popstar são aqueles que manifestam ojeriza pela comunhão eclesial paroquial e pelas orientações episcopais da CNBB. Por que os padres midiáticos se tornam modelo para a nova geração de padres? Por que preferem ser influencers em vez de evangelizadores? Como esse grupo de padres midiáticos vê a triste e desigual realidade brasileira nos aspectos socioeconômicos, educacionais, de saúde, do meio ambiente, da violência urbana e do campo e das graves crises psicoafetivas de depressão, automutilação e suicídios entres jovens?

A busca por ídolos e a identificação com ícones midiáticos ou modelos rígidos, pedantescos e idealizados levam a escolhas distorcidas, a identificações do tipo prótese, infelizmente tão comuns entre adoles-

15. O narcisista dispensa o outro como pessoa: ele não se relaciona de fato com ninguém, apenas busca nos olhos alheios o reflexo que confirma sua própria imagem idealizada e sedutora. É um vínculo marcado mais pela necessidade de admiração do que por um encontro genuíno.

centes – trata-se de um caráter externo rígido e de um interior altamente fragilizado, o que remete à noção de *falso self* proposta por Donald Winnicott (1990, 1995): uma estrutura aparente e adaptada às exigências externas, mas dissociada das verdadeiras necessidades e emoções do sujeito. Ora, é impossível ignorar que há uma relação direta entre os aspectos psíquicos e as escolhas espirituais de um sujeito. A imaturidade afetiva coincide com uma espiritualidade também imatura.

1.2.5 Impasse da globalização perante as macrorregiões brasileiras

Não é intenção deste estudo realizar uma reflexão profunda a respeito dos influenciadores católicos. Há estudos realmente extraordinários acerca dessa temática (Medeiros, 2024). Nossa intenção é registrar os impactos desse fenômeno na vida de padres e líderes cristãos nas diferentes macrorregiões do Brasil. A ideia do pároco de aldeia, de São João Maria Vianney, declinou diante das mídias digitais. O pároco não percorre mais os grandes rios nem viaja pelas estradas poeirentas. Agora, navega infinitamente pela internet, nos meios virtuais. Hoje, propaga-se o pároco conectado. A paróquia não corresponde mais à ideia de uma pequena freguesia.

A paróquia passou por um processo de desterritorialização que abrange não só o aspecto geográfico, mas também os campos religioso e antropológico, refletido na diversidade de gêneros, de raças, etárias, ambientais e ecológicas. Ao mesmo tempo, ela se insere nos fluxos contemporâneos de trabalho, cada vez mais marcados pela informalidade e pela mobilidade, envolvendo profissionais como *free-lancers*, motoristas de aplicativo, vendedores ambulantes e motoboys.

As paróquias foram desterritorializadas em zonas de habitantes de classe média, de alto poder econômico, em condomínios fechados, e nos espaços de moradores de favelas de origem camponesa. Também no âmbito das populações afro-indígenas, que migraram para os grandes centros urbanos valendo-se dos interstícios ou espaços precários e contraditórios do capitalismo, as paróquias tornaram-se virtuais. O culto dominical compete com os passeios em espaços públicos de praças e jardins ou com os clubes privados, o turismo ecológico em matas e cachoeiras, a visita a condomínios fora da cidade.

O esquema de paróquia com uma clientela fidelizada e fechada permanece na sombra e os líderes de pastoral (padres, diáconos permanentes e lideranças leigas tradicionais) não têm condições de entender, menos ainda de adotar, uma pastoral urbana com tantas complexidades.

Até hoje se pensa, endogenamente – isto é, no interior do organismo –, na paróquia. Afirma-se a existência da paróquia. Observam-se soluções para a paróquia, enquanto freguesia de um grupo seleto. É urgente enxergar, estudar e pesquisar a própria cidade e a diversidade dos dramas espirituais, psíquicos, socioeconômicos, culturais e de fé de seus habitantes. A cidade contemporânea está fragmentada e seus vínculos precisam ser conhecidos e amplificados.

Como registramos nas primeiras páginas deste capítulo, está claro que podemos falar, sem sombra de dúvida, na existência de "múltiplos brasis" e de seus diferentes povos: indígenas, negros, mestiços, brancos. Sendo o Brasil um país de contrastes e desigualdades que se sobrepõem, seria relevante analisar até que ponto cada região brasileira seria capaz de particularizar o presbítero, a ponto de podermos falar de um padre nordestino, de um padre sulista, e assim por diante. Da mesma forma, os poucos dados acima agregados poderiam nos informar se há um único modelo de Igreja Católica manifestado em dioceses e arquidioceses, com a mesma configuração paroquial nas cinco macrorregiões brasileiras.

1.2.5.1 A paróquia e os temas contemporâneos

Em termos de experiência geracional, caberia perguntar o que pensam e como se comportam os bispos, padres, cristãos católicos e de outras denominações, de diferentes religiões, quanto aos temas morais – relações afetivo-sexuais hetero e homoafetivas, controle da natalidade, aborto, união de pessoas do mesmo sexo – seja como "práticas", seja como "tomadas de posição"?

Na mesma linha, seria importante verificar a opinião dos cristãos a respeito da destruição da natureza, da preservação ecológica, da violência contra a mulher, do feminicídio, do genocídio contra os povos indígenas, do racismo, do uso indiscriminado de drogas lícitas e ilícitas, da legalização do porte de armas e até da pena de morte. O que tudo isso tem a ver com religião? O que tudo isso tem a ver com as diferentes regiões do Brasil e seus distintos territórios?

As novas gerações, nascidas a partir dos anos de 1990, encontraram um Brasil transfigurado. Elas fazem parte de uma geração pós-industrial, que pratica o trabalho terceirizado e tem uma maior consciência da ecologia integral, social e humana. Por outro lado, essas gerações constituem uma parcela social que participa intensamente da difusão de informações virtuais e instantâneas, as quais produzem nos sujeitos um cansaço digital exibicionista e narcisista[16]. E é no interior desse agrupamento de jovens – indígenas, negros, pardos, mestiços, brancos –, de diferentes classes sociais, que crescem exponencialmente os episódios de autoagressão e suicídio.

A difusão da cultura digital, particularmente evidente entre os jovens, está também a alterar de forma intensa a percepção do espaço e do tempo, influenciando as atividades cotidianas, as comunicações e as relações interpessoais, incluindo-se aí a manifestação da fé. Nesse caso, ganha relevância o papel das redes sociais que, podendo ser utilizadas por interesses econômicos e políticos e pautadas por algoritmos, manipulam as pessoas, divulgam ideologias individualistas e geram polarizações agressivas. Essa realidade – nova e agressiva – encontra as paróquias despreparadas para enfrentá-la, exigindo que se dediquem recursos para que o ambiente digital se torne um lugar profético de missão e de anúncio – querigma[17].

---

16. Trata-se de uma cultura proveniente dos anos de 1960 e que se construiu sob o domínio da cultura de mercado dos Estados Unidos. Uma excelente leitura sobre essa temática é *A cultura do narcisismo*, de Christopher Lasch (1979).

17. Querigma – do grego *kērygma*, que significa *proclamação* ou *pregação* – é um termo teológico cristão que designa o anúncio essencial da fé cristã, sobretudo centrado na

As igrejas locais devem encorajar, apoiar e acompanhar aqueles que estão empenhados na missão evangelizadora no ambiente digital. As comunidades e os grupos digitais cristãos, especialmente aqueles formados por jovens, são também chamados a refletir sobre o modo como se criam laços de pertença. Eles também promovem o encontro e o diálogo, oferecem formação entre pares e desenvolvem uma modalidade sinodal de ser Igreja. As redes entre grupos, construídas por meio de várias conexões, oferecem novas oportunidades para se viver melhor a dimensão sinodal da Igreja.

É nesse cenário que se coloca o desafio de compreender *quanto*, *como* e *quando* o pertencimento, associado às crenças e às identidades religiosas, influencia opiniões, percepções e práticas sociais dos jovens da atual geração, sejam eles indígenas, de comunidades periféricas urbanas ou do espaço rural, sejam eles de classe alta, média ou pobre.

As diferenças e as desigualdades sinalizadas no início deste capítulo, se relevantes, deveriam motivar reflexões apropriadas nos campos antropológico, psicossocial, ético e teológico, voltadas para uma ação pastoral missionária, e não para a dominação colonial midiática. Como dizia Francisco: "Igreja em saída, de portas abertas para todos", "hospital de campanha", "samaritana, misericordiosa".

O objetivo da mídia dominante é realizar um procedimento estético de harmonização facial no rosto das cinco macrorregiões brasileiras. Para isso, ela conta com o trabalho de alguns influenciadores digitais católicos e da mídia em geral, visando mascarar as rugas e cicatrizes que envergonham o Estado de direito no país.

Observamos que são inúmeras as rugas e cicatrizes históricas do Brasil: desigualdade socioeconômica, baixa escolarização, deficiências na saúde pública, desemprego, problemas urbanos, para citar alguns exemplos. Somam-se a isso as marcas antigas do genocídio dos indígenas, além dos preconceitos de raça e de gênero.

---

pessoa, vida, morte e ressurreição de Jesus Cristo. Trata-se da mensagem central do Evangelho, conforme proclamada pelos primeiros apóstolos.

Todos os presbíteros brasileiros receberam igualmente o Sacramento da Ordem num rito solene, presidido pelo bispo e, por imposição das mãos e oração consecratória, tornaram-se presbíteros para sempre, segundo a ordem de Melquisedeque.

No entanto, cabe perguntar: como vivem os presbíteros nas diferentes regiões brasileiras? As condições do exercício do ministério são, ao menos, simétricas ou proporcionais? A qualidade da moradia, o valor da côngrua, o plano de saúde, transporte, alimentação, capacitação intelectual e infraestrutura para o desenvolvimento da prática pastoral são respeitados, segundo os princípios de equidade e visando à inclusão social?

O cuidado de si, os aspectos espirituais e psíquicos dos presbíteros lhes são garantidos, sobretudo quando estão assumindo pastorais que envolvem desgastes emocionais intensos em áreas de risco? Eles recebem apoio emocional quando atuam no interior de conflitos agrários, populações violentadas pelo tráfico de drogas, comunidades indígenas, quilombolas e ribeirinhas, moradores de rua, menores vulneráveis, encarcerados, jovens drogados, mulheres solo de periferia e inúmeros outros grupos mais sofridos? A liderança leiga e o pároco quando denunciam a violência do crime organizado, que por vezes estão vinculados ao Estado, não recebem apoio da Igreja Diocesana e são olhados pelos pares do presbitério e da autoridade eclesiástica como suspeitos e problemáticos? Assim um padre entrevistado pelo autor se expressou sobre a questão:

> Há dois anos, o pátio da Comunidade Matriz foi invadido por duas vezes seguidas pela PM, armada e com cães farejadores. Foi uma ação explicitamente intimidatória, diante das denúncias de violações da PM, no território paroquial. A frase que ouvi do clero: "Ele está exagerando. É muito angu para pouca carne". Diante da inércia da instituição, a crise se agravou e chegou à Assembleia Legislativa, com a produção de um vídeo falso me associando à organização do tráfico na região.

O Papa Leão XIV ([2025b]), ao presidir a celebração Eucarística durante a ordenação de onze padres, na Basílica de São Pedro, exortou a necessidade de reconstruir uma Igreja com credibilidade, mesmo nos momentos de profundas feridas:

> Juntos, então, reconstruiremos a credibilidade de uma Igreja ferida, enviada a uma humanidade ferida, dentro de uma criação ferida. Não somos ainda perfeitos, mas é necessário ser credíveis.

1.2.5.2 A paróquia sinodal

Cabe perguntar: como cada organização paroquial de leigos e cada padre processam essas diferenças, no cotidiano da vida eclesial? Há espaço, nas dioceses e arquidioceses, para se refletir a respeito dessas desigualdades entre diferentes "Brasis"? Tem sido acolhida a dimensão de perdas, de abandono ou enfraquecimento dos laços sociais entre pessoas migrantes, consideradas estranhas pelos preconceituosos? Como vivem as populações ribeirinhas do norte do país e os inúmeros aglomerados e favelas nas capitais brasileiras? Os espaços eclesiais seriam divididos de forma fixa e homogênea, orientados por um único grande centro institucionalizado, romanizado e burocratizado?

O item 42 das orientações do Sínodo 2024 sinaliza uma nova visão quanto à pluralidade e à multiformidade pastoral e à cultura religiosa.

> A pluralidade das religiões e das culturas, a multiformidade das tradições espirituais e teológicas, a variedade dos dons do Espírito e das tarefas na comunidade, bem como a diversidade de idade, sexo, pertenças sociais no seio da Igreja são um convite a cada um para reconhecer e assumir a sua própria parcialidade, renunciando à pretensão de se colocar no centro e abrindo-se ao acolhimento de outras perspectivas. Cada um é portador de uma contribuição peculiar e indispensável para completar a obra comum. A Igreja sinodal pode ser descrita recorrendo à imagem da orquestra: a variedade dos instrumentos é necessária para dar vida à beleza e à harmonia da música, no seio da qual a voz de cada um mantém os seus traços distintivos ao serviço da missão comum. Manifesta-se assim a harmonia que o Espírito opera na Igreja, Ele que é a harmonia em pessoa (cf. São Basílio, *Sobre o Salmo 29,1*; *Sobre o Espírito Santo*, XVI.38).

As orientações do Sínodo 2024, convocam todo o povo de Deus – cristãos leigos e leigas, vida consagrada e ministros ordenados (diáconos, presbíteros e bispos) – a se debruçarem sobre as diferentes realidades presentes na sociedade e, consequentemente, a refletirem sobre uma nova estrutura eclesial (do Vaticano até a mais afastada capela do interior), incluindo as distintas pastorais rural e urbana, onde vários desafios se apresentam: diferenças etárias e de gênero, múltiplas escolhas afetivas e sexuais, imigração e migração, o sofrimento dos moradores de rua, o dilema das ocupações formais e informais, desempenhadas por *free-lancers*, motoristas de aplicativo, vendedores ambulantes e motoboys.

Além disso, encontramos no campo e nas cidades graves problemas ambientais, diversas formas de violência sem limite, drogadição, desalento, depressão e suicídio entre os jovens. Enfim, nos centros urbanos, também atuam os padres influenciadores digitais que transbordam dissidências eclesiais e desterritorializam o antigo esquema de paróquia como espaço de cuidado e acolhimento, criando nichos de *marketing* digital, frios, impessoais e de consumo do sagrado.

No dia 1º de outubro de 2024, em Roma, durante a Segunda Sessão da XVI Assembleia Ordinária dos Bispos, o Papa Francisco propôs aos participantes, que naquele momento representavam toda a Igreja, um ato de conversão, ou seja, uma ação sincera de pedido de perdão. De tal modo, Francisco, na Vigília penitencial no fim do retiro sinodal realizado antes da abertura da Segunda Sessão da XVI Assembleia Geral do Sínodo dos Bispos, na Basílica de São Paulo, manifestou-se:

> Não podemos invocar o nome de Deus sem pedir perdão aos nossos irmãos e irmãs, à Terra e a todas as criaturas... Só podemos ser uma Igreja sinodal, reconciliados. O perdão gera uma "nova concórdia" na qual as diferenças não se opõem.

Do mesmo modo, cardeais e leigos têm declinado os sete pecados, como gesto de perdão e reconciliação entre a Igreja e os cristãos. Para a instituição Igreja, o número sete é simbólico: há os sete sacramentos, os sete vícios (em contraposição às quatro virtudes), os sete dons do Espírito Santo e os sete pecados capitais (Delumeau, 2003, p. 366). O número é uma tentativa de centralizar experiências do humano, assim como os sete sacramentos são tentativas de ressaltar pontos significativos da vida cristã como experiência profunda de Deus.

O Padre Geraldo Luiz De Mori ([2025]), sobre esse magnífico acontecimento, assim resumiu cada um dos sete pecados, os quais, paradoxalmente, serão marcos referenciais do grande projeto pastoral para a Igreja Católica a partir do Sínodo convocado por Francisco:

> O primeiro, apresentado pelo Cardeal Oswald Gracias, de Mumbai, recorda a falta de coragem na busca da paz entre povos e nações, no reconhecimento da dignidade da vida humana. O segundo, apresentado pelo Cardeal Michael Czerny, prefeito do Dicastério para o Serviço do Desenvolvimento Humano, pede perdão por "termos transformado a criação de jardim em deserto, manipulando-a a nosso gosto" e por não termos feito nada para evitar isso. Pede também perdão por não "termos reconhecido o direito e a dignidade de cada pessoa humana, discriminando-a e explorando-a, em particular pelos povos indígenas", além de termos sido "cúmplices de sistemas que favoreceram a escravidão e o colonialismo", participando ainda da "globalização da indiferença", sobretudo com relação à acolhida de migrantes. A oração apresentada pelo Cardeal Sean O'Malley, arcebispo emérito de Boston, lembra o fato de a Igreja ter sido cúmplice ou ter cometido abusos de consciência, de poder e sexuais. Os abusos de vulneráveis e crianças, diz ele, "roubaram a inocência e profanaram a sacralidade dos frágeis e indefesos". O Cardeal Kevin Farrel apresenta o pedido de perdão pelas vezes que os homens na Igreja não reconheceram a dignidade das mulheres, tornando-as mudas e subservientes, e não poucas vezes exploradas. Lembra ainda as fragilidades e feridas das famílias e o roubo da esperança e do amor às novas gerações, não compreendendo os processos de seu crescimento e amadurecimento. O Cardeal Cristóbal López Romero, arcebispo de Rabat, apresenta o pedido de perdão pela Igreja ter desviado a centralidade do sacramento do pobre, fixando-o no altar, deixando de ser uma Igreja pobre e dos pobres, cedendo à sedução do poder e dos títulos, à tentação de ficar no centro, protegida nos espaços de autorreferencialidade, resistindo a sair rumo às periferias geográficas e existenciais. O Cardeal Victor Manuel Fernandez, prefeito do Dicastério para a Doutrina da Fé, pede perdão pelas vezes que não soube propor o "evangelho como fonte viva de eterna novidade, doutrinando-o e

correndo o risco de o reduzir a um monte de pedras mortas a atirar aos outros". Também pede perdão pelas vezes em que a Igreja deu justificação doutrinal a tratamentos desumanos, por não ser testemunha crível de que a verdade liberta e por ter obstruído as várias inculturações legítimas da verdade de Jesus Cristo. Pede perdão ainda pelas ações e omissões que impediram e continuam dificultando a recomposição da unidade da fé cristã e a autêntica fraternidade de todo o gênero humano. Finalmente, o Cardeal Christoph Schoenborn, arcebispo de Viena, apresenta o pedido de perdão pelos obstáculos à construção de uma Igreja sinodal, sinfônica, consciente de ser o povo de Deus que caminha junto. Pede perdão pelas vezes que a Igreja não escutou o Espírito Santo, mas a si própria, defendendo opiniões e ideologias que ferem a comunhão de todos em Cristo, e por ter transformado a autoridade em poder, não escutando as pessoas, impedindo a participação de todos(as).

Eis aí a plataforma pastoral deixada pelo Sínodo convocado por Francisco.

2
Questões etárias e raciais entre os presbíteros

2.1 Questões etárias

Este segundo capítulo do livro apresenta, por meio de números e interpretações que eles possibilitam, como se compõem as questões etárias e raciais dos padres do Brasil. Por meio desse método é possível compreender e analisar alguns aspectos relevantes, sobretudo a questão de diferentes gerações convivendo em espaços e tempos diversos no presbitério. Articulando a dimensão racial e as questões etárias, tentamos analisar como a Igreja lida com as práticas e identidades culturais, a exposição à violência e sua atitude diante do racismo, em particular com as populações negra e indígena.

Segundo pesquisa da CNBB (2024a), os presbíteros atuantes no Brasil são cada vez mais diocesanos, brasileiros[18] e relativamente jovens, uma vez que um terço deles é constituído por padres com idade entre 35 e 45 anos. Somando-se estes aos que contam até 34 anos, a quase metade dos presbíteros brasileiros tem até 45 anos.

18. Em contrapartida a tempos anteriores, quando a presença de padres estrangeiros era uma constante.

Tabela 2 – Distribuição etária dos padres no Brasil

Idade	Frequência	Percentual
Até 34	951	15,6%
De 35 a 45	1.956	32%
De 46 a 55	1.535	25,1%
De 56 a 65	901	14,8%
De 66 a 76	485	8%
Mais de 76	276	4,6%

Fonte: CNBB (2019).

No que tange à população brasileira, os dados populacionais divulgados pelo IBGE, resultantes do Censo 2022, revelam aspectos interessantes: (a) uma predominância de adultos em idade economicamente ativa; (b) o envelhecimento da população brasileira, uma vez que a idade mediana da população aumentou de 29 anos em 2010 para 35 em 2022; houve também um aumento significativo da proporção de pessoas com 60 anos ou mais; (c) uma tendência de queda na proporção de pessoas com menos de 30 anos.

Embora as pesquisas da CNBB ressaltem o protagonismo juvenil em diversos contextos pastorais, os dados demográficos indicam que o segmento populacional que mais cresceu no Brasil, em termos proporcionais, foi o de pessoas idosas. Diante desse cenário de envelhecimento populacional, como compreender a realidade da juventude e suas possibilidades de atuação social e eclesial no Brasil contemporâneo?

2.2 Juventudes

O IBGE adota diferentes intervalos de idade para determinar quem são os "jovens", dependendo do propósito e do contexto da pesquisa em questão. Em estudos que abordam aspectos socioeconômicos e demográficos, são considerados jovens os indivíduos com idades entre 15 e 24 anos. Em contrapartida, em análises como as apresentadas na Síntese de Indicadores Sociais, o IBGE define como jovens o grupo etário compreendido entre 15 e 29 anos.

Antes do século XX, a visão biomédica empirista tinha por foco a juventude, principalmente, do ponto de vista biológico e médico, concentrando-se nas mudanças físicas que acontecem durante a transição da infância para a idade adulta. O foco estava nas alterações corporais, no crescimento e no desenvolvimento sexual, levando em consideração padrões biológicos tidos à época como "normais".

Contemporaneamente, não se aplica mais o conceito de *juventude*, e sim de *juventudes*, a partir de enfoques não somente biológicos, mas sócio-históricos e psicossociais. Cuidar da realidade juvenil é uma tarefa cada vez mais complexa e pode ser realizada apenas parcialmente caso não se leve em conta o jovem como sujeito entrelaçado por infinitas variáveis.

Compreender o termo *juventudes*, hoje, é estar atento a outras questões que marcam especificamente o momento presente. *Juventudes*, afinal, é um termo político[19], em diálogo constante com a realidade social no qual é utilizado. Falar do jovem atualmente é também refletir a respeito do consumo, da tecnologia de informação, das redes sociais e de comunicação, das diferentes configurações familiares, dos índices de pobreza e de desemprego, do processo migratório, da violência, dos movimentos de direitos sociais, da toxicomania, dos vínculos afetivos sexuais e das questões raciais.

---

19. O conceito de *política* que uso neste texto é o que pertence ao universo cultural da Modernidade, mas inspirado na filosofia e na política da antiga Grécia. O problema grego era saber qual seria o melhor modo para governar a cidade: se as decisões deveriam ser tomadas por um só, o rei, por um grupo constituído pelos melhores, a aristocracia, ou por todos os participantes, denominados cidadãos. Na tradição grega, a forma mais adequada de viver em sociedade era a pólis, de onde deriva a palavra *política*. A ágora, a praça pública, tornou-se uma metáfora de organização de uma cidade em vista do bem comum, ou seja, o interesse público. Havia três elementos fundantes que faziam parte desse dispositivo: a *palavra*, a *publicização* e a *isonomia*. O lógos significava a preeminência da *palavra* sobre todos os instrumentos do poder da força. A *persuasão*, em assembleia, substituiria a força do déspota. A *publicização*, por sua vez, é a importância dos interesses comuns sobre os privados, a divulgação dos temas da vida pública, sem restrições e processos secretos. Já a *isonomia* é o que, da lei, garante o desejo, sustenta a diferença entre os iguais. A *lei* é o equilíbrio que visa à justiça e ao poder dos participantes, no lugar do temor e da culpa. As leis não identificam os governantes, mas são produzidas na discussão, no voto, no consenso. Em caso de conflito entre o bem público e o bem privado, o primeiro toma precedência natural sobre o último.

Nessa perspectiva, há necessidade de um olhar transdisciplinar acerca do tema que é o cerne deste estudo. Invocamos aqui, mais uma vez, a noção de *juventudes*, que abrange questões corporais, psíquicas, sociais, econômicas, culturais, religiosas, étnicas, políticas e outras.

Vejamos alguns dados que ilustram os inúmeros problemas dessa faixa etária. Estudos de pesquisadores da FGV (Desemprego..., 2025), apontam o índice de desemprego entre os jovens de 18 a 29 anos mais do que o dobro da taxa observada em um grupo mais velho, de pessoas de 30 a 59 anos. Outro estudo realizado pelo DIEESE sinaliza que, no segundo trimestre de 2024, estimava-se que mais de 9,8 milhões dos jovens entre 15 e 29 anos (20%) estavam sem trabalho e fora da escola – os chamados, por alguns, de "nem-nem" (Nem-nem..., 2024). Esse rótulo preconceituoso não é de todo verdadeiro, pois a maioria da população pobre não está parada, mas está procurando trabalho, aplicando-se a algum tipo de curso preparatório para seleção; e muitos, principalmente as adolescentes, estão desempenhando afazeres domésticos ou cuidando de idosos e crianças mais novas.

Essa realidade para os jovens revela tempos difíceis e de muitos conflitos, pois o desemprego proporciona a submissão e o adiamento do processo de autonomia e responsabilidade. Trata-se de uma moratória social, que significa adiamento dos deveres e direitos, de *suspensão* e de *espera* de produção de trabalho, de vida afetiva-sexual, de participação cultural e dos direitos de cidadania (Calligaris, 2000; Erikson, 1976).

Outro dado relacionado ao mundo do trabalho é a diminuição do número de jovens interessados em emprego de carteira assinada, ou seja, sob o regime da CLT. Apenas 11% manifestaram interesse em empregos pautados em regras de contratação de trabalhadores, assegurando os direitos e obrigações, como férias, 13º salário, seguros etc. Em contrapartida, mais de 30% dos jovens aspiram ter o próprio trabalho, optando pelo chamado empreendedorismo (Cruz, 2024).

Na mesma pesquisa, quando os jovens foram questionados sobre quais os principais problemas do país, disseram: em primeiro lugar, a corrupção (34%); seguem-se, a violência e a falta de segurança urbana

(30%); as questões relacionadas à saúde mental (26%); e a crise ambiental (24%).

Especificamente acerca da saúde mental, mencionaram-se os sintomas de ansiedade e depressão como os mais prevalentes (38%). Apontaram-se também o vício em celulares e redes sociais (41%), e, ainda, o consumo de drogas (22%), sendo este o destaque entre jovens de classe C (30%) e com ensino superior completo (34%).

Quanto mais novos, os jovens almejam a possibilidade de continuar seus estudos, pois entendem que é maior a probabilidade de conseguir emprego. Já os jovens com responsabilidade matrimonial, econômica e funções parentais, veem a manutenção dos estudos depender muito das condições financeiras e das complexas responsabilidades familiares. A urgência gritante de encontrar trabalho supera a aspiração de ascensão escolar. A pesquisa registra que a importância do trabalho está relacionada à necessidade de sobrevivência, à independência e ao desenvolvimento de autorrealização, mesmo sem a necessária capacitação. Outro fator agravante é a distância, que determina longos deslocamentos dos jovens de periferia e o aumento dos custos. E ainda, a disponibilidade de transporte público é grande empecilho de acesso a programas de capacitação e de emprego decentes.

Quanto à dimensão da sexualidade, os inúmeros relacionamentos afetivos ocorrem no período da adolescência com o despertar de atrações, de informações e de dúvidas sobre o próprio corpo e o do outro (Cabral, 2024). Essa vivência tem de se habituar paralelamente às normas, representações institucionais (família, Igreja, comunicação social e do Estado), crenças e concepções de gênero diante do processo de construção da identidade. A trajetória da identidade afetivo-sexual é convocada a se enlaçar com inúmeras questões de orientação sexual hetero, homo e outras escolhas; do aprendizado dos comportamentos preventivos em relação à gravidez precoce; das infecções sexualmente transmissíveis (IST), incluindo o HIV e a aids (Knauth; Pilecco, 2024). Compreender a heterogeneidade dessas situações apresentadas tem sido a grande batalha dos jovens perante a questão da construção de identidade afetivo-sexual no contexto da era digital (Paiva, 2024). A construção, na maioria das vezes, ocorre solitariamente ou em rodas de colegas. As famílias, as escolas, as Igrejas e, sobretudo, o Estado – por meio de políticas públicas na área da saúde mental – continuam negligenciando essa dimensão e estão arraigados aos recalques milenares diante da educação sexual juvenil.

Segundo o estudo a respeito da sexualidade de jovens, realizado por Calazans (1996), uma parte dos entrevistados vê a possibilidade de experiência afetivo-sexual como conduta ativa e distante meramente da função reprodutiva e da rígida restrição institucionalizada.

> Nesse sentido, é congruente que os dados revelem uma variação significativa por idade com relação ao exercício da sexualidade: enquanto cerca de metade (52%) dos adolescentes de 15 a 17 anos ainda não tinha iniciado sua vida sexual no momento da pesquisa, essa proporção cai para 20% no grupo intermediário (de 18 a 20 anos) e para 7% no grupo de 21 a 24 anos.

No que se refere à dimensão do sagrado, a identidade religiosa está enraizada nos sistemas de valores de boa parte dos jovens brasileiros (Em Movimento; Pacto das Juventudes pelos ODS, 2021). Há uma quebra da hegemonia dos adeptos à religião católica. Na sociedade globalizada, observam-se formas plurirreligiosas de se viver a fé: nas religiões tradicionais, nos terreiros, nas casas entre amigos e até pessoalmente, na intimidade. "Ora, onde se tem fé, às vezes não tem religião. A fé é vivida não tanto verticalmente, como na tradição familiar, mas, sobretudo, horizontalmente na era digital" (Santos, 2022).

Surpreendentemente, a religião ocupa um lugar de destaque entre os temas que os jovens gostariam de discutir com autoridades, como os pais e os professores, e com os amigos (Abramo; Branco, 1996). A enquete enfatiza que 15% dos entrevistados participam de grupos de jovens ligados à Igreja; 18% participam da missa ou culto nos fins de semana, e um grande número sinaliza "temor a Deus".

Quais as motivações que levam os jovens a buscarem sentido para suas vidas pela via religiosa?

Primeiro, a grande maioria dos cidadãos brasileiros se declara cristã. A juventude tem na instituição família a grande referência afetiva, que é, ainda, embora em menor escala, o lugar de transferência de valores, inclusive via grupo religioso. A pertença a um grupo religioso pode ser considerada como o engajamento em rede de socialização, nas quais o encontro e a convivência com seus pares suavizam o peso da incompletude que a solidão proporciona. Isso se comprova quando uma parcela da população juvenil afirma que participa de grupos de jovens religiosos como forma de vinculação afetiva, convívio social, artístico, musical, entretenimento, e pela dimensão espiritual.

Os efeitos sociais das crenças religiosas não nos autorizam a classificar a juventude brasileira como conservadora. Pelo contrário, muitos desses grupos religiosos ressaltam expressões genuínas na área das artes, cultura, dança e engajamento em grupos políticos da sociedade civil e religiosa. Contudo, é possível surgirem, nesse ambiente, maneiras religiosas rígidas e fundamentalistas.

Nos tempos atuais, o ambiente religioso juvenil tem se direcionado ao corte virtual conectado e vive de múltiplos sites on-line, em que se pode interagir com informações, imagens, vídeos de influenciadores católicos, evangélicos e de matrizes africanas, divulgando conteúdos tanto extremamente conservadores como propostas políticas de identidade de gênero, racial e temas ecológicos (Santos, 2022).

São vários os meios de divulgação culturais e musicais próprios dos jovens, como as expressões do hip-hop (*rap*, *breakdance,* grafite, *DJing*), o *gospel*, o *funk*, saraus, grafites, poesias, *performances* artísticas e teatrais. Tais empreendimentos podem, contudo, ser capturados seja por vozes negacionistas de grupos políticos de extrema-direita ou por pautas vinculadas aos direitos humanos, de partidos de esquerda ou centro-esquerda.

Em relação à questão de opção política partidária[20], a pesquisa do Instituto Idea confirma a ambivalência de escolhas nas opções políticas

---

20. A pesquisa SoU Ciência, realizada pelo Instituto Ideia, em janeiro de 2025, desenhou o seguinte quadro referente a vários quesitos: no campo do gênero, 53,3% das mulheres se declararam de esquerda ou centro-esquerda; entre os homens, 46,7%. De

partidárias (Santos, 2022). Quando se solicitou que os jovens se posicionassem no aspecto político partidário, que se estende da esquerda à direita, 16,63% deles escolheram a opção de centro-direita ou direita; 16,34% afirmaram ser de centro-esquerda ou esquerda; 8,51% escolheram partidos do centro.

A intenção de estudar conjuntamente dados de pesquisas do IBGE e de outros institutos de pesquisa acerca das juventudes visa estabelecer um contexto, como base de sustentação, e comparar esses dados à análise dos dados etários dos padres pesquisados pela CNBB, em 2019 (Abramo; Branco, 1996).

Assim, perguntamos: qual o perfil dos jovens que se sentem chamados ao ministério sacerdotal? O que o jovem vocacionado realmente deseja, ou "sonha", quando opta pelo ministério ordenado? O que está buscando? Há um mínimo de coerência entre a sua origem histórica e o que está idealizando na vida presbiteral? Diante dos dados mencionados, como os jovens vocacionados lidaram e lidam com a experiência de trabalho, desemprego, autossustentação? Qual o sentido da escolaridade dos jovens vocacionados perante as severas condições de subsistência de suas famílias? Quanto à vivência da sexualidade, que traços afetivos foram deslocados da adolescência para o seminário e a vida presbiteral? Quais as motivações religiosas mais marcantes vividas pelos vocacionados com relação ao corte virtual religioso? Que líderes são identificados e idealizados pelos seminaristas? Qual é o perfil teológico, eclesial e social adquirido na infância e na vida juvenil? Quais as visões de mundo que foram assimiladas pelos jovens quanto aos problemas do Brasil, os embates políticos sociais e políticos partidários? Qual a sensibilidade desses jovens para com a população vulnerável, os mais empobrecidos da sociedade?

---

direita, os homens são 64,5% e as mulheres 35,5%. Do ponto de vista econômico, as classes A e B estão mais representadas nos que se autodeclararam de direita (37,8%) do que de esquerda (27,2%). Na Classe C, são 56,2% de esquerda e 47,1% de direita. Indivíduos das classes D e E são igualmente minoria na esquerda (16,6%) e na direita (15,1%). Católicos são 34,9% de esquerda e 25% da direita. Já os protestantes e evangélicos ocupam 13,6% do campo de esquerda e 48,3% do de direita. Os ateus e os sem religião, 39,6% apresentaram-se como de esquerda e 17,4% de direita.

2.3 A hermenêutica dos dados etários no meio presbiteral

O clero do Brasil é cada vez mais jovem, brasileiro e diocesano. Quais as implicações hermenêuticas dos dados etários do clero, antes mencionados, e os achados de inúmeras pesquisas realizadas recentemente no Brasil? (Valle; Benedetti; Antoniazzi, 2004).

É esperançoso contar com um numeroso grupo de presbíteros, em fase criativa e produtiva, desenvolvendo a evangelização missionária nas cinco macrorregiões do país.

As transformações do mundo atual deixam evidente que os lugares ocupados pelos sujeitos não são fixos. Os espaços não estão garantidos e, por isso mesmo, as organizações da vida são de algum modo provisórias e transformadoras. Assim, ocorre também com a questão da idade, que, ao deixar de representar apenas uma questão cronológica, um mero número, assume, nos dias de hoje, uma metamorfose multifacetada e simbólica.

São muitos os fatores que dificultam ou facilitam a convivência geracional entre os membros dos presbíteros. Além dos aspectos inerentes ao processo de envelhecer, há outra questão trazida pelos jovens padres nas dioceses e arquidioceses: a visão de identidade presbiteral, o modelo de Igreja que cada geração acredita representar, a pertença ao seu grupo geracional em contraste com a pertença a um presbitério. Daí perguntamos: quais os impactos da chegada dos jovens nas igrejas particulares?

2.3.1 O conceito de "novas gerações"

Toda experiência geracional é única. O conceito *novas gerações* se distancia do sentido cronológico e supera sua simples identificação com a ideia de juventude em contraste com os mais velhos. Novas gerações significa a potencialidade de alavancar novas produções de subjetivação transversal diante da questão da idade, da afetividade, da cultura, do ministério missionário, do trabalho intelectual, da estética, da ética, visando, principalmente, à criação de novas relações ecológicas com a natureza, humana e social. Nasce, entre as novas gerações, uma aliança entre o cuidado com a natureza, a amizade entre os humanos, as causas sociais em favor dos marginalizados, a maneira de lidar com o corpo, a aparência e a estética.

As novas gerações quebram o paradigma etário e estéril de posições irreconciliáveis entre velhos e jovens, conservadores e progressistas, individualistas e solidários, tradicionais e modernos, alienados ou críticos em relação a que ou a quem. Assim, inauguram um projeto comum, em que cada geração assume seu papel para que exerça a corresponsabilidade em relação ao outro.

Refletir sobre a temática das novas gerações na vida eclesial e religiosa é propor um distanciamento do critério marcado, sobretudo, pela negatividade. O velho conceito de gerações constrói sobre o sujeito percepções e critérios preconceituosos e estereotipados, como o biológico: juventude saudável *versus* velhice decrépita; o psicossocial: juventude delinquente ou rebelde e idoso correto, maduro; o existencial: juventude plena de vida e o provecto próximo da morte; o econômico: juventude produtiva e o idoso incapaz; o direito: juventude como sinônimo de menor de idade e de direitos e o idoso como maior de idade e de direitos.

O conceito *novas gerações* prescinde de idade cronológica e abre espaço para novas invenções, não como sinônimo de novidade. Novidade é algo efêmero e transitório. O novo é criação e invenção. Também tem a ver com novas subjetivações, multiplicidades de devires, que significa aqui ser um outro que ainda não se sabe o que é e que somente se saberá na própria experimentação do novo devir: criança, jovem, idoso, de gênero, étnico, político, trabalhador, econômico e religioso.

Nesse contexto de mudanças culturais e políticas, são introduzidas novas considerações paradigmáticas no conceito *geração*. O velho paradigma geracional estaria mais inclinado para as preocupações materiais, com relacionamentos instrumentais entre as pessoas e as organizações verticais, referenciadas, preferencialmente, ao Estado, às Forças Armadas e às demais instituições, como família, indústria, educação, meios de comunicações, Igreja, partidos e sindicatos, com forte centralização do poder, do prestígio e de normas coercitivas. Já os paradigmas das novas gerações se inclinariam mais para as preocupações afetivas e para a criação de novos espaços religiosos, sociopolíticos, culturais, estéticos e éticos. Talvez por isso pessoas de todas as idades estejam em busca de novos espaços intersticiais – leves, fluidos e criativos – para viver.

Esse conjunto de valores, caso verdadeiro, alicerça um processo emergente de democratização das relações sociais das gerações na sociedade, de fundamental importância para a criação de uma cultura política de valores centrados na amizade e de condutas de políticas públicas geracionais.

Experiências moleculares de novas gerações se multiplicam por toda parte: novos arranjos matrimoniais que não privilegiam a idade, o sexo e o patrimônio; além do sistema econômico de gestão solidária entre diferentes gerações, como a economia solidária de Francisco e Clara; centros de espiritualidade ecumênica; casas de acolhida de idosos com possibilidades de sociabilidade artística contrastando o modelo asilar[21]; centros culturais multifacetados: étnicos, de saúde, de cidadania, de gênero, de faixa etária, de direitos humanos, artísticos e estéticos; lares múltiplos de grupos de parentesco, de amizade e de vizinhança. As experiências moleculares são menos institucionalizadas, rígidas e hierárquicas, possibilitando contínuas mudanças e transformações subjetivas.

2.3.2 Luzes e sombras

Entretanto, as novas gerações têm luzes e sombras. Sua base não é romântica, mas conflituosa. A geração de hoje pode ser tão idealista e generosa quanto o foram, ou não, aquelas que a precederam. Há que compreendê-la, analisar os aparelhos que fabrica e produz modos de ser, isto é, geradores de subjetividades a que as pessoas estão submetidas. Os principais aparelhos que fabricam as subjetividades são as instituições: Estado, família, Igreja, Exército, escola e meios de comunicação de massa, e, atualmente, com grande influência, as interações midiáticas.

21. O modelo asilar ainda persiste, sobretudo entre a população pobre, como uma espécie de "depósitos de idosos", casas de repouso que "guardam" para as famílias aqueles que não mais participam do processo de produção.

Além dos aparelhos agenciadores, há os produtores de análises que movimentam as subjetividades em sua ação no interior das instituições: as utopias, a espiritualidade, o poder, o dinheiro, a sexualidade, a arquitetura física, a burocracia, os discursos e as narrativas. Vale procurar entender os processos de subjetivação que estão em constante ação na atualidade e que subjetividades deles advêm: autonomia ou alienação.

As instituições desempenham um papel fundamental na constituição dos sujeitos, podendo contribuir tanto para a formação da autonomia quanto para a alienação. A noção de indivíduo, tão valorizada pela Modernidade e frequentemente associada à liberdade, não se concretizou plenamente. Na prática, observa-se que os indivíduos são, cada vez mais, produtos de processos de padronização em larga escala – serializados, registrados e moldados segundo normas institucionais. Em consequência, o que se forma são subjetividades alienadas, distantes da idealizada autonomia moderna.

À luz de pensadores contemporâneos, como Guattari (Guattari, 1990; Guattari; Rolnik, 1986) e Deleuze (1997), o que denominamos *subjetivação* deve ser compreendido de maneira distinta. O sufixo *ação* indica movimento, processo e transformação. Trata-se, portanto, de um processo contínuo, que não se deixa totalizar ou fixar em uma forma estável. A subjetivação deve ser pensada como uma multiplicidade de modos de ser abertos e em constante devir. É uma rede, ou ainda, um folheado composto por camadas internas e externas ao sujeito, nas quais diferentes espaços coexistem e, em seus interstícios, múltiplas enunciações se produzem. Essas enunciações engendram novas maneiras de pensar, sentir e agir, constituindo sujeitos singulares e autônomos, capazes de resistir às forças normativas e homogeneizantes que buscam, incessantemente, capturá-los e aliená-los.

O processo de alienação do sujeito ocorre quando as pessoas são capturadas e se submetem às influências das grandes potências econômicas – a face perversa da globalização. Na atualidade, o processo de captura e alienação é cada vez mais veloz e se tornou instantâneo, por meio de poderosos meios cibernéticos e redes sociais, como WhatsApp, Instagram, Facebook, TikTok, X (antigo Twitter) e outros mais.

Os atuais modelos de comunicação operam por meio de signos ou traços de identificação desprovidos de memória histórica e destituídos de qualquer intimidade biográfica. Quando amplamente difundidos pela cultura globalizada de base tecnológica, contribuem para a formação de sujeitos fragmentados – ou mesmo simulacros –, que se assemelham a representações artificiais de ídolos ou entidades fictícias, alheias à realidade concreta. Trata-se, portanto, de uma produção massiva de subjetividades padronizadas, marcadas pela superficialidade e pela ausência de singularidade.

Até os anos de 1960, crianças e jovens se vestiam e agiam de modo semelhante aos adultos: calça comprida, terninho com gravatinha borboleta, vestidinhos comportados, sempre à maneira dos mais velhos. Tal como nas vestimentas, crianças e jovens, em todos os âmbitos de suas vidas, ocupavam um lugar anterior ao que viriam a ser, em tempo de aprendizado e imitação.

As grandes mudanças havidas em fins daquela década e nos anos que se seguiram, protagonizadas pelos jovens, que já não mais queriam modelos ultrapassados e desafiavam a ordem política, social e cultural da época, provocaram transformações nos costumes, nas relações de poder e no papel da juventude na sociedade. Mas, lamentavelmente, com o advento e fortalecimento do neoliberalismo, tudo isso veio a ser capturado em nova modelagem.

Como sugerem pensadores da modernidade líquida e do consumo simbólico, nas últimas décadas, o jovem contemporâneo deixou simultaneamente de ser visto tanto como um adulto em formação, ainda desajeitado e coagido, como também revolucionário, para se tornar referência de beleza, liberdade e sensualidade – um ideal aspirado por todas as faixas etárias.

Trata-se de um modelo intensamente capitalizado por um mercado de consumo em larga escala (Costa, 2004, p. 102-104), que instrumentaliza o culto ao corpo por meio das academias, das grifes de vestuário, dos cosméticos, da alimentação ultraprocessada e das bebidas energéticas, além dos dispositivos eletrônicos e acessórios automotivos, promovendo padrões estéticos e comportamentais que reforçam ideais de juventude, *performance* e desejo.

No universo social contemporâneo, o ato de consumir mercadorias se tornou um marcador central de identidade e pertencimento. A produção e distribuição dos bens são organizadas de forma seletiva – refletindo e reforçando as desigualdades econômicas –, direcionadas àqueles que possuem muito, pouco ou nenhum poder de compra.

2.3.3 *Subjetividades pretéritas e contemporâneas*

A subjetivação pretérita se pautava na reflexão; adiava as possibilidades de decisões, enfrentando a angústia temporária das escolhas. A subjetividade contemporânea é predominante reflexa, indeterminada e imediatista, agindo em movimentos generalizados e infinitamente variados, pautada na velocidade, na exaltação da novidade, da rapidez e do império das decisões. O alienado é empurrado a escolher perante as abundantes mercadorias. Vive-se, imperativamente, num ambiente de risco, em que o conhecimento prévio (a razão) é experimentado de forma precária. As construções simbólicas não oferecem sustentações plausíveis às condições emocionais e psíquicas dos sujeitos.

As gerações anteriores vivenciaram carências e faltas em todos os âmbitos e, assim, prescindiram de variadas escolhas. Hoje em dia, há forte angústia diante do contraste entre carência e abundância. Os princípios de escolhas ou decisões estão danificados. É o reino da automação e das subjetividades dos meios de comunicação de massas. São imagens efêmeras sem sustentação de recordação histórica, de rede simbólica e da palavra. Por exemplo: substitui-se facilmente a leitura atenta de uma obra acadêmica por milhões de curtidas instantâneas que, para os que as curtem, têm o valor do momento. Mas isso não faz diferença... Deliciam-se com memes (imitações), e não com textos. O desejo de adquirir informações evapora na compulsão repetitiva de aparências. Substituímos personagens e biografias por marcas.

Le Breton (2017, p. 74) comenta: "A marca é superior à vida, pois ela oferece a você mais do que a vida. Em uma sociedade do espetáculo regida pela imagem ou pela logomarca, é preciso se fazer imagem ou logomarca". Ou seja, vivemos numa cultura do *outdoor*, das frases curtas – leia-se mentes curtas – e que não exigem raciocínio lógico, já que se impõem por alguém que, ao criá-las, se antecipou ao pensar de quem as lê.

No âmbito da Igreja e da Vida Religiosa Consagrada (VRC), observa-se que se acentua o valor das escolhas amistosas entre as gerações. A possibilidade da escolha se renova a cada nova situação, a cada possibilidade de relação com o bispo e o irmão presbítero. De modo que, a todo o momento, é importante perguntarmos: que escolhas faço quando vivo com diferentes gerações nas dioceses e províncias? Quais são as possíveis percepções e interações vividas?

Enquanto as gerações mais velhas tinham como primazia maneiras afetivas apenas presenciais, as novas gerações primam pelos encontros virtuais em vez dos presenciais.

Ainda que na vida sejam diversos os propósitos que norteiam as escolhas: mítico, espiritual, afetivo, intelectual, artístico, ecológico, lúdico; interessa-nos questionar quais são as principais dificuldades que os jovens encontram no início de sua vida consagrada a Deus. E os de meia-idade? E os mais idosos? Como se sentem perante os novos tempos? Como têm elaborado o processo de envelhecimento? Há encontros ou desencontros entre os menos vividos e os de experiências mais avançadas? É imaginável o esgotamento psíquico-emocional no início, no período mediano e na maturidade eclesial? Quais seriam esses fatores que se interligam em dimensões pessoais e institucionais de cada diocese do Brasil?

Esse possível mal-estar está ligado a várias situações que serão descritas e analisadas a seguir, em busca de identificar os encontros e desencontros entre as novas gerações de bispos, padres e religiosos, sejam eles novos, de meia-idade ou da terceira idade.

2.4 Segurança e liberdade

Os sacerdotes mais antigos e experientes presenciaram uma história de proibições e formas hierárquicas e autoritárias dentro da Igreja e da sociedade. Eram pessoas estimuladas a preservar ideais extremos de perfeição moral e limitavam ao máximo se relacionarem afetivamente com alguém.

Para a geração mais nova, o que fica é o legado de bispos e presbíteros e a experiência vivida, na instituição, que eles têm para transmitir: vida austera, modos de viver o cotidiano, lutas diárias visando à evangelização missionária, residências e obras sociais caritativas sóbrias, celebrações ritualizadas, experiência entre a rígida hierarquia e os subordinados, uso obrigatório de vestimentas clericais, moradias precárias, ausência de côngruas, falta de plano de saúde e de previdência social para aposentadoria.

2.4.1 Geração jovem

Na prática, para os mais jovens, a história é outra: entraram nas dioceses e arquidioceses do Brasil em uma época pós-Concílio Vaticano II, de abertura democrática política na sociedade brasileira, de facilitações nas relações afetivas interpessoais, de flexibilização de exigências e, por vezes, desconhecem a fundo as experiências vividas pela geração passada. Para os mais novos, essas transformações nem sempre são conhecidas e tampouco bem elaboradas – não foram conquistadas, simplesmente dadas. Por isso, é indispensável o diálogo. Na ausência dele, corre-se o risco de se formarem gerações fragmentadas, sem memória histórica, distantes do carisma diocesano ou da ordem religiosa a que pertencem, dominadas pelo presentismo.

Diante de tantas transformações atuais, podemos nos perguntar: O que mudou na vida da Igreja? É possível imaginar que a principal mudança tenha ocorrido no paradigma da instituição na sociedade, passando de uma visão de segurança para uma de liberdade. Essa mudança, no entanto, é ambivalente. Não é exclusiva da Igreja – ela reflete uma questão mais ampla relacionada à forma como as organizações sociais e subjetivas são construídas. Por exemplo, quando se refere ao jovem que outrora buscava segurança e, hoje, liberdade, cabe perguntar se muitos seminaristas não estão buscando mais segurança do que liberdade. Querem o colo da instituição, o manto protetor da batina, o reconhecimento social por serem mais padres do que cristãos? Temem o confronto no diálogo e as situações de risco de uma sociedade plural? Trata-se, como registra o Padre Giovanni Cucci (2012), da síndrome de Peter Pan ou da geração canguru.

No passado, as gerações eram ensinadas que a vida diocesana, seja presbiteral ou religiosa, era, antes de tudo, um dever. O prazer ou a satisfação pessoal vinham em segundo plano. Essas pessoas eram de caráter firme, construído com vínculos sólidos de lealdade, confiança e fidelidade quase absoluta à instituição. Para ilustrar, pense em um simples padre de paróquia de uma aldeia: havia um tempo em que a única pessoa que frequentava a casa paroquial era a empregada doméstica, obrigatoriamente canônica, e tudo o que ele lia era o jornal católico *L'Osservatore Romano*. Hoje, há garotas e garotos com trajes mínimos na TV, na internet, em aplicativos e sites pornográficos todas as noites...

Comparando o tema da afetividade ou sexualidade entre as diferentes gerações, segundo pesquisas mencionadas sobre a juventude, mais da metade dos jovens brasileiros vê a possibilidade de experiência afetivo-sexual como habitual nesse período, e bem distante dos cânones da função reprodutiva e da rígida restrição moral. Esse dado merece atenção especial dos padres reitores e diretores espirituais dos seminários quando se defrontam com as demandas psicoafetivas e sexuais dos jovens formandos e as comparam com as próprias experiências difíceis e penosas, vivenciadas nos tempos de sua formação eclesial.

Faltava aos antigos presbíteros uma visão mais ampla de um futuro diferente ou mesmo habilidades e conhecimentos sobre alterações do cotidiano. O trabalho rotineiro pode desgastar a pessoa, mas, em contrapartida, também a protege; pode trazer cicatrizes, entretanto, organiza a interioridade das pessoas. Imaginar uma vida sem qualquer referência de valores, sem ascese e hábitos emancipatórios, é viver na plenitude do risco e à deriva. Uma conduta flexível é ser tolerante diante de diferentes situações, mas sem se quebrar ou se fragmentar por elas.

2.4.2 *Os idosos*

Na sociedade do descartável, as pessoas idosas são lentamente despojadas de suas antigas funções, sendo a sua retirada do universo profissional, ou ministério sacerdotal, o sinal mais sensível disso. O idoso é convocado a viver pelo menos cinco lutos.

Primeiro, o *luto da imagem corporal, fisiológica, anatômica e neurológica* – alterações na pele, problemas cardiovasculares, inquietações nos aparelhos urinários, digestivos e rigidez muscular. As dificuldades de memória, visão e audição são os primeiros sinais a anunciarem o tempo do envelhecimento. Um sênior sofre de andropausa quando, além dos problemas psicossexuais, apresenta ainda irritabilidade (perdas e separações), aumento da gordura no abdômen e uma certa fragilidade óssea. A frequência aos profissionais biomédicos torna-se maior: consultas médicas, fisioterapêuticas e ida a laboratórios de exames clínicos ocupam a agenda mensal. As doenças e as dores se tornam crônicas e é urgente se ajustar às circunstâncias que limitam a liberdade de movimentos e enfraquecem o prazer de viver.

Segundo, o *luto das substituições de* status, *papéis e funções* – ao deixar as funções de pai, avô, bispo, pároco, professor e de outras atividades profissionais. É comum, em uma sociedade de mercado, que valoriza o descartável, rotular os idosos como decrépitos, tarados, ine válidos, babões, caídos. As antigas "sustentações", ou funções sociais, de existência lhes são tolhidas, às vezes violentamente cortadas. Sem o tempo de ressignificação, a pessoa adentra em um universo estranho, difícil de compreender. O esforço é desmedido, a tarefa parece impossível, as reservas de sentido às vezes se esgotam. Muitos deprimem, produzem sintomas físicos e psicossociais.

Terceiro, o *luto do símbolo financeiro-econômico*. O dinheiro não é apenas a moeda corrente de um país (real, euro, dólar, peso...); o dinheiro representa afeto, maneiras de receber e dar afetividade. A sua ausência gera angústia, insegurança, apegos e retenções obsessivas do pouco capital econômico[22].

---

22. Entendendo essa situação, o artigo 35, §1º, do Estatuto do Idoso, dispõe que, quando o idoso está num espaço de permanência – asilo filantrópico, ou casa de repouso –, "o beneficiário faz o saque do valor correspondente a 70%, paga a instituição, que entrega um recibo de quitação da parcela mensal. Os outros 30% devem permanecer na conta do idoso e ser administrado pelo idoso, com a sua anuência e tomada de decisão" (Angioletti, 2020).

Quarto, o *luto dos vínculos afetivos* – solidão fecunda habitada ou abandono solitário. O processo de envelhecimento é uma desapropriação progressiva dos familiares, vizinhos e amigos históricos. O afastamento de antigas responsabilidades faz desaparecer os entes queridos. Surge a internação compulsória no asilo. É a perda de esperança de um retorno à própria casa, a sua memória de vida.

Quinto, a *questão da finitude e da morte.* "A vida vai saindo...": os sonhos, o ministério enquanto cargo e função, o *status*, o capital econômico, o sal ou o açúcar da comida, os cabelos, os amigos que morrem e as pessoas vivas que nos deixam... Trata-se de uma ruptura da história de vida, na qual cabe ao sujeito, quando consciente, transformá-la em mudança natural, o desaparecimento, ou, ao contrário, em uma catástrofe – desespero angustiante. É a desistência absoluta de investimento libidinal nas pessoas; objetos simbólicos, ideais e sonhos assumem aqui sua forma mais radical: a morte desesperada e despedaçada.

O Papa Francisco (2025, p. 287) assim se expressou sobre os limites da velhice:

> Por algum tempo isso me deteve, até psicologicamente me desanimou um pouco, mas a mente esteve sempre lúcida, e o espírito de trabalho – continuar acompanhando projetos, oferecer orientações – ajudou-me bastante. Estou bem agora, posso comer de tudo, e a verdade mais simples é que estou velho. Para mim, a dor no joelho foi a humilhação física mais pesada. No início, incomodava-me ter de usar a cadeira de rodas, mas a velhice nunca vem sozinha e deve ser aceita tal como se apresenta: a Igreja é governada com a cabeça e o coração, não com as pernas. Faço fisioterapia duas vezes por semana, apoio-me na bengala, dou mais passos do que posso e sigo em frente. Apoio-me sobretudo no Senhor: teu bastão e teu cajado me deixam tranquilo (Sl 23,4).

Por esses motivos, é necessário voltar um olhar especial para o processo de envelhecimento dos participantes dos presbitérios arqui/diocesanos, abrindo dispositivos de preparação para a emeritude, sobretudo dando significado à trajetória de vida. Ressignificar os critérios biológicos, etários, jurídicos, psicossociais, afetivos, espirituais, pastorais e econômicos, para critérios que enriqueçam os encontros geracionais e criem processos de subjetivação ao envelhecer.

Essa é a novidade para a instituição Igreja e toda a sociedade quando se depara com uma parcela significativa da geração de presbíteros que está envelhecendo, sobretudo, o alto número de padres que necessitam de assistência especial nesse período. Ainda são recentes as narrativas sobre o processo de envelhecimento. Por isso, é necessário enfrentar os sinais de finitude e da morte concretamente, dialogando e criando as primeiras narrativas sobre o processo contínuo, gradual de alterações naturais que começam na idade adulta.

O Papa Francisco (2025, p. 325) assim se manifestou sobre a marca do tempo: "Deixe todas as minhas rugas, não tire nenhuma. Levei muitos anos para consegui-las".

A idade, tomada simplesmente como número, não revela muito a respeito do sujeito humano. Por exemplo, há bispos ou presbíteros sêniores com espírito jovem, criativo e produtivo, e há jovens com espírito conservador e repetitivo. É claro que não podemos esconder que há diferenças entre quem foi formado há muitos anos numa estrutura eclesial, no pré-Concílio Vaticano II, e aqueles que se formaram após a abertura do Vaticano II, ou, ainda, em tempos pós-modernos atuais e que assumiram recentemente o trabalho pastoral e missionário. Há, sem dúvida, linguagens, costumes, maneiras, formas de conceber a Igreja, novas abordagens tecnológicas e cibernéticas. As novas gerações acentuam o valor da autorrealização, do prazer imediato e das diferentes opções amorosas, correspondendo ao contexto do tempo em que estão inseridos.

2.4.3 A geração da meia-idade

A chamada "crise da meia-idade", geralmente a partir dos quarenta anos, marca um visível declínio dos impulsos heroicos que caracterizam a juventude e o início da maturidade. Esses impulsos começam a enfraquecer diante dos primeiros sinais do envelhecimento físico, da percepção mais nítida das limitações impostas pela vida na realização de grandes objetivos, e dos encontros inevitáveis com a fragilidade e a morte – dos pais, dos amigos e, de forma cada vez mais palpável, de si mesmo.

Por certo, há quem lide de modo mais afirmativo com a questão do envelhecer. Fazem novas escolhas que os deixam de bem com a vida. São ativos e ampliam as relações sociais com os mais jovens e com os mais vividos. Por outro lado, há aqueles que não aceitam o número de anos colecionados, mostrando-se amargos, depressivos e de difícil relacionamento, considerando os jovens incapazes e infantis. São mais resistentes às propostas de mudança, a ceder seus lugares aos mais jovens, considerando-se insubstituíveis. A população de meia-idade e os idosos podem sentir inveja da destreza, da agilidade nos movimentos físicos, das habilidades e da coragem dos jovens. Entretanto, os jovens podem sentir inveja da segurança, da liberdade e da autonomia dos mais vividos e experientes.

De modo geral, os padres de meia-idade têm um capital histórico a comemorar e a ser admirado. Viveram a renovação do Concílio Vaticano II e a sua reconciliação com a sociedade e a ciência moderna. Rasgaram as excêntricas vestes litúrgicas da neocristandade e se cobriram da veste essencial litúrgica, não de costas, mas de frente para o altar do povo, conclamando-o à participação na língua vernácula e convidando-o a celebrar os seus dramas cotidianos. São aqueles que vivenciaram as mudanças decorrentes das cinco conferências gerais do episcopado latino-americano e caribenho e que conclamaram a pastoral profética e encarnada junto aos excluídos por meio das CEBs. Também acenderam a chama do diálogo ecumênico e inter-religioso e abriram as portas da Igreja para participar da Constituição de 1988, a Constituição Cidadã, por meio da qual os direitos humanos passaram a ser respeitados no país, sobretudo as questões da democracia e os grandes temas de gênero, raça, migrantes, crianças, jovens e idosos.

2.5 O comunitário e o singular

Como é o relacionamento entre os bispos e padres de meia-idade e os mais jovens, no dia a dia, no cotidiano das dioceses e arquidioceses? Há espaços interpessoais entre as diferentes gerações? Ou existe uma concentração de poder num segmento etário? É oportuno, além disso, perguntar: como é a relação afetiva dos bispos e padres de meia-idade com os demais colegas jovens de suas dioceses? Como viver o comunitário (presbitério) sem anular a dimensão singular e a potencialidade do sujeito? Trata-se do processo de individuação como tentativa de se aproximar do interior *de si mesmo*; trata-se de ressignificar o que vivemos, quem somos e como podemos ser. Deve-se observar que muitos colegas no presbitério, quando se encontram e se cumprimentam, não falam de suas vidas, alegrias, dores, desejos e frustrações, mas de seus trabalhos burocráticos, como se a vida funcional justificasse o ser, como se, pelos seus paramentos e trabalhos rotineiros, não sentissem dor, não ficassem doentes, não sentissem medo, não tivessem sonhos.

O tema das novas gerações, evidentemente, ultrapassa número, idade e tempo cronológico. Busca-se, hoje, antes de tudo, a realização pessoal no desenvolvimento da experiência interpessoal ou eclesial. A priori, isso não é um mal, desde que seja conectado com o carisma e a vida comum presbiteral. Para alguns, infelizmente, o que mais importa não é a fidelidade à Igreja ou a doação à causa da instituição. As regras do jogo das instituições e o modo de fazer as coisas andam se transformando. Assim, valoriza-se mais o flexível, o instantâneo; anseia-se viver o momento presente, com poucas perspectivas a longo prazo.

Há membros do clero que têm dificuldades com a dimensão reflexiva e de consciência de si e do outro. Deixam de conhecer as histórias de conquistas de evangelização e lutas nas dioceses e arquidioceses. Torna-se angustiante a escuta interior de si mesmo, a dimensão histórica, as diferenças de classes sociais, raciais, de gênero, etárias, o investimento acadêmico e o recolhimento no silêncio apaziguador. (Analisaremos tudo isso no capítulo 5: "A ideologia da vergonha e o clero do Brasil".) O que se vê é que a sociedade contemporânea pode estar produzindo sujeitos impacientes, uma vez que tudo deve ser angariado de imediato, sem elaboração do tempo de espera. É a cultura da obrigação de consumir e de devorar tudo que se vê. Para o Papa Francisco, em *Homilia*, essa lógica do descartável é a mesma que "corta o fio pelo ponto mais frágil, mais necessitado".

A geração antiga aprendeu, com a hierarquia da instituição, a aguardar com resignação o reconhecimento pelo trabalho pastoral, educacional, social e a esperar a promoção e a contribuição pessoal financeira. Quando isso não acontecia, era motivo de mágoa, mas, em geral, não se manifestavam os sentimentos contrários. O clima era muito repressor e pautado na obediência obsequiosa e sem crítica.

A geração dos mais jovens vivencia uma comunicação real e virtual mais solta e simultânea. Participa de uma cultura de reivindicação dos direitos humanos em uma sociedade regida pela Constituição Cidadã, pela Consolidação das Leis do Trabalho, pelo Estatuto da Criança e do Adolescente, o Estatuto do Idoso, e não tanto pelo carisma religioso. Nessa perspectiva, as reivindicações são mais rápidas, midiáticas, abrangentes, e, por vezes, dialogadas, definidas em acordos ou, ao contrário, marcadas por oposicionismo e indiferença.

A organização eclesial e as demais instituições – família, escola, empresa, Forças Armadas, Estado, entre outras – vivem um dilema geracional entre seus participantes. Como decidir o que tem valor duradouro numa sociedade impaciente, que se concentra no momento imediato, no presentismo? Como se podem buscar metas de planejamento a longo prazo numa cultura que deseja resultados mais rápidos, a curto prazo? Como alcançar um amor duradouro perante uma afetividade líquida? Diante dessas transformações culturais, como se pode construir um grupo de bispos e presbíteros no Brasil com relações afetivas solidárias e com maior grau de pertencimento e participação nas decisões? Eis a questão da sinodalidade.

É necessário dialogar a respeito dos diferentes valores geracionais. É urgente conversar com o tempo passado. O tempo presente é ainda invisível. O único tempo real é o tempo que vem do passado. Metaforicamente, pensemos na luz de uma estrela que, como sabemos, demora milhares de anos para chegar à Terra. Assim, os astrônomos olham para trás. Olhamos os acontecimentos pretéritos para compreendermos o porvir. "Fazei isto, em memória de mim" (Lc 22,19-20)[23]. A memória

23. O dizer "fazei isto em memória de mim" é uma referência bíblica a um pedido de Jesus aos seus discípulos durante a Última Ceia. Significa que, ao partilharem o pão e o vinho na Eucaristia, os cristãos devem recordar, lembrar, de Jesus e o sacrifício que Ele fez por toda a humanidade.

potencializa nossas vidas. O ser humano é pura lembrança. As lembranças puxam lembranças. O resultado de tudo isso é a história. História essa que proporciona o sentimento de pertencimento entre os membros bispos e presbíteros das dioceses e arquidioceses.

Os tempos atuais são diferentes. Por isso, e também por características comuns à juventude presbiteral, muitos são percebidos e se percebem como mais descontraídos, seja na forma de se vestir, no penteado, nos adornos corporais usados para embelezamento, na adesão a modas hipersexualizadas ou no consumo intenso de carros superequipados e de luxo, computadores, celulares e outros dispositivos eletrônicos.

O processo de se desvencilhar das figuras de autoridade convoca o corpo a emitir sinais de diferenciação de modo ambivalente: de início, por meio de roupas coloridas aloucadas, "seu" *look*, tatuagens e piercings. Contraditoriamente, por meio de maneiras de se vestir com roupas excêntricas: barretes, batina repleta de 33 botões, capa de asperge bordada em alto relevo, *clergyman* romano e sobrepeliz rendada, que equivalem ao *look* e às tatuagens. São maneiras de autoafirmação inscritas no corpo.

No passado recente, o corpo (leia-se o *eu*) do jovem seminarista e o do padre eram mais rebeldes, percebia-se até um certo descuido com a aparência; a fragrância suave, os cabelos longos, as sandálias de couro, no peito o cordão com cruz de madeira e nas mãos o anel de tucum. Atualmente, o jovem eclesiástico usa cortes e penteados da moda, cuida da aparência, da qualidade do perfume, porta colarinho clerical, anel e corrente douradas com um crucifixo avolumado. Há hoje, com frequência, a figura do jovem clerical genérico. Poucos são singulares e criativos. Genérico, pode significar, ao mesmo tempo, "todos" e ninguém. Desamparado de seu caminho singular, torna-se disponível para o consumo de quaisquer novidades que se lhe apresentem como "desejo do outro". Assim, torna-se fascinado pelo – e a ele se submete – cortejo da moda clerical ou de qualquer objeto de consumo.

Trata-se, sociologicamente, de um fenômeno do tradicionalismo, ou *retrocedismo*, que retorna a cada século. Acerca disso, o Papa Francisco (2025, p. 250) faz a seguinte análise:

> É curioso esse fascínio pelo que não se compreende, pelo que se mostra um pouco oculto e, às vezes, parece interessar também gerações mais jovens. Com frequência, essa rigidez vem acompanhada de trajes elegantes e caros, de rendas e roquetes: não do gosto pela tradição, mas da ostentação do clericalismo, que nada mais é do que a versão eclesiástica do individualismo; não do retorno ao sagrado, mas ao contrário, da mundanidade sectária. Às vezes, essas camuflagens encobrem desequilíbrios, desvios afetivos, dificuldades comportamentais, incômodos pessoais passíveis de ser instrumentalizados.

A moda é um sinal dos tempos. Ela acompanha as grandes transformações societárias e deságua no corpo. Os sujeitos sofrem com essas transformações. É um segundo corpo que vem protegê-los. É uma segunda pele. Quando o sentimento de identidade é frágil, incerto, qualquer frustração, qualquer espera é insustentável. O corpo produz caricaturas. Caricatura da masculinidade, da virilidade, do *status*, do poder e da dominação. A caricatura se apresenta na vestimenta da moda, no carro importado. O recurso de investir demasiadamente na aparência é uma tentativa psiquicamente econômica de se esquivar da impotência e do mergulho em si mesmo. Opta-se pela ascese sacrificante porque sente repugnância pela ascese emancipatória (Castilho Pereira, 2021).

A finalidade da ascese sacrificante é a perfeição. No critério sacrificante, o modelo de perfeição canaliza as luzes e exclui as sombras. O sujeito lida, dividido, com os conflitos básicos do ser humano: a simplicidade e a vaidade, a afetividade e a sexualidade, a avareza e a generosidade, a comilança e o jejum, a agressividade e a rivalidade entre irmãos e superiores. As consequências de tudo isso são a exclusão e a negação das paixões, consideradas tentações do demônio.

Para a avaliação espiritual, enfatiza-se o critério exterior e visível: trajes talares convencionais, observância de horário, número de participantes, tom de voz, jejum rigoroso, abstinência de carne, privação de sono, hábitos gestuais, aparência física devocional, código de normas idênticos ou manuais comuns de piedade.

Esse modelo esteve presente no período da neocristandade. É um paradigma que tende ao nivelamento de tudo e de todos, à desatenção a singularidades e diferenças, à monotonia e à ausência de criatividade. Tais características promoviam, ao longo do tempo, o sofrimento psíquico entre os devotos dessa crença. Nos antigos conventos conviviam a santa anorexia, o conformismo, a acídia, o cansaço e a anemia espiritual. E hoje em dia?

Ora, a energia que serviria para viver os ideais possíveis da pessoa no Coração de Cristo (*corde* – coração, afeto) era gasta com a negação de elementos importantes da humanidade. A vida poderia se tornar dramática e inútil. Os ritos litúrgicos se transformavam em obrigação, meros preceitos a serem cumpridos e executados. Na Cristandade, a Igreja recomendava a ascese sacrificante, que compreendia anulação do desejo do sujeito, uso obrigatório de cilício, autossacrifício do corpo, e ritos obsessivos de oração, fortalecidos por fantasias persecutórias e posição masoquista.

Contemporaneamente, nasce um contraponto à ascese sacrificante: a ascese emancipatória. É um modelo de espiritualidade integral, ou modo de viver, que considera a pessoa como potência que se integra na realização corpórea, psíquica, social e espiritual. A ascese emancipatória convida o sujeito a se voltar sobre si, como condição de se estender em direção ao outro: alteridade. Existe uma qualidade de ascetismo religioso que grandes obras testemunham em todos os períodos da história. Trata-se, como diz o Papa Francisco, na *Gaudete et Exsultate*, de "uma santidade ao pé da porta, daqueles que vivem perto de nós e são um reflexo da presença de Deus" – pessoas da categoria comum do povo, santos do cotidiano. Esse movimento se constitui pelo diálogo quanto a dons e dificuldades que habitam cada ser humano: elementos de luz e sombra.

A segunda recomendação da ascese emancipatória é o compromisso com o dom da vida, que pressupõe responsabilizar-se pelo outro – lembrança constante do rosto de Deus, que não deseja sacrifícios, mas misericórdia. "Misericórdia eu quero, não sacrifício" (Mt 9,13). Coração que reconhece a própria miséria e se solidariza com a miséria do outro; que sofre com o outro: "Cuidado com a vida".

A misericórdia não anula a vontade humana de fazer mal ao outro e a si mesmo, nem renuncia a combatê-lo. A misericórdia se recusa eticamente a somar ódio ao ódio, egoísmo ao egoísmo, cólera à violência. A misericórdia não modifica a estrutura psíquica do sujeito, como se percebe na vida de alguns santos e místicos que conviveram com sombras e luzes. A misericórdia escuta com afeto as lacunas humanas, proporciona espaço de consolação e de transfiguração de sujeitos. A misericórdia não é uma virtude imposta, é uma escolha de homens e mulheres livres e responsáveis. Acontece pelo distanciamento e a possibilidade, que dela provêm, de uma análise menos emotiva e mais realista das situações. A misericórdia traz para o cotidiano a Palavra, que desliza nas experiências de amor, ódio, rivalidade, avareza, voracidade e elabora angústias e frustrações.

A ascese emancipatória torna as pessoas mais apaziguadas, agradecidas, profundas, tolerantes, abertas afetivamente e receptivas aos relacionamentos. A experiência espiritual exige recursos psíquicos e teológicos. O espiritualismo, na prática do asceta, pode levar a inumeráveis desvios ou autoenganos, como alienação, delírios de perseguição, mutilação física, submissão, fundamentalismo, intolerância e fechamento narcísico (Morano, 2003, p. 110). A ascese emancipatória exige humildade, conhecimento e apaziguamento da história pessoal, silêncio, descoberta amorosa de si, do outro e de Deus.

Muitos jovens são menos atrelados a leis formais e mais dispostos às mudanças. Preferem convivências menos vinculadas à institucionalização, distantes das hierarquias e das tradições. Mas há também jovens com estruturas mentais extremamente frágeis e conservadoras. O "novo" às vezes é uma coisa muito antiquada. Os adeptos a maneiras rígidas ou morais se sentem muito mal no convívio social e tendem a negar as dificuldades dele decorrentes, projetando o mal-estar em outras pessoas. Os líderes de grupos religiosos que recrutam esses jovens aproveitam-se das feridas psíquicas e morais, dos ressentimentos e das insignificâncias juvenis, oferecendo sedutoramente o bálsamo de compreensão e aceitação absoluta – o afeto. Os participantes dessas seitas substituem a autonomia pela servidão voluntária. Barganham a fragilidade pela onipotência imensa da corrente de acólitos eleitos. Oferecem a engrenagem de pequenos produtos para garantir a adesão cega e fiel: doações em dinheiro, liturgias pomposas tradicionais, bens da moda, proteção e serviços eróticos ao guru da seita.

Como conciliar o pretérito e o porvir, já que vivemos da história, da memória que nos incita ao compromisso? Como fazer coexistirem marcas de um tempo histórico, que era caracterizado por raízes arraigadas e pelo adiamento das realizações pessoais em prol do coletivo, com o momento atual acelerado, império do imediatismo e de relações mais horizontais? Essa é, sem dúvida, uma tarefa que deve ser enfrentada pelos participantes da Igreja Católica no Brasil.

Concluindo a análise das relações geracionais entre os padres, percebemos que o convívio de experiências históricas de diferentes gerações é marcado tanto por opções de secularização da sociedade, que suporia uma desfiliação religiosa, como em relação ao futuro que engendra novas maneiras e formas no campo religioso.

2.6 Raça, cor e etnia

Entremos agora na discussão a respeito da questão racial em nosso país e na Igreja. Trata-se de uma reflexão essencial para compreender as dinâmicas sociais, históricas e políticas que moldam as relações interpessoais. A raça, entendida como uma construção social, carrega significados historicamente produzidos em contextos de desigualdade, como o colonialismo, a escravidão e a segregação. Essa compreensão permite identificar estruturas de discriminação que afetam o cotidiano, evidenciando injustiças persistentes na sociedade.

A tabela abaixo apresenta uma análise comparativa entre os dados da população brasileira e as relativas ao clero brasileiro, obtidos por meio do questionário aplicado nesta pesquisa, no que se refere à temática racial.

Tabela 3 – Distribuição por raça

	Presbíteros (CNBB)	Brasil (IBGE)
Branca	67%	43,5%
Negra	29%	55,7%
Indígena e amarela	1%	1,2%

Fonte: CNBB (2019); Censo 2022 (IBGE, 2023).

Segundo o IBGE, o Censo 2022 mostra que 45,3% dos brasileiros se autodeclaram pardos; 43,5% brancos; 10,4% pretos; e pouco mais de 1,2% amarelos ou indígenas (Belandi; Gomes, 2023).

Quanto aos presbíteros, os que se declaram brancos são bem mais do que a metade: 67%. Os pardos e pretos[24] perfazem 29%. Indígenas e amarelos são 1%.

No quesito raça (autodeclarada), fica evidente a discrepância entre os dados obtidos na ampla pesquisa da CNBB e a distribuição racial da população no Brasil, sobretudo no que tange ao quantitativo de sacerdotes que se declaram pretos ou pardos (29%), uma vez que tal grupo racial constitui 55,7% da população brasileira.

Embora o Censo de 2022 não forneça dados diretos acerca da composição racial dos pentecostais, estudos sociológicos indicam que o pentecostalismo no Brasil se constitui majoritariamente como uma religião de negros e pobres. Segundo análise de Morgane Laure Reina (2017), a maioria dos adeptos do pentecostalismo é composta por pessoas negras (pretos e pardos), com baixa escolaridade e inserção precária no mercado de trabalho. Aproximadamente 91,7% dos fiéis pentecostais têm renda de até três salários-mínimos, sendo predominantes entre eles os indivíduos com ensino fundamental incompleto (42,3%) e os que se autodeclaram negros (57%).

Adriana Beringuy, técnica do IBGE, citada por Rossi, afirma que "o aumento no percentual de pardos e negros não tem relação com o aumento da taxa de natalidade dessas raças". O fator determinante, segundo ela, é a autodeclaração: "Pode ser que também esteja aumentando a miscigenação entre as pessoas. [...] Mas o que observamos mesmo é a predominância da autodeclaração" (Reina, 2017).

Ainda no mesmo artigo, a autora ressalta que, para Kátia Regis, coordenadora da primeira licenciatura do Brasil de estudos africanos e afro-brasileiros,

24. Para o IBGE, *negra* é a categoria que engloba pessoas que se autodeclaram como pardas e pretas.

> o crescimento da população que se autodeclara negra é o reflexo dos anos de luta do movimento social racial e também do acesso à educação: "A população negra, que tem mais acesso ao conhecimento efetivo das histórias africana e afro-brasileira, passa a se ver mais positivamente como negro" (Reina, 2017).

A identificação do sujeito a uma determinada raça aborda impasses e controvérsias. Tal identificação se dá em aspectos simples, como a forma com que cada um compreende e nomeia cada raça, mas chega a questões complexas, ainda mais acentuadas em um país como o Brasil, com uma população de origem e composição diversificada e miscigenada. À luz de Foucault (2008a, 2008b), temos que pensar que o racismo é afeto capturado numa microfísica de poder que ronda diversas nomenclaturas, uma técnica utilizada pelo Estado e ligada ao biopoder. Segundo o filósofo francês, o racismo permite a divisão da população entre os que devem viver e os que devem morrer, criando linhas de separação no corpo social. Isso faz com que muitos de seus representantes optem por não se declararem negros ou indígenas.

2.6.1 A população negra

Segundo dados do Fórum Brasileiro de Segurança Pública (2024), entre 2011 e 2020, 408.605 pessoas negras foram assassinadas no Brasil, representando 72% do total de homicídios no período. A desigualdade racial nas mortes violentas se agravou: enquanto os homicídios de pessoas brancas diminuíram (26,5%), os de pessoas negras aumentaram (7,5%). Em 2021, 77,6% das vítimas de homicídio doloso eram negras, evidenciando um aumento em relação a 2010, quando essa proporção era de 66,9%. Ainda em 2021, foram registrados 13.830 casos de injúria racial e 6.003 de racismo no país.

Felizmente, os estudos sobre equidade racial no país avançaram significativamente nas últimas décadas[25]. O Código Civil estabeleceu melhor os

25. Após o movimento Vidas Negras Importam, ou *Black Lives Matter*, iniciado em 2013, e o Caso George Floyd, de 2020, o letramento racial foi disseminado e a leitura de autores e autoras negros e negras de diversas nacionalidades deu aos brasileiros atravessados pela cor da pele um novo posicionamento diante do racismo.

enunciados da equidade racial, e a pedagogia antirracista tem sido implementada, segundo as leis nº 10.639/2003 e nº 11.645/2008. Os concursos públicos adotam as ações afirmativas e as comissões de heteroidentificação, e cresce a produção de uma teologia afrocentrada e afroreferenciada.

A pequena presença de indígenas e negros na vida presbiteral no Brasil é emblemática de como a questão racial é complexa nessa instituição e de como a caminhada em relação à igualdade ainda é longa. A esmagadora maioria branca na instituição católica, em regiões do mundo de intensa miscigenação e de presença abundante de outras raças, como é o Brasil, evidencia, de forma clara, os resquícios do que foi, por muitos séculos, o poder político e econômico advindo das diferenças sociais e de um *status* embasado na questão racial. Vale lembrar que a Igreja no Brasil só começou a aceitar de modo efetivo os negros nos seminários nas décadas de 1960 e 1970.

O historiador Vitor Hugo Monteiro Franco, em entrevista concedida à *BBC Brasil*, afirma que "era a escravidão que sustentava a Igreja Católica no Brasil". Segundo seus estudos, no auge do século XIX, a Ordem de São Bento tinha cerca de 4 mil pessoas escravizadas trabalhando em suas várias unidades localizadas no Rio de Janeiro, São Paulo, Pernambuco e Bahia. Apoiados em argumentos de que era melhor viver sob a escravidão "e se tornar um cristão" do que seguir "no paganismo e ir para o inferno", religiosos deram um salvo-conduto aos escravocratas, os quais, ao longo de quase quatrocentos anos, exploraram a mão de obra de escravizados no Brasil (Veiga, 2025).

Para o Padre José Carlos Pereira (2023),

> Entre os mais de 27 mil padres, há um número significativo de negros, porém, entre esse contingente, é irrelevante o número de cardeais, arcebispos e bispos, o que mostra pouca ascensão do negro ou afrodescendente no clero brasileiro.

À luz de Frantz Fanon (2008), que expressa sua crítica à maneira como a sociedade colonial e pós-colonial define o negro pela *negação*, é possível afirmar que, tanto na sociedade civil quanto na Igreja, ainda é forte a percepção de que o negro "não é, por não ser branco" (Castilho Pereira, 2018).

O que se destaca aqui está em consonância com os dados sociodemográficos, que evidenciam uma realidade brasileira marcada, ainda que de forma sutil, por uma mentalidade de dominação sobre a população negra. São essas pessoas que, majoritariamente, recebem os menores salários, enfrentam os maiores índices de violência e crimes de conotação racista, além de liderarem as estatísticas de desemprego e subemprego. Também apresentam as taxas mais baixas de escolaridade e, no que se refere à habitação, grande parte vive em favelas, sub-habitações ou em áreas periféricas das cidades, geralmente em condições precárias.

Vale a pena refletir sobre como superar esse modelo, não só porque é justo fazê-lo, mas também para compreender melhor a diversidade racial brasileira, e, desse modo, atuar com os grupos negros da população que, ao não se verem reconhecidos em uma Igreja prevalentemente branca, procuram outras religiões, igrejas ou denominações religiosas cristãs ou não.

O Brasil nasceu de uma grave violência racial. Sua população originária foi perseguida, escravizada e destruída de forma premeditada. Mais tarde, os colonizadores importaram africanos como se fossem não humanos: máquinas de extrair ouro, plantar cana-de-açúcar, criar gado. O povo brasileiro nasceu de um pai europeu dominador e de uma mãe índia ou africana espezinhada. A família brasileira surgiu de um violento parto original. O nascimento do Brasil destruiu a mãe indígena, a mãe africana, a mãe água, a mãe floresta, a mãe terra. Segundo Casaldáliga, Tierra e Coplas (1980), na introdução de *Missa da Terra sem Males*: "Eu era terra livre, eu era água limpa, eu era vento puro, repleto de cantigas". Essa violência fundadora dominadora e exploradora permanece até hoje no imaginário nacional.

Ao longo de nossa história, a violência contra a população, por parte das classes dominantes e do Estado, tem sido um aspecto da brutalidade colonizadora que nunca respeitou a vida, esteja ela sob a forma de gente, de bicho, de planta, de água, de ar, de luz. E, ainda que a vida seja também algo mais abstrato – pensamento, raciocínio, desejo, sentimento –, ela permanece sendo ignorada pelos mortos-vivos que ocupam o topo da pirâmide econômica e social. Verdadeiros sanguessugas, esses zumbis defendem a ideia de terra arrasada: por onde passam, deixam seu rastro de morte e violência no afã de possuir, a qualquer preço – ao preço da vida! –, o mundo e suas riquezas materiais.

Que reflexos a questão racial teria no cotidiano das dioceses e arquidioceses? Não se trata de absolutizar as questões hierárquicas ou de posição material deste ou daquele grupo étnico. O que se pretende é reconhecer, ou não, se há, ou não, questões sociopolíticas mais graves que refletem uma mentalidade discriminatória ainda fortemente presente no país. País marcado por uma histórica cultural escravocrata, não superada, e que penetra nos tecidos conscientes e inconscientes de todas as instituições.

Os temas vinculados à questão étnico-racial não são de fácil discussão em qualquer sociedade. Assim também ocorre na Igreja. É embaraçosa a ausência de elementos que justifiquem a superioridade, ou a inferioridade, racial de uns sobre outros, sobretudo na hierarquia da Igreja Católica.

Na cultura dominante, leiga e religiosa, a miscelânea de argumentos estéticos e estatísticas acerca da maioria intelectual e financeiramente ativa é um esforço colossal para justificar o injustificável sobre os mecanismos de projeção dos preconceitos. Enriquez (*apud* Gaulejac, 2006, p. 224) afirma: "Não nos esqueçamos de que cada um de nós é sensível a todo chamado da 'sujeira', que conclama o abjeto que jaz dentro de nós e do qual queremos nos livrar, projetando-o para fora".

Tanto no âmbito da Igreja quanto no da sociedade civil, a questão do pretenso modelo de perfeição física e intelectual foge a um dos principais conteúdos do cruzamento helênico-judaico-cristão: a supremacia da pessoa e sua dignidade. Ainda hoje, com raras exceções, a eleição – e a busca – do modelo europeu é predominante nas escolhas e nas organizações leigas e eclesiais, tanto para os povos originários como para a população negra.

Quando um negro ocupa um lugar que, por uma espécie de "reserva estatutária", seria dos brancos, constitui-se uma suposta "dívida", como se, sem os brancos, nunca alcançaria ocupar essa ou aquela função. Na verdade, é longa a demora para que um negro seja visto por aquilo que é, pois, tanto na sociedade leiga quanto na Igreja, é muito forte a percepção do que ele "não é" por não ser branco.

No Brasil, até hoje, vivemos sob o domínio escravista, o que se evidencia nos dados sociodemográficos referentes à população negra. Pretos e pardos têm os menores salários, os maiores índices de desemprego e de subemprego, são menos escolarizados do que brancos, constituem maioria de condenados nos presídios de segurança máxima, têm predomínio entre os moradores de favelas, cortiços e de rua e constituem a parcela mais numerosa entre aqueles que utilizam exclusivamente o transporte público e o SUS (Souza, 2021).

No que tange às mulheres, entre outros aspectos, o número de jovens negras estupradas é maior do que o de meninas brancas da mesma idade. Cotidianamente, são as que mais sofrem discriminação, humilhação e rejeição. E, ainda,

> jovens negras em situação de pobreza apresentam as maiores taxas de fecundidade entre 20 e 24 anos. Essas mulheres movimentam e sustentam o cotidiano urbano: trabalham, cuidam e garantem a vida, frequentemente sem qualquer reconhecimento. Invisibilizadas e negligenciadas pelo Estado, são tratadas como problema, quando, na verdade, constituem potência e urgência de transformação (Detomi, 2025).

2.6.2 A população indígena

A cultura da população indígena está também distante do modelo eurocêntrico, base de funcionamento das dioceses. Vale lembrar que os habitantes indígenas utilizavam os espaços da terra, do cosmo e da natureza como forma de compreensão de si e da vida em comunidade. O trabalho estava voltado para uma economia de subsistência em três grandes áreas: a plantação, a caça e a pesca. As atividades e a propriedade eram coletivas. As tarefas eram realizadas por grupos separados entre homens e mulheres. A administração dos produtos era realizada na base de troca ou de escambo. O traço de união em torno da mercadoria era a base do relacionamento entre os indígenas. O clã era uma família ampliada constituída de pais, filhos, filhas e parentes com uma composição fortemente estruturada em torno do pajé, ritos religiosos e histórias dos antepassados. Os membros eram motivados a manter a coesão visando à partilha de alimentos, bens e propósitos de convivência social.

Todas as atividades de cada clã eram antecipadamente preparadas por meio de cultos, crenças e rituais religiosos e saberes culturais. As celebrações marcavam a vida dos familiares e eram presididas pelo pajé e colaboradores, como os kumús. Os conhecimentos sobre o céu, os rios, a roça, a chuva, o sol, as plantas, os lugares sagrados, as doenças e curas, eram temas diários dos indígenas.

A vida entre os membros da comunidade, a escolha conjugal, o rito de iniciação sexual, a educação dos filhos, o conhecimento religioso, a agricultura, a pesca, a caça e as diferentes crenças são vividas por meio de rituais transmitidos pelas tradições orais referendadas pelos pajés. As cerimônias, rituais, danças e festas tradicionais relembram os acontecimentos históricos e, por meio deles, eram construídas as identidades de gênero, cultivo ao corpo, crenças religiosas, meios de subsistência, conselhos e códigos morais frente à harmonia ou desarmonia social.

O principal referencial das cerimônias de transmissão de apaziguamento e conhecimento entre os indígenas é o benzimento. O benzimento simboliza o processo de pertencimento e a pacificação das pessoas na comunidade. Vários símbolos são utilizados nas cerimônias dos benzimentos: fumaça de tabaco e rapé, breu e chicantá – resinas perfumadas extraídas das plantas que são colocadas sobre as brasas para fazer a defumação-purificação –, ervas medicinais e a bebida do caxiri[26].

---

26. Coordenei, ao longo de 2024 e início de 2025, em São Gabriel da Cachoeira, Amazonas, a convite dos bispos Dom Edson Taschetto Damian (Emérito) e o atual, Dom Raimundo Vanthuiy Neto, a pesquisa a respeito do adoecimento psíquico da população indígena e os quadros de suicídio de jovens das 23 etnias da região. Em janeiro de 2025, realizaram-se sete dias de debate, pela manhã, à tarde e à noite, acerca dos dados da pesquisa, com mais de cem participantes, entre líderes de comunidades indígenas, profissionais atuantes nas áreas de educação, saúde, segurança pública, do Exército Bra-

Vários comportamentos da cultura indígena se assemelham à vida cristã: os valores da vida comunitária pela simplicidade, o amor pela Mãe Terra, as raízes e tradições pautadas pela partilha e o respeito ao bem comum.

As populações negra e indígena sobrevivem por meio de estratégias de resistência aos preconceitos e à ideologia da vergonha, perpetuada ao longo dos séculos por colonizadores e representantes da cultura dominante. Essa ideologia impõe como normais determinados modos de vida – habitacional, educacional, econômico, ecológico, artístico, amoroso-sexual, musical e religioso –, desvalorizando outras formas de existência e expressão.

A população indígena resistia de diferentes maneiras, por meio dos enfrentamentos aguerridos ou do modo de viver. Entretanto, eram tomados como "inconstantes", "variantes", o que pode ser interpretado como resistência passiva. Os colonizadores exploradores, quando não conseguiam obter resultados imediatos de lucro, viam nos povos indígenas pessoas indolentes. Jamais perceberam que o seu modo de viver era exatamente uma oposição à dominação e à exploração – a liberdade da "alma selvagem". São culturas e cosmologias diferentes sobre a vida, o corpo, a pessoa, o bem, o mal. Dessa imensa riqueza originária, hoje restam cerca de 305 povos, responsáveis pela preservação de 274 línguas (Brasil..., 2022).

Felizmente, tem havido sensibilidade de parte do episcopado brasileiro quando vários bispos assumiram o compromisso – a partir do documento da 5ª Conferência Latino-Americana de Aparecida – de proporcionar nos seminários uma formação intelectual profunda, no campo da filosofia, das ciências humanas, especialmente da teologia, com uma visão missionária.

Para o episcopado, os futuros presbíteros devem ter uma atenção crítica do contexto cultural da sociedade no processo de evangelização.

---

sileiro, membros de conselhos paritários, da Igreja Católica, padres, religiosas, leigos, membros da Igreja Batista da CBB, agentes de organizações e movimentos indígenas, ONGs e convidados da sociedade local.

Os bispos chamam a atenção para a importância da formação permanente. A formação permanente

> é um dever principalmente para os sacerdotes jovens e precisa ter aquela frequência e programação de encontros que, simultaneamente, prolongam a seriedade e a solidez da formação recebida no seminário, levem progressivamente os jovens presbíteros a compreender e viver a singular riqueza do "dom" de Deus – o sacerdócio – e a desenvolver suas potencialidades e aptidões ministeriais, também mediante uma inserção cada vez mais convicta e responsável no presbitério e, portanto, na comunhão e na corresponsabilidade com todo o povo de Deus.

Finalmente, o episcopado salienta a importância de acolher os candidatos de famílias pobres e grupos indígenas:

> Os jovens provenientes de famílias pobres ou de grupos indígenas requerem uma formação inculturada, ou seja, devem receber a adequada formação teológica e espiritual para seu futuro ministério, sem que isso faça perder suas raízes e, desta forma, possam ser evangelizadores próximos a seus povos e culturas (DAp 325) (Celam, 2007).

Todos os documentos produzidos pela Igreja e os amplos debates que ocorrem na sociedade civil brasileira sobre a questão racial vêm contribuindo para o processo educativo das instituições em busca de conscientização sobre as relações raciais e a desconstrução desse grave e milenar problema, em suas diversas formas de manifestação: afetivo-sexual, cultural, econômica e religiosa. Trata-se de compreender as diferentes experiências e realidades das pessoas negras, indígenas e de outras etnias, bem como a disposição para conhecer as suas identidades raciais, visando à construção das suas próprias referências. É um processo longo e contínuo, de vivência, de aprendizagem, e sobretudo de reflexão, com o objetivo de transformar a sociedade, tornando-a mais justa e inclusiva.

3 Aspectos familiares, sociais e educacionais

O bloco de questões cujas respostas estão retratadas neste terceiro capítulo visa, primeiro, traçar o perfil das famílias dos presbíteros que responderam à pesquisa mencionada no primeiro capítulo, no que tange a aspectos familiares e origem socioeconômica. Na sequência, analisaremos os dados referentes à escolaridade dos padres e aprofundaremos a discussão que fizemos no capítulo anterior, no que tange à influência das redes sociais no exercício pastoral do presbítero. Finalmente, apresentaremos uma pequena discussão acerca da instituição Igreja e seus presbíteros, destacando alguns pontos frágeis e fortes que se podem observar à luz dos dados obtidos.

3.1 Perfil das famílias dos presbíteros

A primeira parte deste estudo se refere ao perfil familiar dos presbíteros. Perguntados se teriam pais e mães vivos. Constatou-se que 27% têm apenas a mãe viva; 7% apenas o pai; 37% disseram ter pai e mãe vivos; e 29% afirmam que o pai e a mãe são falecidos. A longevidade dos pais revela o percentual de entrevistados de padres mais jovens.

Tabela 4 – Situação dos progenitores

	Percentual
Só a mãe viva	27%
Só o pai vivo	7%
Pai e mãe vivos	37%
Pai e mãe falecidos	29%
Total	100%

Fonte: CNBB (2019).

Para melhor entendimento, vale lembrar que, em 2019, mesmo período em que foi realizada a pesquisa da CNBB aqui descrita, a expectativa de vida ao nascer no Brasil era de 76,6 anos.

Na sequência, o questionário abordou a *questão da educação formal* de pais e mães dos respondentes (Tabela 5). No grupo de padres pesquisados, pais e mães que fizeram até o ensino fundamental são 58%, em cada caso. Os pais com o ensino médio são 13%; as mães, 15%. Com curso superior completo, os pais são 6%; as mães 4%. Em nível de pós-graduação, não há mães e apenas 1% entre os pais são pós-graduados. Nesse grupo, chama a atenção o número de mães e pais analfabetos que contam 18%, quase três vezes mais do que o atual índice de analfabetismo no Brasil: 7%, segundo o IBGE (Nery, 2024).

Contudo, considerando que muitos pais e mães pertencem a faixas etárias mais elevadas, é plausível supor que enfrentaram oportunidades educacionais mais limitadas em comparação às disponíveis para as gerações mais jovens. De fato, observa-se que, quanto mais avançada a idade, maior a proporção de analfabetismo. Segundo a Pesquisa Nacional por Amostra de Domicílios Contínua: Educação 2019 (PNAD..., 2020), a taxa de analfabetismo entre pessoas com 60 anos ou mais era de 18%, o que correspondia a quase 6 milhões de indivíduos. Esse cenário reflete uma correlação significativa entre o analfabetismo de pais e mães e a situação educacional brasileira como um todo.

Tabela 5 – Escolaridade de pais e mães

	Mãe	Pai
Analfabeto	18%	18%
Ensino fundamental	58%	56%
Ensino médio	15%	13%
Ensino superior	4%	6%
Pós-graduação	0%	1%
Total	100%	100%

Fonte: CNBB (2019).

O ensino em cidades pequenas e zonas rurais recebeu melhorias pedagógicas de forma tardia, período em que muitos pais e mães já não frequentavam a escola, o que contribuiu para o não acesso deles a uma educação de qualidade. Observa-se esse cenário nos dados de 2019, quando a taxa de analfabetismo entre pessoas de 15 anos ou mais no Brasil era de 6,6%, com a Região Nordeste apresentando o índice mais alto: 13,9%.

Em 2019, o número médio de anos de estudo da população brasileira com 25 anos ou mais foi de 9,4 anos. As macrorregiões com maiores médias de anos de estudo foram o Sudeste (10), Centro-Oeste (9,6) e Sul (9,5). As macrorregiões Norte (8,7) e Nordeste (7,9) apresentaram as menores médias (PNAD..., 2020).

A informação referente ao índice de analfabetismo entre as mães e os pais dos integrantes do clero também pode ser cruzada com o dado que mostra que muitas das famílias dos respondentes viviam em pequenas cidades e zonas rurais (47%). O fato de muitas dessas mães serem donas de casa também pode evidenciar uma lógica que englobava, entre outras coisas, uma visão da mulher como a que pouco necessitava de educação formal.

Quando perguntados acerca da renda familiar, 45% dos respondentes sinalizaram que a média da renda em suas famílias era de até dois salários-mínimos mensais e 25% de dois a três. Prosseguindo, 17% disseram ser entre três e cinco; 8% de cinco a dez. Nas faixas de rendimentos mais elevados, 2% responderam que suas famílias tinham rendimentos entre dez e vinte e 1% acima de vinte salários-mínimos.

Tabela 6 – Renda mensal familiar (salário-mínimo)

	Percentual
Até 2	45%
Entre 2 e 3	25%
Entre 3 e 5	17%
Entre 5 e 10	8%
Entre 10 e 20	2%
Mais do que 20	1%

Fonte: CNBB (2019).

Observando os dados referentes à renda do núcleo familiar dos pesquisados, constata-se que a maioria (70%) das famílias dos padres respondentes tem rendimentos mensais de até três salários-mínimos, sendo elevada a incidência de famílias que ganham até dois salários-mínimos, podendo, inclusive, aferirem menos do que isso. É também significativo o número de famílias que têm rendimentos mensais entre três e cinco salários-mínimos.

3.1.1 O éthos habitacional

O éthos, entendido como o conjunto de costumes e hábitos presentes nas habitações das populações de baixa renda, sejam elas próprias, cedidas ou, mais raramente, alugadas, manifesta-se também nas moradias. É frequente observar as paredes pintadas com cores vivas (amarelo, vermelho e azul) e enfeitadas com enorme quantidade de adornos, retratos de parentes, de artistas e de famosos cantores sertanejos. Porém, observamos que a principal estampa amiúde é aquela do Sagrado Coração de Jesus e/ou de Maria, em destaque em relação a todos os adornos.

Consideram as cores, os quadros e os rostos das figuras profanas ou sagradas qualidades máximas de beleza, fama e fé, traços que identificam neles os "ideais de eu"[27]. Talvez façam isso para amenizar a

---

27. O conceito de *ideal do eu* será analisado no capítulo 5, "A ideologia da vergonha e o clero do Brasil".

falta, ou a angústia, e colorir um pouco a própria pobreza, ou mesmo, para valorizar o mínimo que têm, os poucos cômodos do pequeno espaço da moradia.

O lote de 360m² é comum em construções de famílias de classe média. Entre as famílias mais pobres, o terreno é bem menor e frequentemente em locais não urbanizados e em situação imobiliária irregular. Nessas pequenas áreas são construídos vários domicílios, no térreo ou como segundo piso. Construções em um mesmo terreno são maneiras de dividir o espaço da terra com filhos e parentes. As edificações são realizadas pelo próprio provedor, com a ajuda de familiares e vizinhos. Não obstante os diversos programas de habitação social, há décadas realizados por diferentes governos, o problema de moradia da população de baixa renda persiste e muitas vezes se resolve por meio dos laços sociais de troca e partilha de favores. O sistema de pagamento não é o mesmo de financiamento das agências bancárias. O povo adquire o direito de morar por meio do sistema de troca e de partilha de serviços. É difícil alguém pagar em dinheiro a sua construção. O mutirão é a forma viva da solidariedade. A casa nunca é terminada, é feita ao longo do tempo. Além de suprir a falta de recursos, o sistema de mutirão estabelece um rodízio – aquele que foi ajudado passa a ajudar o outro quando este, também, vai construir. A construção é feita nos fins de semana ou durante pequenos recessos dos trabalhadores.

Essa empreitada remete ao ditado popular, cuja origem data do século XII, em Barcelona, quando da construção da Catedral del Mar, pelos carregadores de mercadorias, *bartaixs*, os quais, aos domingos e feriados, carregavam pedras para a construção da referida catedral: “Enquanto descansa, carrega pedra”.

Ao longo de várias pesquisas realizadas pela Conferência Nacional dos Bispos do Brasil por meio do Centro de Estatística Religiosa e Investigações Sociais (Ceris) (CNBB, 2024b) e por estudiosos do tema, foi possível obter distintas informações sobre os familiares dos presbíteros brasileiros. Destacamos algumas que nos parecem sobremaneira importantes.

Muitos dos presbíteros e religiosos têm origem em famílias integrantes dos setores médios-baixos e baixos da população, com renda inferior a três salários-mínimos. Há alguns anos, o padre comumente vinha de famílias com mais de cinco filhos. Raramente eram oriundos de famílias com um único filho[28]. Configuravam-se com o modelo de família patriarcal, tradicionalmente católica e estilo de vida de baixo consumo. São famílias centralizadas na figura do homem, provedor econômico e de onde converge o *status* e o poder. A figura da mulher é invisível, ela é abnegada, porém, imprescindível. Invisibilizada pelos violentos escombros do machismo. Quando se verificam informações dos pais dos presbíteros, sobre região de procedência, profissão, escolaridade, raça, situação socioeconômica, os dados parecem indicar que a maioria dos presbíteros tem origem rural e, quando oriundos do meio urbano, vêm de cidades pequenas e de áreas periféricas metropolitanas, após um longo processo de migração.

3.1.2 *O sofrimento psíquico: diazepam e a cachaça*

A migração, tal como concebida na atualidade, é fruto, entre outros aspectos, da busca por melhores condições de sobrevivência. Entre as motivações da migração do campo para as cidades está a expansão do modelo neoliberal de exploração da terra, o agronegócio, que desagrega as famílias pobres e camponesas, causando distúrbios psicológicos, como alcoolismo entre os pais e "doenças dos nervos" entre as mães. A experiência de abandono produz fragilidade e desenraizamento cultural, ruptura de laços de amizade, de tradições religiosas e códigos de valores próprios. O migrante é sempre um perdedor que busca ganhar a vida em outros espaços, muitas vezes não acolhedores e discriminatórios.

---

28. Segundo o IBGE, a taxa de fecundidade no Brasil caiu de 6,16 filhos por mulher em 1940 para 1,87 em 2010 (Brasil, [2021]). Essa mudança demográfica pode influenciar diversos aspectos sociais, incluindo a dinâmica das vocações religiosas, como o número de padres na Igreja Católica, embora sejam necessárias pesquisas específicas para confirmar tal correlação.

Nesse caso, é possível que o remédio, o ansiolítico, para a "doença dos nervos" tenha o mesmo sentido da cachaça, pois, quando descrevem as sensações do efeito do diazepam – medicamento usado em larga escala pela população de baixa renda, principalmente a feminina –, as mulheres comentam: "Ele é tudo para mim. Sem ele dá vontade de quebrar tudo... Sem diazepam não sou ninguém" (Castilho Pereira, 2004). Observam-se atitudes de extrema fascinação, de êxtase diante do fetiche remédio, o diazepam.

A mais ampla linha mundial de tranquilizantes menores, os benzodiazepínicos, foi criada durante a investigação empreendida nos Estados Unidos, entre 1957 e 1963, para desenvolver uma droga anti-infecciosa. O descobrimento realizado não resultou adequado para o objetivo previsto, mas essa mudança se revelou como um eficaz relaxante muscular. O que começou com um produto denominado librium, foi testado primeiro em um tigre siberiano de um zoológico, *ressentido por um cativeiro que devia ser mantido em calma, mas consciente e alerta*. Essa linha de investigação levou em seguida ao desenvolvimento do diazepam, que se tornou o medicamento mais prescrito no mundo. Depois dele, surgiram diversos outros compostos semelhantes, rapidamente adotados pela medicina para o tratamento de diferentes transtornos, especialmente entre mulheres (Burin; Moncarz; Velásquez, 1990, p. 90, grifo nosso).

Silenciadas pelo uso indiscriminado de medicamentos, geralmente as mulheres mais pobres procuram, para completar o tratamento, um templo religioso. Somado ao produto químico e as práticas religiosas de cunho carismático, eufóricas fundamentalistas, produz-se um efeito espetacular de silêncio, um "cala-boca" eficiente. Palavra proibida, campo livre para o sintoma transitar. Religião e remédio para o gênero feminino, cachaça para o masculino. Alienação, eufórica ou melancólica. São as drogas maravilhosas, incessantemente recomendadas, lícitas e ilícitas, cada vez mais difundidas nas áreas mais pobres das grandes cidades.

A população masculina mais pobre é mais desconfiada e procura menos frequentemente os serviços públicos de saúde. Mas a cantilena é quase a mesma, talvez mais curta: confusão de juízo, irritabilidade, alcoolismo, violência contra o cônjuge, os filhos e a dor do desemprego.

O alcoolismo é uma constante entre os homens, como forma de alívio do cotidiano massacrante. De acordo com o Centro de Informações sobre Saúde e Álcool (Cisa), a prevalência de consumo abusivo de álcool, em 2023, no Brasil, foi de 20,8% da população adulta, com maior frequência entre o sexo masculino, de 35 a 54 anos, e tendência de aumento entre pessoas de 55 anos ou mais (Quantas..., 2025). O transtorno por uso de álcool (TUA) ocupa, no Brasil, o segundo lugar entre as causas das internações psiquiátricas. Responsável por 30% dos acidentes de trânsito, é também a terceira maior causa de ausência do trabalho, cujas sérias repercussões socioeconômicas chegam a comprometer mais de 5% do PIB do país[29].

É alto o índice de agressividade de pais alcoolistas com relação a seus familiares. Por outro lado, também é alto o índice de rejeição e marginalização do alcoolista no seio familiar, comunitário e social. No interior de seu estigma são depositados a vergonha, o horror, a exclusão, a inferioridade, a loucura e o desequilíbrio.

A estrutura psíquica do alcoolista é frágil, dependente, passiva, fatalista, entregando-o à sorte e ao abandono. No seu interior está a vergonha. O álcool, longe de aliviar a vergonha, exacerba-a. O sofrimento psíquico do viciado é o tema central de sua vida. Quem está com grande dor invisível, deseja anestesiá-la. A abordagem ao alcoolista não é perguntar por que bebe, mas solicitá-lo a falar de sua dor psíquica. O alcoolista é uma pessoa profundamente solitária, cuja capacidade de estabelecer vínculos afetivos está comprometida. Isto se reflete em um intenso sentimento de posse e ciúme em relação aos outros. Suas crises de ciúmes tendem a ser exageradas e prolongadas, aumentando sua agressividade e, muitas vezes, configurando um quadro de síndrome de abandono.

29. Os dados a respeito do consumo de álcool no Brasil são provenientes de diversas fontes, incluindo o IBGE, a OMS, a Fiocruz, o Centro de Informações sobre Saúde e Álcool. O consumo de álcool no Brasil é um problema de saúde pública, com impacto significativo na morbidade e mortalidade, além de gerar custos elevados para a sociedade.

Retomando o tema dos padres e seus familiares, constata-se que cerca da metade dos indivíduos ouvidos provém de famílias de migrantes agricultores, com um número expressivo de pais analfabetos (18%) ou sem educação formal. Nesse quadro, as famílias são marcadas pela transitoriedade e apresentam certas características em comum, sobretudo no que tange à contínua peregrinação, ou seja, adoção de uma vida nômade, o que resulta na impossibilidade de criação de laços, já que é preciso estar sempre à procura de novos espaços que possibilitem a sua sobrevivência. O subemprego, a ausência de ocupação estável e a falta de moradia, por seu lado, configuram uma realidade marcada pelo imediatismo e pela insegurança econômica, o que contribui para o baixo nível de instrução dos filhos.

Cresce o número de familiares onde há ausência do pai, produzindo-se um tipo de orfandade paterna que pretenderá ser substituída de forma dilatada pela figura da autoridade do bispo ou do provincial. Há casos de famílias onde está presente a violência doméstica, incluindo experiências de abuso físico, sexual ou psicológico. A vida é levada com ênfase no aqui e agora, na comida de hoje e na incerteza do amanhã, na ausência de futuro e sustentada na máxima de Paulo na Primeira Carta aos Coríntios: "Comamos e bebamos porque amanhã morreremos". Sem perspectivas no futuro não há direção de sonhos e utopias. O oprimido demanda reconhecimento amoroso ou autoestima à custa de subserviência e humilhação. Ou, o que é pior: para ser amado, o oprimido introjeta a figura do opressor. Em troca da migalha de amor, passa a repetir os seus preceitos e normas de conduta morais na sua vida – *Tratado da servidão voluntária*. Como compreender essa paixão cega e desmedida por alguém que de fato não ama o oprimido? (Veremos esse mecanismo com profundidade no capítulo 5, quando analisaremos a ideologia da vergonha e o clero do Brasil.)

Em geral, os candidatos à vida presbiteral não têm oportunidade de fazer uma boa elaboração de suas relações familiares e dos pais interiores. Nesse sentido, o trabalho de análise da família de origem e da experiência com as figuras materna e paterna é uma fonte inesgotável de desenvolvimento psíquico e espiritual. Pode-se constatar que a maioria dos pais e mães trabalha ou trabalharam em atividades rurais, como lavradores e pequenos agricultores. São seguidos, com grande diferença percentual, pelos comerciantes ou trabalhadores autônomos, profissões procuradas por muitos daqueles que deixam o campo e não têm formação específica. Tornam-se pequenos comerciantes, ocupam cargos intermediários do serviço público, são porteiros, motoboys, trabalhadores e trabalhadoras domésticos, costureiras, cuidadores de idosos, funcionários terceirizados, trabalhadores autônomos na construção civil, uberizados, guardas pessoais, marceneiros, padeiros, mecânicos, pintores, entregadores e vigilantes de prédios. Algumas raras exceções são observadas pelo exercício do magistério ou de atividades que requerem formação técnica na área de saúde, como técnicos de enfermagem, e do serviço social.

O novo habitante da grande cidade perdeu o amplo espaço de sociabilidade do mundo rural. Na cidade, ele está sozinho, pobre e sem defesa. Desde a década de 1970, o modelo neoliberal desmantela as organizações de trabalhadores: clubes recreativos, associações e sindicatos de trabalhadores. A pobreza e suas consequências de vergonha e humilhação passam a ser vividas como fracasso pessoal: incompetência, origem genética, culpa pessoal, castigo de Deus, não merecimento, e má sorte. Parafraseando Jessé Souza (2024), não há domínio duradouro, ou ideologia dominante, sem o convencimento do oprimido de sua inferioridade inata e de sua própria culpa.

Ora, a realidade é outra. O fenômeno dos moradores migrantes pode ser entendido, portanto, como o resultado da incapacidade estrutural da economia de mercado e das políticas estatais de proporcionarem moradia e serviços urbanos adequados para uma porção crescente dos habitantes das cidades[30]. Como consequência, as áreas periféricas de nossas grandes cidades estão marcadas, quase sempre, pela ocupação irregular e desordenada do solo e pela precariedade de serviços básicos,

30. Apoio-me aqui em Manuel Castells (2019), que localiza no Estado e nas necessidades gerais do capitalismo monopolista o caráter novo das reivindicações dos setores populares.

como água, esgoto, energia elétrica, transporte coletivo, pavimentação das ruas, postos de saúde, escolas, centros de cultura e lazer, embora abriguem uma grande parcela da população urbana que, em sua maioria, se subjuga aos serviços primários no centro das referidas cidades.

3.1.3 O processo civilizatório urbano e as doenças nervosas

Para a população mais pobre, a migração para a cidade ocorre nas piores condições. Os recém-chegados têm que reconstruir suas vidas praticamente sozinhos: conquistar um espaço, abrigar-se sob a "lona preta", aos poucos erigir paredes e construir um barraco, providenciar documentos, percorrer a cidade para achar um serviço, iniciar-se em todos os mecanismos burocráticos da cidade. A integração na cidade exige mais do que o tempo de uma geração. São décadas de trabalho incessante, porque é preciso fazer tudo por si mesmo e contando eventualmente com a colaboração de seus pares, que experimentam o mesmo infortúnio.

O que caracteriza, pois, as precárias condições de vida de grandes contingentes da população urbana é a ausência dos direitos básicos de cidadania, o que lhes acarreta enorme dependência da atuação do Estado para que obtenham acesso a esse mínimo. Essa situação levou Manuel Castells (2019, p. 55) a denominar os moradores urbanos pobres de *cidadãos-hóspedes*. A carência de direitos torna-os extremamente vulneráveis ao sistema político e às lideranças institucionais que fazem dessa carência uma arma fundamental para controlar e forçar sua lealdade política.

Freud, em agosto de 1883, em uma carta a Martha Bernays, sua futura esposa, trata da diferença subjetiva entre eles, um casal vienense, e os pobres. Freud era médico neurologista, de classe média, residente no centro da linda cidade de Viena, longe da população de baixo poder econômico. Em uma de suas cartas, escreveu que

> toda a conduta da nossa vida pressupõe que sejamos protegidos da pobreza mais terrível e que exista a possibilidade de podermos livrar-nos cada vez mais dos males sociais. Os pobres, as massas, não poderiam sobreviver sem suas peles duras e suas maneiras despreocupadas. Por que haveriam de levar a sério

> suas relações quando toda a desgraça que a natureza e a sociedade lhes reservam ameaçam aqueles a quem amam? Por que haverão de desprezar o prazer do momento quando nenhum outro os aguarda? Os pobres são inermes demais, expostos demais, para procederem como nós. Quando vejo as pessoas se entregarem, desrespeitando qualquer senso de moderação, invariavelmente penso que esta é sua compensação por serem um alvo indefeso de todos os impostos, epidemias, doenças e males das instituições sociais. Não vou continuar este raciocínio, mas seria fácil demonstrar como "as pessoas" julgam, pensam, esperam e trabalham de maneira inteiramente diferente de nós. *Há uma psicologia do homem comum que difere consideravelmente da nossa.* Elas têm, também, mais espírito comunitário do que nós; apenas para elas é natural que um homem continue a vida de outro, ao passo que, para cada um de nós, o mundo termina com a nossa morte (Freud, 1982, p. 70-71, grifo nosso).

Do ponto de vista do desgaste psíquico que o homem do campo recebe ao chegar à cidade, Freud (1969a) salienta que

> os indivíduos vitimados por doenças nervosas são com frequência justamente os filhos de casais procedentes de rudes e vigorosas famílias camponesas que vivem em condições simples e saudáveis, e que, fixando-se em cidade, num curto espaço de tempo elevaram seus filhos a um alto nível cultural. Os próprios médicos asseveram enfaticamente que existe uma relação entre a alta incidência da doença nervosa e a moderna vida civilizada.

Em 1932, Freud (1969b) analisa o alto índice de doenças nervosas, considerando como sua causa as pulsões psíquicas do ser humano e as complexas forças da vida moderna civilizada. É notável a transição freudiana do termo *doença dos nervos*, do sistema nervoso do campo estritamente neurológico para a área psicossocial e política que rege o complexo comportamento humano. Pois, o *nervoso* passa de uma área estritamente organicista para uma complexa área de representações simbólicas, culturais, históricas, econômicas e políticas do indivíduo. Evidentemente uma tentação mais apaixonada em reduzir tais explicações a um desses enfoques não deixaria de trazer consequências fatais e graves. É claro que cada uma dessas questões – religiosa, psíquica, cultural, social, econômica e política – merece um tratamento mais sistemático do que lhes poderá ser aqui dispensado, tanto de um ponto de vista mais absoluto ou autônomo quanto do ponto de vista estratégico, de sustentação dos argumentos centrais deste trabalho. Por isso, reservamos um espaço próprio para isso, onde será analisado as consequências do estado de extrema pobreza que experimenta quase a metade da população brasileira (40%) e os familiares dos padres (de 65% a 70%) que participaram da pesquisa.

3.1.4 A transitoriedade e o desenraizamento

Há outros aspectos importantes a serem considerados com a chegada dos migrantes do campo à cidade média e às grandes metrópoles. O desenraizamento começa desde a saída da terra e acompanha toda a vida da população empobrecida. A saída de suas raízes é traumatizante, pois deixam-se os costumes, os parentes e amigos, os sonhos ali plantados, para se permitir realizar outros sonhos, muitos deles embasados na luta por sobrevivência. E, ainda, quem sai, para os que ficam, sai como um perdedor sem chão, ou seja, "o deslocamento de um determinado lugar e fixação em outro, mesmo não se reconhecendo como parte do novo território" (Senna, 2017).

Para explicar o fenômeno da imigração, Perlman (1977, p. 95) baseia-se em duas teorias: *expulsão* e *atração*. A atração é feita pela oferta de trabalho, escassa em suas origens, que garante a sobrevivência de quem migra, bem como a de seus familiares. Já a expulsão, pode ser compreendida pela "exaustão do solo, condições climáticas precárias (especialmente enchentes e seca), divisões cada vez menores de terra para as culturas de subsistência, e a pobreza opressiva das áreas mais remotas".

Os motivos que levam à mobilidade humana são múltiplos e distintos. Senna (2017) afirma que "o fenômeno migratório é heterogêneo, multifacetado e marcado por dinâmicas que mudam constantemente". Todavia, nem toda migração tem bases nas teorias de expulsão e atração, pois a mobilidade de pessoas pode ser motivada pela busca de melhores oportunidades para desenvolver suas capacidades intelectuais, habilidades profissionais, ou por opção de vida em outras regiões do país, ou fora dele. Porém, independentemente do motivo da migração, as pessoas que se deslocam de um lugar a outro passam a viver adaptando-se às novas formas de vida, o que exige abertura a novas experiências.

Ao chegar à cidade média ou à metrópole, não há um espaço onde fixar-se e estabilizar-se. A peregrinação é a marca desse povo privado de seu chão, de seu teto, de sua religiosidade, de seu trabalho, de laços afetivos e memórias já que os contatos interpessoais e históricos são interrompidos bruscamente. Lembremo-nos aqui da frase cantada pelo Trio Nordestino, na canção "Último pau de arara", de 1956: "Quem sai da terra natal, em outro canto não para". Consideremos inclusive a dificuldade que essa população tinha para escrever cartas ou realizar viagens à sua terra natal. Hoje, com as tecnologias digitais, esses contatos foram muito facilitados. Sem nenhuma profissionalização compatível com a cidade industrializada e informatizada, sem garantia do direito à saúde, educação e moradia, tudo é vivido na mais absoluta transitoriedade. A alienação não seria uma consequência normal da defesa psíquica? Para Dubar (2005, p. 25),

> a identidade de uma pessoa é o que ela tem de mais valioso: a perda de identidade é sinônimo de alienação, sofrimento, angústia e morte. Ora, a identidade humana não é dada de uma vez por todas no nascimento: ela é construída na infância e, a partir de então, deve ser reconstruída no decorrer da vida. O indivíduo jamais a constrói sozinho. Ele depende tanto dos juízos dos outros quanto de suas próprias orientações e autodefinições. A identidade é produto das sucessivas socializações.

Como vimos, são importantes as relações sociais para que, coletivamente, o indivíduo possa se reconhecer, construir e conservar sua identidade.

As investigações sobre a transformação das sociedades, particularmente sobre a modernização, devem ser destacadas no processo migratório da atualidade. Elas demonstram que a passagem da sociedade rural para a urbana provoca profundas mudanças nos padrões sociais e culturais, com sérias repercussões sobre os modelos, o tamanho das famílias, o modo de lidar com o tempo, o espaço e, sobretudo, com as novas formas de subjetivação. Porém, como ressalta Oliveira (2002, p. 12), é recorrente observar que os objetos simbólicos são conservados e referenciados como o ponto de ligação com os que permanecem no local, destacando-se os "retratos de família, imagens religiosas, chapéus, tapetes, objetos de decoração, tudo aquilo que possa fazer lembrar o lugar de origem". Além disso, os rituais são lembrados, como destaca Senna (2017), pois são marcadores da vida dos indivíduos, por exemplo, o rito da saída – decisão, programação e despedidas –; o rito da chegada, encontros, planejamentos, festas, novos relacionamentos etc.

A proximidade de outras pessoas, quer por parentesco, quer por vizinhança, caracteriza-se como redes mantidas "mediante uma estrutura peculiar, através de arranjos e padrões próprios", conforme ressalta Rigamonte (2001, p. 115). As redes sustentam e fomentam o sonho, oferecendo apoio material: moradia, trabalho, ajuda na locomoção, lazer etc.

Podemos afirmar que há um ritual familiar de partida. Normalmente, o chefe de família migra sozinho e chega à cidade impelido pela sedução da indústria, da velocidade do tempo e do consumo. Depois, vêm a mulher e os filhos, e os restos simbólicos da cultura rural: um cachorro de estimação, um papagaio, quadros e adornos caseiros etc. A marginalidade ronda, persecutoriamente, a família por meio do subemprego, da promiscuidade, do alcoolismo, do roubo e da criminalidade (Organização de Auxílio Fraterno, 1978, p. 20-24).

A questão de saúde é o outro fator relevante que impulsiona o processo migratório para os grandes centros urbanos, de acordo com o depoimento de Maria, mãe de um padre, em entrevista concedida ao autor em fevereiro de 2025:

> Nós viemos do interior pra aqui, e quando nós mudamos pra aqui, a gente veio com uma irmã doente. Minha mãe também não tinha muita saúde, não. Então a gente veio mais pra isso. No interior era muito difícil, na época, para tratar de saúde. Mui-

> to difícil mesmo. Então nós mudamos pra aqui. Quando nós chegamos aqui, essa questão de saúde não era fácil também. Eu sei que minha irmã consultava num posto pelo INPS, que tinha ali antes da praça da Cemig. Minha irmã consultava ali e no Hospital Santa Helena. Minha mãe consultava no Hospital das Clínicas, que era muito difícil. Também minha irmã consultou uma vez no Hospital Raul Soares, porque eles acharam que ela estava com "problema dos nervos". Tratou muito tempo no Hospital São Francisco, era outro hospital que a gente ia muito.

No depoimento de Maria, vimos que, subjacente ao problema da migração, se esconde o drama da saúde. Observamos também que a história de saúde-doença da família está relacionada à história de vida – vindos do campo, com suas crenças e valores estáveis, inserem-se em novas experiências urbanas como intrusos, cidadãos inabituais[31]. Nesse raciocínio, podemos constatar que o que provoca a migração é, além da oferta de emprego e escola, a busca de locais para se cuidar da saúde. Muitas favelas, vilas e ocupações de bairros pobres surgiram próximas a redes de hospitais públicos nos grandes centros urbanos.

Instalado o quadro de sofrimento na dinâmica familiar, o abandono da família pelo pai é iminente. Para as mães, o alto grau de frustração para o *ego* e as grandes preocupações tornam-se intoleráveis e impedem seu aparelho psíquico de elaborar tamanho sofrimento. O caminho é a atuação – um mecanismo de fuga inconsciente – que a leva ao abandono de si mesma. Nesse caso, a mulher também o abandona, substituindo-o temporariamente por outro companheiro.

Antes de mudarem-se para as grandes cidades, muitos habitantes das periferias de médios e grandes centros urbanos viviam em pequenas propriedades no campo. A esfera de vida ali era mais ampla e abrangente:

---

31. Acerca dessa situação, comenta Vasconcelos (1998): "Serviços residenciais adequados para as pessoas portadoras de transtorno mental de longo termo constitui uma questão estratégica: para o bem-estar dessas pessoas, porque, muitas vezes, seus laços familiares foram quebrados, deteriorados ou simplesmente não existem; ausência de um lugar adequado de moradia constitui fator altamente estressante e indutor de novas crises e reinternações; constitui a base para um processo de reinserção social; por exemplo, para se conseguir um trabalho precisa-se de um endereço permanente".

toda a paisagem ao seu redor fazia parte de seu universo. A natureza convidava a passeios físicos e mentais. Percebiam o nascer do sol e o crepúsculo. Esse espaço ao ar livre, que podia ser apreciado pela pessoa sentada no degrau da porta da casa ou na varanda, parecia concentrar-se em torno do habitante. O espaço restrito na cidade leva ao isolamento social defensivo: anonimato, sentimentos de incompetência, anomia e violência passam a fazer parte de seu cotidiano. Assim, psicologicamente, existem razões para que o ódio e a violência se manifestem contra a construção e o espaço que tolhem a existência do ser humano.

3.1.5 A vocação presbiteral e as famílias urbanas

Na população mais pobre, os domingos e dias festivos nos médios e grandes centros urbanos diferenciam-se dos demais pelo maior número de pessoas nas ruas. O alto grau de aglomeração das pequenas habitações leva os moradores a supervalorizarem os espaços abertos. Muitas vezes, os encontros com amigos, bem como as festas, acontecem fora das residências. Exemplo disso é o churrasquinho na calçada nos finais de semana.

Enquanto as classes médias e altas sentem-se inseguras com relação aos locais exteriores às suas propriedades, os pobres sentem-se verdadeiros donos da rua, espaço em que o carro não tem vez. A ocupação desse território revela um dos únicos sentimentos de liberdade e de socialização da fala, do afeto, do espaço e do ser que lhes são possibilitados.

É frequente a ida aos botecos à procura de descontração ao lado dos amigos. Os encontros são festejados com cachaça, jogos de sinuca e com o sagrado baralho em torno de pequenas mesas, fora do bar ou na frente das casas. O jogo de baralho é autêntica diversão popular, sendo nele investido grande prazer. Duplas organizam-se durante a semana, confeccionam-se camisas especiais para caracterizar os pares dos times, como no jogo de futebol. Leva-se tira-gosto e cachaça, e passa-se, em média, nos fins de semana e feriados, de 6 a 8h jogando.

Outros moradores saem para visitar parentes ou alguém hospitalizado. As igrejas, sobretudo as evangélicas, recebem um grande público com a Bíblia na mão, homens, mulheres e crianças, todos vestidos com suas melhores roupas: paletó, gravata ou vestidos longos, sempre em cores vivas. A televisão e o rádio funcionam, ininterruptamente, nesses dias, no último volume nos becos e ruas dos bairros operários ou periferia.

A precarização, provocada sobretudo pelo processo urbano neoliberal globalizado, reduziu as políticas públicas culturais e de lazer, dispersando pontos de encontro da população, as praças públicas, as vendas tradicionais e as rodas culturais, provocando a orfandade coletiva. Do que resultam a reevangelização de massas carismáticas católicas e pentecostais, a teologia da prosperidade, o *coaching*, a era de especialistas e restauradores da personalidade, de guias de casamento, dos dispositivos de autoajuda, como tentativa de apaziguar o abandono, a dispersão, a anomia e a violência urbana.

Os alicerces abalados pelo processo migratório produziram demandas gritantes de segurança afetiva na família e na religião na procura de espaços de consolação e sociabilidade (Fundação Perseu Abramo, 2017). A orientação da moral rígida religiosa produz estabilidade psíquica e rede de apoio afetivo, possibilitando postos de trabalho aos jovens, adiamento de delitos e prisões, diminuição de uso de drogas e laços de pertencimento na comunidade. Transitar bem arrumado e com a Bíblia embaixo do braço são símbolos ou selo de honestidade e idoneidade. A Igreja, por sua forte tradição conservadora e plena de segurança, oferece às pessoas sofridas, indecisas e com fortes traços fóbicos um excelente oásis de proteção psicoafetiva, sobretudo através das doutrinas morais, rubricas litúrgicas e vestes clericais resplandecentes.

No passado, a vocação presbiteral e religiosa era originária do meio rural, de famílias católicas numerosas, com forte tradição da pastoral rural e devocional. O jovem sentia-se identificado com o pároco, com as práticas devocionais aos santos e as festas folclóricas. Hoje em dia, vários seminaristas são filhos de pais convertidos das igrejas evangélicas, moradores recém-chegados do campo às médias e grandes cidades. O número de filhos declinou. Vários seminaristas foram criados pelas avós. O espaço do sagrado ampliou-se e dispersou-se em várias experiências religiosas católicas e neopentecostais. Ambas apresentam diferenças tênues, pois, na prática, há uma relação mimética entre elas (Brighenti, 2021). Predominam no meio urbano os laços comunitários múltiplos e horizontais, em contraposição ao estável e permanente mundo hierárquico rural.

Observa-se uma relação direta entre pobreza, crise econômica e catástrofes sociopolíticas e o ingresso de jovens na vida diocesana ou religiosa. A vocação religiosa ou diocesana não é pura. São inúmeras suas motivações, conscientes e inconscientes. Não é esse o problema. Grave é esconder e recalcar. Por exemplo, vale lembrar a década de 1930, período de intensa polarização política na Espanha, com milhões de vítimas da sangrenta guerra civil: progressistas *versus* conservadores. Naquele momento, a fome, o medo, a pobreza e o desamparo foram os maiores promotores vocacionais de ingresso de milhares de jovens em seminários. Nessa perspectiva, tivemos a oportunidade de conhecer vários padres espanhóis, agostinianos, homens éticos, que imigraram como missionários ao Brasil.

É comum um candidato ingressar na comunidade de formação eclesial em busca de um abrigo de proteção afetiva e biológica, a fome. Necessitam comer para matar a fome de pão. Mais tarde, é possível descobrir que a fome de pão está associada à fome de justiça e de afeto. Sob outra perspectiva: o problema da fome não se resolve simplesmente com o alimento, com o pão: "Nem só de pão viverá o homem, mas de toda palavra que sai da boca de Deus" (Mt 4,4-5). Palavra que significa linguagem, comunicação, relação de amor entre os homens.

Talvez, anteriormente, o candidato não conhecesse profundamente a Deus. Contudo, a Palavra de Deus se fez palavra humana. E então, nesse "novo modo de fazer as coisas", é possível contemplar a Glória de Deus, que consiste no resplendor do amor e da fidelidade (Jo 1,14-18). A consciência da relação entre os irmãos criou, em vários pobres famintos, a verdadeira comunicação com Deus e concretizou-se na decisão pela formação comunitária no seminário. A proximidade com Deus passou a ser diálogo com os seres humanos e uma decisão de transformar Reino de Deus. O inverso é trágico: quando o candidato tem ódio de sua história infantil ou juvenil, ordena-se padre, e torna-se um sujeito recalcado e com vergonha ideológica de sua origem: seja racial, intelectual, econômica e de orientação sexual.

3.1.6 A vocação presbiteral e os meios de comunicação

Outra grande influência no chamado vocacional de Deus são os meios de comunicação de massa. Quanto à avaliação do impacto dos influenciadores digitais católicos nas paróquias, verifica-se que a maioria dos padres se sentem ameaçados e angustiados. Esse é um dado preocupante para a dimensão pastoral missionária.

Quanto aos principais temas abordados pelos influencers – não pelos padres evangelizadores – e recorrentemente abordados pelos paroquianos, assim se manifestaram os padres participantes da pesquisa: litúrgico (41,5%); político (40,2%); discriminação racial, social, sexual, de gênero e questões de imigração (28%); musical (4,9%). Vários desses temas foram defendidos pelo Papa Francisco e continuam sendo amparados pela CNBB. Muitos cristãos e padres não entendem a posição da Igreja na defesa de várias dessas questões que ferem a dignidade das pessoas mais sofridas.

Poucas e poderosas empresas de tecnologia digital, donas dos principais dispositivos e redes sociais mundiais, tendem a defender que as redes sociais não tenham qualquer regulação, associando-se às forças políticas ultra neoliberais. O melhor exemplo é a Rede X, de Elon Musk, ex-assessor do presidente estadunidense Donald Trump. Os algoritmos dessas redes estimulam a indignação, para, de modo perverso, manter usuários conectados, fomentando polarização, desinformação (*fake news*), mentiras, ódio, agressão, violência e crimes.

Muitas pessoas, cristãs ou não, informam-se apenas nessas bolhas de comunicação, aprisionados nesse universo distorcido, o que desvaloriza as fontes éticas e as arenas convencionais de informação e de debate público, com base em dados científicos ou confiáveis, minando, por dentro, a democracia. Essa dinâmica vem sendo inserida amplamente na vida religiosa, social, cultural e política, e, particularmente, nas práticas eletivas[32] da maioria dos países nos últimos dez anos. Tanto os influenciadores cristãos ou não cristãos, com milhares e, às vezes, milhões de seguidores, remunerados fartamente pela publicidade que veiculam, quando se inserem na esfera política, têm um imenso poder de manipulação e de esgarçamento dos valores cristãos, éticos e de cidadania. Há que se analisar o grau de profecia da Igreja, de bispos, padres e cristãos, à vista das situações de perseguição que eles vêm sofrendo.

A maior preocupação de alguns bispos é com os jovens identificados psiquicamente com o mundo midiático, ou seja, com os padres influencers digitais católicos. Os padres influencers midiáticos católicos oferecem aos jovens mais pobres um suplemento para preencher as faltas (angústias) ou percepções sofridas de sua história de vida. Trata-se de iniciação catequética rápida, pragmática e de sucesso garantido. É um percurso de curta duração e que visa diplomar instantaneamente padres de sucesso ou leigos famosos.

Vários movimentos tradicionalistas, como a Renovação Carismática Católica, os Arautos do Evangelho – dissidência da antiga Tradição, Família e Propriedade (TFP) – as Novas Comunidades Shalom, de 1982, e a Toca de Assis, de 1994, e a fundação de complexos de rádio e televisão, como a TV Século 21, de 1980, a TV Canção Nova, de 1989, e a TV Evangelizar, de 2011, bem como a projeção midiática de padres cantores, floresceram no cenário da Igreja no magistério do Papa João Paulo II e do Prefeito da Congregação para a Doutrina da Fé, Cardeal Ratzinger, posteriormente, Papa Bento XVI, incentivando profunda renovação dentro das comunidades cristãs (Sell, 2025, p. 210). As novas comunidades cristãs produzem em torno de si uma enorme vitalidade subjetiva emocional, repleta de potencialidades e se identificam com a própria Igreja como a única via de salvação para todos.

32. Referimo-nos aqui não só a eleições políticas, sejam para cargos executivos ou legislativos, mas para todo o tipo de cargo público ou privado: sindicais, empresariais, clubes e associações, conselhos municipais, estaduais e federais, grêmios estudantis etc.

Em 1985, o Cardeal Ratzinger (Messori, 2011, p. 27) assim se manifestou:

> O que abre espaço à esperança [no âmbito] da Igreja Universal – e isso acontece no coração mesmo da crise da Igreja no mundo ocidental – é o aparecimento de novos movimentos, que ninguém previu, mas que brotaram espontaneamente da vitalidade interior da fé. Neles se manifesta, ainda que discretamente, algo como um período de Pentecostes na Igreja. Refiro-me ao Movimento Carismático, aos Cursilhos, ao Movimento dos Focolares, às Comunidades Neocatecumenais, à Comunhão e Libertação.

Também, em 2004, o Papa João Paulo II (2004) explanou a respeito dessa questão:

> O grande florescimento destes movimentos e as manifestações de energia e de vitalidade eclesial que os caracterizam devem ser considerados certamente um dos frutos mais belos da vasta e profunda renovação espiritual, promovida pelo último Concílio.

Tais movimentos abriram vários campos de atuação pastoral nas comunidades, dentre os quais podemos citar o carisma livre e de intensa participação e o compromisso de pessoas de todas as categorias, classes, etnias, idades e vocações, incluindo-se aí presbíteros, religiosos, leigos casados e solteiros, anciãos e jovens de diferentes raças, situação econômica e regiões geopolíticas. É notável a força mobilizadora das massas, principalmente cultural e midiática, por meio da estética e da arte: da dança, da música e do teatro; da desterritorialização pastoral ou ausência de território fixo, como paróquia e diocese; e da vigorosa pedagogia de transmissão da doutrina de fé da Igreja, em detrimento do fraco investimento na doutrina social, pastoral dos movimentos sociais e políticos.

Tais propostas pastorais criaram imenso reservatório de consolo, de alívio afetivo e de ajuda espiritual através da literatura de autoajuda dirigida às pessoas deprimidas, desesperançadas e sem rumo, e cultivaram a espiritualidade intimista, a experiência pessoal de Deus, o dom das línguas, a cura e a libertação, a veneração aos santos e, principalmente, a Virgem Maria.

O Padre Libânio (2011) dizia que essa

> espiritualidade mostra certo aspecto híbrido. Sem dúvida, assimilam-se a leveza, a alegria, a festividade, a liberdade, a espontaneidade, a tônica de oração próprias de tal tipo de espiritualidade. No entanto, ela tem-se adaptado e até reforçado o lado institucional do momento atual, seja por meio de práticas morais e religiosas com certa rigidez, seja por valorização das autoridades eclesiásticas e do regime canônico. Em princípio, o carisma entra em tensão com a instituição, mas o movimento carismático, por enquanto, comporta-se bem, ao menos externamente, em relação ao regime canônico.

Diante de uma Pós-modernidade desestruturante e desagregadora, sustentada pela economia de mercado neoliberal, ergueu-se um contraponto dentro da Igreja no pontificado do Papa Francisco, o qual alinhava-se à perspectiva evangelizadora e libertadora, tendo resgatado e ampliado os princípios e as diretrizes do Concílio Vaticano II e o projeto do Novo Humanismo[33].

Para o Papa Francisco, cada ser humano tem dignidade inviolável, independentemente de sua origem, religião, *status* social ou capacidade. A economia, a política e a tecnologia devem servir à vida e ao bem comum, e não o contrário. Trata-se de uma nova visão do ser humano, valorizando a dignidade e a solidariedade, e que transcende o antropocentrismo individualista: o Novo Humanismo. Nessa perspectiva, "a Igreja é convocada a ser sempre a casa de portas abertas do Pai, não uma alfândega, mas a casa paterna onde existe lugar para qualquer um com sua vida dura, e onde se luta para acolher e aliviar essa dureza" (Francisco, 2025, p. 221). Francisco, na *Evangelii Gaudium*, enfatizou a responsabilidade de cuidar do planeta e a relevância de uma comunidade global interconectada, tendo apostado no laicato adulto de fé com perspectivas sociopastorais, promovendo uma "Igreja em saída".

Porém, observa-se, gradativamente, uma distância entre o movimento de influenciadores católicos e os ensinamentos do magistério do

33. Sobre o projeto do Papa Francisco, indico a leitura de Guimarães (2022).

Papa Francisco, das orientações da CNBB e do plano local de pastoral das dioceses. As redes midiáticas católicas passam a depender cada vez menos da base da paróquia, uma vez que as novas tecnologias cibernéticas possibilitam, em tempo real, a formação de múltiplas subjetividades de "comunidades virtuais". Os novos cristãos cibernéticos preferem paróquias urbanas de proeminência e que dispõem de dispositivos com fortes expressões espiritualistas, ciosos do poder hierárquico, diligentes na solenidade dos paramentos litúrgicos e no discurso doutrinal, na exuberância do corpo, nos movimentos musculares e músicas que provocam fortes arrepios, emoções sensoriais e psíquicas. As relações transferenciais afetivas[34] entre os discípulos e os fortes líderes do movimento religioso, são mais cibernéticas, como "vínculo.com".

Tais personagens gradualmente foram dilatando suas imagens em figuras de "homens de grandes massas": lotam igrejas, estádios e mantêm programas diários em rádios e televisão, lideram paradas de sucesso com CDs e álbuns. Não mais presbíteros, mas *showmen.* Coordenam o turismo religioso nas paróquias para a Europa e Terra Santa, ou em transatlânticos com Jesus para o Velho Continente. Presidem celebrações de missas espetaculares que incluem mini show, cura eufórica e exorcismo do mal. Rezam o terço nas madrugadas apaziguando milhares de devotos com insônia, depressão e com sede de Deus.

Uma sede de Deus de transbordamento de religiosidade difusa e eclética. Trata-se de uma religião *à la carte*, que oferece, no cardápio: Deus casa própria, Deus carteira de trabalho, Deus que cura o alcoolismo, retira o filho da droga ou da cadeia. Esse tipo de "Deus" é um

34. Para Freud (2011b), a reação transferencial é uma manifestação recorrente de antigos amores e ódios e pressupõe duas instâncias temporais: o passado e o presente. No pretérito, está implicado o recalcamento de um desejo. No presente, a relação com o terapeuta, a figura de autoridade, despertada pelo mesmo afeto que, originariamente, forçou o paciente a exilar o desejo. Essa emergência determina o apelo a estratégias defensivas que podem ser a projeção, a identificação, a negação, o deslocamento etc. Portanto, as manifestações transferenciais são vivências dos sentimentos, fantasias e defesas inconscientes em relação a uma pessoa do presente que não visa àquele alvo, mas constitui uma repetição das reações surgidas em relação às pessoas importantes da vida psíquica.

excelente produto do mercado religioso (Brighenti, 2021). Paradoxalmente, há menos de uma década, "os homens de grandes massas", líderes estrangeiros e brasileiros influenciadores de massa católica deram depoimentos nas mídias dizendo que estavam cansados, exaustos, tristes e com sintomas de acídia e depressão. Muitos com graves sofrimentos psíquicos demandaram ajuda psiquiátrica e psicológica para evitar quadros de suicídio.

Ao fim do pontificado de João Paulo II e início do de Bento XVI, vários fundadores de novas comunidades – no México, Marcial Maciel, Legionário de Cristo (González, 2009); no Chile, Padre Fernando Karadima, reitor de Seminário Arquidiocesano, em Santiago (TV Brasil, 2018); no Brasil, o membro da Renovação Carismática Católica e fundador da Toca de Assis, Roberto Lettieri e vários outros – foram indiciados pelos crimes de abuso de menores e de desvios financeiros, além de atos profanos contra cerimônias litúrgicas e objetos sagrados, assédio moral e graves distúrbios autoritários de poder. Dilataram a dimensão da sensação emocional, da estética e da imagem de si mesmo e esqueceram a dimensão da alteridade, da ética e da profecia.

Como dizia Agostinho de Hipona em *Comentário aos Salmos*, a vaidade não é grandeza, é inchaço. E o que está inchado nunca é sadio. E assim ele diz:

> Em comparação com aquilo que é, e dando atenção ao que ainda inteiramente não é, parece-me ser mais o que falta do que aquilo que já tenho; tornar-me-ei mais humilde pelo que me falta do que orgulhoso pelo que já possuo. Pois, aqueles que julgam ter alguma coisa enquanto vivem na terra, por causa do orgulho não recebem o que falta. Pensam ser grandioso o que já têm. Se alguém pensa ser alguma coisa, quando nada é, engana a si mesmo (Gl 6,3). *Nem por isso se torna importante, porque o inchaço e o tumor imitam a grandeza, mas não são sadios* (grifo nosso).

Não nos parece claro, à primeira vista, até onde esse conjunto de qualidades de super-homens sem limites servirá de fonte despertadora de vocações. Qual é o futuro da Igreja Católica? "Para onde iremos Senhor?" (Jo 6,66).

3.2 Perfil dos presbíteros

A segunda parte deste capítulo analisa os dados relacionados aos presbíteros acerca de sua origem geográfica, formação acadêmica e utilização dos meios de comunicação. Finalmente, de posse dos inúmeros dados coletados, associados a pesquisas do Ceris, da CNBB e de diferentes autores recomendados, abordaremos alguns pontos analíticos da instituição Igreja e diferentes pontos frágeis e fortes na vida dos presbíteros.

Quanto à origem geográfica, 47% dos presbíteros são de áreas rurais e 53% de áreas urbanas. Observa-se que o clero atual, constituído de pessoas mais jovens, tem origem em médias e grandes cidades. A geopolítica tem sido o radar das vocações. Cresce, paulatinamente, o número de padres em médias e grandes cidades.

Vejamos duas tabelas que poderão orientar a nossa discussão. Ambas resumem a distribuição em cidades e em áreas rurais. A primeira, da população geral do Brasil e, em seguida, restrita à origem dos padres respondentes da pesquisa.

Tabela 7 – População urbana e rural brasileira em 2022

Situação de domicílio	População (milhões)	Percentual
Urbana	177,5	87,4%
Rural	25,6	12,6%
Total	203,1	100%

Fonte: Censo 2022 (IBGE, 2023).

Tabela 8 – Origem dos padres no Brasil (%)

Urbana	53
Rural	47
Total	100

Fonte: CNBB (2019).

Na Tabela 9, vê-se a distribuição por grau de escolaridade dos padres no que tange à pós-graduação, já que todos devem ser graduados em Filosofia e Teologia. Quanto ao reconhecimento pelo MEC daqueles que se graduaram em Filosofia, 58% dos padres disseram que o fizeram em cursos reconhecidos; porém, 40% afirmaram que seus cursos não o são. Com relação ao curso de Teologia, 53% dos padres informaram que os cursos que frequentaram eram reconhecidos e 47% que não. O número de padres que responderam que realizaram especialização é 24%, os que concluíram o mestrado, 16% e, finalmente, apenas, 4% realizaram o doutorado.

Tabela 9 – Pós-graduação de padres que responderam à pesquisa

Nível de escolaridade	Percentual
Especialização	24%
Mestrado	16%
Doutorado	4%

Fonte: CNBB (2019).

Dados como região de procedência, profissão e escolaridade dos pais das famílias dos padres fazem lembrar, também, a origem simples de grande parte dos cristãos do Brasil. Historicamente, é esse o perfil socioeconômico dos pais que apresentou mais forte religiosidade popular e piedade devocional, maior adesão às festas folclóricas, romarias, novenas de devoções aos santos, origem de muitas das vocações com que as dioceses brasileiras contam atualmente.

O que as questões referentes à situação geográfica, social, racial e educacional podem produzir na subjetividade das famílias? Os dados apresentados confirmam um baixo capital cultural dos pais dos respondentes. O analfabetismo e a baixa escolaridade dos genitores, em geral, incidem fortemente na formação cognitiva dos filhos. O hábito da leitura, por exemplo, é uma construção que se desenvolve na infância, influenciado, sobretudo, por mães e pais. Pais analfabetos ou de baixa escolaridade – fruto de uma vergonhosa divisão de classe social – têm dificuldade ou mesmo lhes é impossível auxiliar suas crianças nos estudos. Ora, isso tem repercussão em sua formação escolar.

Uma criança de classe média recebe um capital cultural sem muito esforço e pela simples internalização e incorporação de exemplos de comportamentos de pais e familiares em geral, hábitos de leitura, disciplina e horários regrados, quarto individual de estudo, escola bilíngue, aulas de dança, balé, teatro, espaços de lazer e esporte. Ao contrário, o que é oferecido aos filhos e filhas de famílias pobres? Daí a falácia da meritocracia, mais uma ideologia da classe rica, para explicar os méritos enganosos dos ricos. (No capítulo 5, analisaremos as raízes da ideologia da vergonha.)

É importante considerar o assim dito "amor-próprio" e as consequências de todo um processo educativo, na forma de luzes e sombras, na constituição pessoal de cada um dos integrantes do clero brasileiro: ausência de/ou elevada autoestima, segurança ou insegurança diante dos desafios da vida, submissão ou altivez, medo ou coragem, e auto e hetero agressividade ou serenidade nas relações intra e interpessoais. Daí a capacidade expressa por muitos, que quando conseguem revisitar suas experiências de infância, elaboram por meio de mecanismos psíquicos suas potencialidades resilientes e sublimatórias, tanto no campo intelectual quanto no psicoafetivo e nos ideais do segmento de Jesus Cristo.

Há que refletir sobre a relação dos traços acima observados nas famílias e como se estabelecem com o desenvolvimento da fé, com a opção presbiteral, com a linha teológica e pastoral e com o próprio carisma de ser padre. Assim, iluminados pelo discernimento, vale a pena examinar a origem da vocação, o desenvolvimento psicossocial dos candidatos e sua perseverança no ministério sacerdotal.

3.2.1 Análise institucional

Os pontos frágeis e fortes de análise de uma instituição dizem respeito a diferentes analisadores, como os ideais de fundação da organização, a espiritualidade, o trabalho pastoral, as relações de poder, o manejo do dinheiro, a afetividade e a sexualidade. E, ainda, relacionam-se a diferentes sintomas, como o desânimo, a descrenças nos ideais, a acídia, a desagregação do grupo. Como, também, com a expansão de potencialidades, propósitos, coesão e comprometimento grupal, criatividade e elaboração de soluções para os conflitos. Em uma instituição de fé, como é a Igreja, tudo isso se relaciona a estar disponível ao "ser guiado pelo Espírito Santo" e a tudo que dele emana: o fogo do amor, da utopia, do ideário, dos sonhos.

É essencial analisarmos a importância do Espírito Santo que se manifesta por meio dos ideários, dos sonhos e dos mitos fundadores da Igreja Católica e os processos de identificação em torno de Jesus na constituição do grupo dos apóstolos e seus sucessores. Não há coletividade sem tessitura histórica, discurso, narrativa e antepassados. "No princípio era o Verbo", escreve São João (1,1), o que reforça a necessidade de se valorizar os traços da memória histórica do vínculo com Jesus. Personagens, narrativas e acontecimentos passados evidenciam algo além do simples dado, revelando uma realidade plural que faz dissolver a utopia da realidade absoluta e única.

O resgate dos mitos e da história de fundação da Igreja vincula o coletivo em torno da narrativa, provocando a identificação de seus membros numa rede simbólica. Sem mitos, crenças e idealizações, a vida social, principalmente a vida comunitária cristã, seria impossível. A crença nos valores do evangelho de Jesus, a união dos cristãos (comunhão presbiteral) e os ensinamentos da doutrina social da Igreja congregam os valores imprescindíveis da transformação do Reino de Deus, que é feita também do impossível. Há um fio condutor nessa tríplice utopia: o afeto transbordante que emana do Coração de Jesus, a formação e o protagonismo dos presbíteros e cristãos e o cuidado aos excluídos e aos rejeitados da sociedade, porém, queridos por Deus. A vida de paixões e perseverança no que se sonha é a tônica da atividade cristã, motivo pelo qual essa vida continua sempre carente de realização em algum ponto. Sua satisfação completa não é apenas impossível: seria a morte de um ideal, da jornada que congrega os irmãos e irmãs de hoje.

Não podemos vislumbrar um grupo em que as relações sejam, enfim, completamente realizadas. Essa realidade sem falhas impossibilitaria as comunidades, tal como dissolveria o amor entre os amantes. Se realizamos todos os desejos, sufocamos o desejo em si. A "impossibilidade", consciente ou inconscientemente, está na raiz das relações humanas. Assim, mitos e utopias fazem parte de uma permanente busca. Sonho e desejo são modos privilegiados de criar e dar sentido à existência. A crença em um projeto de transformação é o melhor método para vencer a servidão voluntária e a ideologia da vergonha.

As expressões e manifestações submetem-se ao desgaste da história e necessitam ser repensadas. Os mitos e registros históricos não são imutáveis, pois estão inseridos em um contexto socioeconômico e psicocultural. Com o passar do tempo, esgotam-se ou se desgastam, por isso são reinventados e recriados, como tudo na vida. Importa, contudo, deixar intactas as raízes da história: ao cortar a árvore, é necessário deixar uma parte do tronco, ainda que insignificante, para que dela brote, com o tempo, a semente saudável: "E se nele sobrar apenas uma décima parte, tornará a ser cortado como o carvalho e o arbusto: depois de cortados, resta apenas um toco; esse toco será uma semente santa" (Is 6,13).

Eis aí o processo de transformação da Igreja. Mitos e registros que se tornam eternos dão lugar a fanatismo e fusão entre membros de um grupo, restringindo o processo criador e produtivo. Viver preso a significados únicos é viver sem revolução e sem imaginação. É optar pela conservação e pela estagnação.

Alguns presbíteros são capazes de perceber os conflitos institucionais, enquanto outros os negam. Estes últimos preferem a escuridão do Mito da Caverna, detestam a luminosidade da verdade múltipla e criadora. "Antes a cegueira do que o questionamento"; esse parece ser o adágio que preside os destinos dos que não toleram as contradições, que experimentam a necessidade de couraça protetora e fechada, a fim de viverem sem angústia. Há ainda os que preferem a negação maníaca, vivem como as cigarras tagarelando euforicamente ou na caverna da sacristia exótica e extravagante do consumo.

Os que desejam ver, por sua vez, são sempre suspeitos de trabalhar contra a instituição e de não aderirem à idealização do "tudo está bom".

Permitem-se experimentar incertezas, colocar questões onde outros só têm respostas. São fragilizados por sua própria tomada de consciência, e os demais tenderão a fragilizá-los ainda mais, pois as instituições evitam a interrogação. Membros que questionam são rapidamente transformados em bodes expiatórios, anátemas, pois dizem em voz alta o que outros se recusam sequer a pensar. Sinal de profecia. Coincidentemente, esse foi o trajeto exemplar de inúmeros papas, padres e leigos, sobretudo João XXIII, homem do Concílio Vaticano II. Recentemente, tivemos Francisco, itinerante de uma Igreja em saída e sinodal.

Reconhecemos a contribuição da Igreja Católica no Brasil tanto para os cristãos quanto para a sociedade civil, especialmente por seu papel na consolação dos "degredados de Eva" e na defesa dos direitos humanos entre os brasileiros mais vulneráveis e sofridos. Podemos dizer que a Igreja Católica é um reservatório de esperança e que corresponde satisfatoriamente ao legado deixado por Jesus. Em Mt 22,39, Jesus afirmou: "Ora, o segundo é semelhante a esse: Amarás o teu próximo como a ti mesmo".

A finalidade desta parte é explicitar alguns pontos frágeis e fortes que são vivenciados no cotidiano dos membros da Igreja. Pontos frágeis e fortes significam tempo de disruptura ou coesão grupal; distanciamento ou propósitos no Evangelho; individualismo ou comprometimento coletivo, presbitério, e, finalmente, repetições neuróticas compulsivas ou criatividade e soluções na construção do Reino de Deus.

3.2.2 *Pontos frágeis*

Ao longo da pesquisa empreendida pela CNBB, pelo Ceris e por diferentes autores, entre os principais pontos frágeis encontrados, destacam-se alguns que se mostram sobremaneira importantes e que serão abordados a seguir.

3.2.2.1 A dimensão intelectual

Quanto ao perfil intelectual dos padres, muitos procuram, de modo sistemático, aprimorar-se intelectualmente. Outros consideram suficiente a formação recebida no seminário, permanecendo acomodados a um tipo de conhecimento que, por vezes, lhes é insuficiente à compreensão e ao enfrentamento do complexo contexto atual, em cujo âmbito devem acolher e vencer os desafios do sacerdócio.

É comum detectar no clero e no meio religioso pessoas com significativa inibição intelectual decorrente de escolarização precária. A isso se soma que, muitas vezes, demonstram ausência de autoestima, o que pode ter sua origem na infância, em decorrência de experiências de escolarização malsucedidas, sobretudo quando vivenciadas em escolas públicas. Essa situação concorre para as muitas limitações, insegurança, submissão e baixo aproveitamento na formação inicial no seminário. Tal insegurança e baixa estima se configuram em comportamentos clericalistas.

Em geral, é possível constatar no clero e na vida religiosa a falta de motivação para o estudo sistemático. Isso se apoia em cinco fatores. Primeiro, a origem rural pré-moderna da religião católica, na qual a transmissão do saber era predominantemente oral, em detrimento do conhecimento racional. Segundo, o baixo capital cultural de origem das famílias, do que decorre a ausência de autoestima a partir da própria história de vida (classe social, econômica e, muitas vezes, racial). Terceiro, a desvalorização das atividades de estudo e do saber acadêmico, que se amplia após os anos de 1990, quando se instala a crise da razão e do Iluminismo. Quarto, os diferentes níveis de qualidade dos equipamentos educacionais nas regiões brasileiras; há dioceses com fácil acesso a universidades, bibliotecas e meios cibernéticos em comparação a outras precárias áreas eclesiásticas. Quinto, o fraco empenho da hierarquia da Igreja de encorajar os padres a buscarem melhor qualificação intelectual. Muitos membros da alta hierarquia eclesial temem o elevado desempenho intelectual do presbítero.

Reforçando, os tempos atuais são difíceis à reflexão, ao pensar. Busca-se o conhecimento só pela informação rápida, rasa e imediata da internet e do virtual. O famoso "conhecimento de outdoor". Isso se confirma na pesquisa quantitativa mencionada, a qual aponta que menos de um terço dos consultados leem mais de três livros por ano, situando-se bem abaixo do índice geral de leitura da população brasileira – algo que, por si, já é significativamente baixo em relação a outros países. A isso se associa que os gêneros literários de preferência dos padres e seminaristas sejam, em esmagadora maioria, os textos bíblicos, religiosos e pastorais, em detrimento de leituras no campo das ciências humanas, bioética, sociologia e ciências políticas.

Segundo a sexta edição da pesquisa *Retratos da leitura no Brasil*, promovida pelo Instituto Pró-Livro ([2025]), em abrangência nacional, 53% das pessoas consultadas admitiram que nos últimos três meses anteriores não tinham lido um único livro, de qualquer gênero – nem mesmo a Bíblia! – seja em formato eletrônico, seja em papel impresso.

Os dados da pesquisa junto aos padres apontam que o acesso à internet se sobrepõe à leitura de livros. Ora, o saber adquirido apenas pelos meios cibernéticos pode apresentar problemas. É comum a ausência de autocrítica e a exacerbação onipotente do consumismo publicitário. Nesse âmbito, emergem atitudes intelectuais ridículas, superdimensionadas, que carecem de uma base de conhecimento real. Isso resulta na abordagem de questões temáticas, conceitos e matérias da vida social e humana, sem conhecimento de causa. Nesse ponto, com ou sem elementos narcisistas envolvidos, aprecia-se a falta de abertura ao saber e ao diálogo com outros padres que conhecem e compreendem questões de distintas naturezas: teológicas, pastorais, sociais, históricas, intelectuais, psicológicas e políticas. São tênues os estímulos ao enriquecimento intelectual, e pouco o cultivo e desenvolvimento de formas de vida ativas e reflexivas. Parece-me que uma motivação forte seria a própria concepção de ministério ordenado, ainda muito fluida, "líquida", sem identidade, que leva qualquer um a querer ser padre de qualquer maneira, sem os predicados consistentes de evangelizador e de formação sólida teológica e inserida na realidade social. Afinal, o que a Igreja deseja? Pastores que cuidam do rebanho – pessoas sedentas de Deus, ou, administradores dos bens da Mitra?

A ausência de aprofundamento intelectual pode abrir espaço, como compensação (ausência de sublimação e resiliência), para a acomodação burguesa, de elevado consumo e competição, além da ênfase na pastoral sacramentalista, clerical, profundamente sensorial, de arrepio emocional e de alta formalidade doutrinal.

Ainda que se observe certa mudança entre os mais jovens, que buscam ampliar sua escolarização, é elevado o número de seminaristas e novos sacerdotes que demonstram ojeriza à formação continuada. Quando alguém se sente desmotivado com a formação permanente, isso pode ser sinal de um problema mais profundo, muito além de simplesmente rotulá-lo como preguiçoso. É um sinal de estagnação, acídia e um lento caminho de desânimo presbiteral. Esse sintoma carece de um estudo mais aprofundado.

Muitos iniciam o ministério presbiteral obcecados em desempenhar a função de pároco, com forte aversão aos estudos. Aparentemente, sentem-se bem-intencionados, mas, inconscientemente, caminham de modo frenético, atraídos pelo cargo de pároco e sonham em chegar à paróquia, entretanto, sedentos de dois dos sete pecados capitais: a vaidade e a avareza. Alguns, já nos primeiros anos de Teologia, têm os paramentos litúrgicos de sacerdote e sonham com a função de pároco. Parece que a vida acadêmica nos institutos teológicos produziu um grave efeito colateral pedagógico: "Pensar, nunca mais!".

Talvez, alguns professores não tenham capacitação nem metodologia didática, isto é, lecionam por seus méritos afetivos com a hierarquia ou por senso comum, mas carecem de mínima preparação pedagógica. Em casos específicos, o modelo formativo pode ainda estar pautado por uma lógica de funcionamento pré-Concílio Vaticano II e por graves resistências recalcadas a esse concílio e às cinco conferências gerais do episcopado latino-americano e caribenho.

São muitos os novos sacerdotes que iniciam o ministério presbiteral alienados e desagregados entre aquilo que aprenderam no curso de Teologia, os princípios do Concílio Vaticano II e os ensinamentos das cinco conferências gerais do episcopado latino-americano e caribenho. Ao iniciarem o pastoreio não se recordam daquilo que mais marcou a vida da Igreja na América Latina. Não se trata de amnésia cognitiva, mas de amnésia da fé e da política.

Observa-se intensa precariedade de recursos de linguagem, tanto oral quanto escrita, o que requer providências que favoreçam melhor desempenho na comunicação das mensagens do Evangelho. Há também dificuldades para incorporar a aprendizagem de outras línguas, além da língua nativa (Tabela 10).

Tabela 10 – Domínio de idiomas estrangeiros pelos padres

	Idiomas				
	Italiano	Inglês	Francês	Espanhol	Alemão
Leitura	41%	27%	17%	58%	6%
Compreensão	47%	24%	17%	64%	8%
Conversação	22%	11%	6%	24%	4%
Escrita	16%	10%	4%	17%	2%

Fonte: CNBB (2019).

Há um claro apelo da *ratio* sobre a questão linguística: "É vivamente aconselhado o conhecimento de ao menos uma língua moderna...", dizia Francisco (Congregação para o Clero, 2016). A recomendação da *ratio* é ainda mais zelosa e contundente quanto à formação inicial e permanente:

> A formação intelectual destina-se a levar os seminaristas a atingirem uma sólida competência no âmbito filosófico e teológico, mas também uma preparação cultural de caráter geral, de tal maneira que lhes permita anunciar, de modo credível e compreensível aos homens de hoje, a mensagem evangélica, estabelecer um diálogo profícuo com o mundo contemporâneo, e sustentar, com o lume da razão, a verdade da fé, mostrando a sua beleza.

3.2.2.2 A dimensão pastoral da fé e da política

Fruto de uma teologia descontextualizada entre a fé e as causas sociais, observa-se, atualmente, um declínio e um vazio pastoral quanto ao profetismo e ao engajamento da opção pelos pobres. A formação bíblica e o trabalho de reflexão em pequenos grupos, onde se formavam as Comunidades de Comunidades: Uma Nova Paróquia, tão bem expressos no Documento 100 da CNBB (2013), vêm perdendo terreno para pastorais de conservação, com ênfase apenas em celebrações monopolizadas pela figura do padre. É surpreendente que uma parcela de presbíteros defenda ortodoxamente essa visão em detrimento da escola de formação de leigos, assembleias paroquiais, conselhos pastorais e econômicos. O protagonismo dos leigos continua ameaçando o clericalismo.

Um setor considerável de padres dedica horas afinco, com apreço, ao aconselhamento individual e à direção espiritual, entretanto, de maneira descontextualizada de questões sociopolíticas, ambientais e com forte ênfase na dimensão espiritualista e no psicologismo de autoajuda. Trata-se de uma visão de pastoral que responde bem à concepção neoliberal, a qual se despersonaliza o sujeito e o transforma em massa midiática e anônima. Também, a adesão fixada à orientação espiritual devocionalista, de moral rígida, e a grupos ou movimentos exóticos conservadores seria uma forma de esconder a baixa qualificação intelectual-pastoral dos presbíteros?

Assim agindo, as angústias dos fiéis com respeito à desintegração familiar, à violência, ao desemprego, à solidão, ao consumismo frenético e ao vício em álcool e outras drogas, em jogos das bets – casas de apostas virtuais – e de masturbação compulsiva perante as imagens eróticas difundidas na internet não são compreendidas em sua relação com o modelo econômico de mercado neoliberal. Para alguns, é uma questão puramente individual e de graves perturbações espirituais vindas do demônio. Isso é grave: dar resposta apenas religiosa aos conflitos sociais. Hoje qualquer intelectual respeitado e ético é convocado a exercer o pensamento crítico pautado numa epistemologia transdisciplinar.

Mais de 80,1% dos padres não promovem, em suas paróquias, ações voltadas à Pastoral Fé e Política. Além disso, observa-se um significativo declínio nas atividades sociais realizadas nas paróquias em relação às questões essenciais da nossa sociedade, como temas ecológicos, raciais, a proteção dos idosos, dos imigrantes, das crianças e dos adolescentes, os movimentos contra a violência, espaços culturais para os jovens, ações de combate à fome, além da defesa da mulher e dos povos indígenas (Pereira, 2023). Assim se expressou um dos padres com quem conversei recentemente[35]:

> Ao longo desses anos, convivendo e escutando muitos colegas padres na minha região, percebo, sobretudo nos últimos dez anos, que houve um distanciamento de assuntos relacionados à doutrina social da Igreja, em relação a temas como pobreza, migração, política, desigualdades sociais, justiça e direitos humanos, assim como de iniciativas e pastorais associadas a essas temáticas.
>
> Percebe-se, sobretudo, na diminuição da presença das pastorais sociais nas paróquias e áreas missionárias. E, por mais que se fale da importância delas, um silêncio apático se percebe. Por outro lado, os leigos e leigas que ainda permanecem atuando nas pastorais sociais, muitos acima da faixa etária dos 60, também lamentam a falta de apoio dos padres.

Outro dos padres entrevistados afirmou que:

> Ao escutar nossos colegas falando sobre seus sonhos, em muitos discursos aparecem seus sonhos pessoais e não os sonhos de Jesus, o Reino de Deus. Escuto sobre planos daqui a alguns anos sustentados em conquistas e obtenção de bens materiais ou títulos, tanto eclesiásticos quanto profissionais e, entre muitas partilhas, um cansaço e inconformismo com a vida que levam.
>
> Mas é nítida a busca por segurança e autoafirmação. E é isso o que mais me preocupa. Um olhar mais para si, para a autorrealização, é o distanciamento da identidade e missão do padre que é o de viver para o povo, de ser pastor para o povo e de dar sua vida por esse povo como o Bom Pastor, assumindo a Cruz de Jesus na cruz do povo e na própria cruz do padre, imagem do Cristo Pastor (PDB 73), em que a caridade pastoral (PDB 70) é o cerne da identidade e realização do padre.
>
> No entanto, o que me faz questionar é o fato de que, ao serem provenientes de condições socioeconômicas e socioambientais tão impactantes negativamente sobre a vida de suas famílias, parentes, vizinhos e conterrâneos, por que alguns se dis-

35. Para fins exclusivos desta pesquisa, foram entrevistados, por este autor, em abril de 2025, vários padres de diferentes arqui/dioceses.

> tanciam de iniciativas e pastorais que refletem e atuam como presença de Igreja profética para mudar esse triste quadro? É como se houvesse um certo desenraizamento velado, não nas palavras, mas nas atitudes, nas posturas, no pensar e no agir, ou melhor, no testemunhar.

Tais atividades foram respaldadas pelo Concílio Vaticano II e pela CNBB. Quase todos os papas contemporâneos escreveram a favor disso nos seus ensinamentos da doutrina social da Igreja: de Pio XII a Francisco. Vislumbramos em Leão XIV a mesma linha e preocupação. Paradoxalmente, os padres de forma amadorística, ingênua e recalcada confundem o trabalho de pastoral de fé e política, com política partidária.

Ora, "a política é a forma mais perfeita da caridade", afirmou o Papa Pio XI. "Vale sublinhar que, em termos evangélicos, caridade não é somente esmola e assistencialismo, mas garantia de condições reais de vida a toda pessoa humana. Caridade é a terceira virtude teologal" (Gonçalves, 2022). Em meados do século XX, o poeta alemão Bertolt Brecht[36] escreveu "O analfabeto político", no qual ele diz:

> O pior analfabeto é o analfabeto político. Ele não ouve, não fala, nem participa dos acontecimentos políticos. Ele não sabe que o custo de vida, o preço do feijão, do peixe, da farinha, do aluguel, do sapato e do remédio depende das decisões políticas. O analfabeto político é tão burro que se orgulha e estufa o peito dizendo que odeia a política. Não sabe o imbecil que da sua ignorância política nasce a prostituta, o menor abandonado, e o pior de todos os bandidos que é o político vigarista, pilantra, o corrupto e lacaio dos exploradores do povo.

Política seria o mesmo que *partido político*? Não é. A palavra *política*[37] tem sua origem no vocábulo grego *pólis*, que significa *cidade*. Refere-se

36. Bertolt Brecht (1898-1956) foi um dramaturgo, poeta e ensaísta alemão, conhecido por sua crítica social contundente. O texto "O analfabeto político" é parte de sua obra poética e expressa sua rejeição à alienação política, apontando que o desinteresse pelo coletivo contribui para a reprodução da opressão.

37. À luz de Hannah Arendt (1998, p. 48-49), entendemos por político o conjunto de esforços empreendidos por indivíduos ou seus grupos com vistas a participar do poder

à ação que tem em vista organizar a convivência entre os cidadãos. Essa organização é necessária porque, vivendo em sociedade e cada um pensando de uma maneira diferente, é indispensável a busca do bem comum. Caso contrário, haveria a imposição dos mais fortes sobre os mais fracos e se estabeleceria um grande desequilíbrio social. A política visa o bem comum, evitando o injusto favorecimento pessoal ou de pequenos grupos privilegiados. É dever de justiça constituirmos uma sociedade organizada, pois todas as pessoas têm a mesma dignidade. Todo ser humano tem um valor intrínseco. Não importa se alguém é rico, pobre, com deficiência, doente ou idoso; todos foram criados à imagem e semelhança de Deus. Essa é uma contribuição que o cristianismo ofereceu à organização da sociedade e é o fundamento dos direitos humanos.

3.2.2.3 A dimensão eclesiológica

Na pesquisa entre os padres observa-se também insuficiências no âmbito da compreensão eclesiológica. Há dificuldades para o entendimento da relação entre o padre e o povo de Deus, o espaço que ocupa o mundo secular, a importância da fraternidade sacerdotal, a relação de paternidade com o bispo ou seu provincial. A compreensão do padre como aquele que tem a responsabilidade de anunciar a presença de Deus pela sua interação com as pessoas, pelos seus gestos, não como exercício de uma carreira, evidencia o sentido de seu lugar na diocese e na comunidade. Quando não há tal compreensão, é claro o enfraquecimento da vida eclesial.

Em relação à diversidade de orientação e de modelos pastorais, é possível detectar em alguns locais a vigência do modelo tradicional,

---

ou a influenciar a divisão do poder, seja na esfera do Estado ou das organizações da sociedade civil. A *coisa política*, no sentido grego, está, portanto, centrada em torno da *liberdade*, entendida negativamente como o *não ser dominado* e *não dominar*, e positivamente como um espaço que só pode ser produzido por muitos, onde cada qual se move entre iguais. "Sem esses outros que são meus iguais não existe liberdade alguma; e, por isso, aquele que domina outros e, por conseguinte, é diferente dos outros em princípios é mais feliz e digno de inveja do que aqueles a quem ele domina, mas não é mais livre em coisa alguma".

centrado no padre como figura única e foco da vida pastoral, num cenário desprovido de planos e da participação dos leigos. Em outros casos, um ponto fraco é a fixação a um único tipo de pastoral, resistente à mudança e à incorporação de métodos e estratégias provenientes de modelos estabelecidos pela obsessão legalista e rigorista.

Em alguns setores, vê-se um estilo carismático e emocional, que não aprofunda a vida espiritual. Quando a pastoral está muito ligada ao aspecto sacramental, produzem-se vários efeitos deletérios, dentre os quais sobressai o condicionamento ao tributo econômico e tudo que daí advém. É um fracasso pastoral condicionar a vida sacramental à arrecadação financeira e ao sucesso material. Assim um padre que entrevistei se expressou:

> Há cada vez mais um modelo com tendência mais sacerdotal, menos presbiteral e pastoral. O fato é que se percebe uma forte tendência ao tradicionalismo conservador com foco na liturgia, em especial, no rito celebrativo, a uma vivência mais espiritualizada, intimista e devocionista, com retorno das insígnias e das vestes no aspecto estético. "Com a supervalorização do indivíduo, do estético, do consumo e dos direitos individuais e subjetivos (DA 45-47), presente na cultura atual, o padre não está isento".

3.2.2.4 A dimensão psíquico-afetiva

Quanto aos aspectos psíquico-afetivos, subliminarmente, os dados da pesquisa revelam alguns aspectos importantes. As dinâmicas inconscientes da vida eclesial continuam impactando diretamente a manifestação da vida da Igreja. Com efeito, na ausência de uma análise da transferência inconsciente, envolvendo conflitos não elaborados e projetados na fraternidade sacerdotal ou nas figuras de autoridade eclesial, geram-se grandes problemas. A tendência a não resolver conflitos e desconfianças, mas a mantê-los para satisfazer aspectos inconscientes, produz dano à vida eclesial.

A crise de autoridade que se verifica na sociedade atinge também a Igreja, especialmente nas figuras do bispo e do provincial. Essa crise é percebida por todos e resulta da dificuldade de exercer a autoridade e a paternidade no campo eclesial e espiritual de seus filhos espirituais. Sinal disso é certa tensão entre a experiência de bispo e ou provincial como juiz ou como figura do pai que acolhe. Alguns bispos e provinciais inseguros aplicam um autoritarismo antiquado para se defender. Consequentemente, a responsabilidade dos sacerdotes para com o bispo e o provincial fica ofuscada, bem como a fraternidade para acompanhar e apoiar a autoridade. As expectativas do clero têm por foco receber ou esperar, e não oferecer e contribuir. Graves traços infantis de dependência permeiam essas relações.

No plano inconsciente, são feitas transferências emocionais ao bispo e ao provincial na linha da idealização: presume-se que seja infalível, que não erre. Assim, quando se constata um comportamento contrário ao esperado idealmente, surgem fortes desapontamentos e sentimentos de decepção e abandono. Muitas vezes, as autoridades não conduzem de forma adequada as transferências agressivas ou idealizadas de alguns sacerdotes e podem, eventualmente, incentivá-las. Há presbíteros com sérios problemas de autoridade devido às dificuldades no período de formação e há bispos desatentos a essas dificuldades.

Entre os neopresbíteros, nota-se a frustração do ideal que mantinham acerca do exercício do sacerdócio, o que se manifesta no confronto entre o proposto na formação e a realidade vivenciada. Não tendo sido capazes de elaborar o luto decorrente da perda das fantasias infantis para o exercício ministerial adulto, a sensação é de que lhes foram roubadas as fantasias ingênuas, desapareceram as "brincadeiras" de ser padre – na infância, brincar de celebrar missa, realizar batismo de bonecas, vestir-se como padres… Por que é grande o número de padres recém-ordenados que abandonam o ministério: seria a desilusão diante da realidade que não corresponde ao que esperavam (as fantasias infantis presbiterais)? Eis uma das razões das frequentes desistências no meio presbiteral. A dificuldade que alguns padres jovens encontram para viver o ministério de forma gratificante baseia-se na incapacidade de estabelecimento de um forte vínculo entre eles, o clero e a autoridade. Há disponibilidade dos padres jovens desenvolverem ações missionárias visando o amadurecimento de sua vocação?

Ainda com relação aos pontos frágeis, a Igreja tem-se esquivado de tratar as questões afetivas e sexuais como próprias do desenvolvimento do ser humano. O mundo contemporâneo, entretanto, coloca-se muito à frente em tais questões. Todavia, o Papa Francisco dedicou longas páginas de reflexão sobre a dimensão humano-afetiva, destacando que o Seminário não é um mero prédio, burocrático, frio, onde reside um grupo de "homens solteirões", mas, sobretudo, uma comunidade de formação. Os elementos psicológicos no âmbito da afetividade são muito importantes para a pessoa do seminarista, do padre e do religioso, bem como ponto fundamental da formação.

A Igreja tem como dever e direito de zelar pelo processo de educação dos seminaristas, assim como de estabelecer critérios de admissão e demissão dos candidatos. Cabe, evidentemente, ao candidato conhecer e discernir sobre tais critérios visando à escolha livre e responsável do ministério presbiteral.

São visíveis ao formador diferentes aspectos que se podem tornar problemáticos: seminaristas e padres que desenvolvem relações interpessoais tortuosas entre pares, criando uma codependência ou proximidade erótica excessiva, o que limita a liberdade pessoal e a autonomia de escolhas. Essa tendência está relacionada ao equivocado conceito de si mesmo (ausência de autoestima) e favorece o advento de problemas na esfera da emancipação do sujeito. É frequente tal modelo de relação ocorrer entre um sujeito dominador e um outro extremamente carente de afeto, de prestígio e de precária situação econômica.

As dificuldades no estabelecimento de limites nos relacionamentos também aparecem com leigos particulares ou com famílias de leigos que, por vezes, "adotam" o seminarista ou o padre, fazendo-os sentirem-se mais confortáveis nesse espaço superprotetor – um novo útero materno – do que no exercício livre e autônomo de seu sacerdócio. Há uma produção de eternas madrinhas na vida de seminaristas e de padres, com tonalidades afetivas, maternais e de apoio financeiro.

Na contramão da fraternidade religiosa ou presbiteral, confundindo solidão com isolamento, vários optam por afastarem-se, impedindo a si mesmos de compartilharem a própria vida com os irmãos na fé. A lida cotidiana, a solidão humana está associada com o processo de amadurecimento do sujeito. O isolamento, por sua vez, relaciona-se ao sentimento de abandono. No isolamento, o sujeito demanda de modo perseverante proteção e dependência afetiva. "Pelo amor de Deus, me descubram!", clamam alguns padres ao seu bispo.

Ainda no campo da sexualidade, a pesquisa quantitativa e anônima realizada pela CNBB, em 2019, foi fartamente reveladora. Questionados se teriam dúvidas quanto à sua própria identidade sexual, a quase totalidade dos respondentes respondeu que não (95,1%). Ora, o silêncio ou a negativa apontam aqui o recalque. Há medo de responder, diante de uma Igreja tomada como instituição total. O receio de declarar a orientação afetivo-sexual gera um sentimento persecutório. Os dados da pesquisa falam de algo muito profundo. Vale a pena lê-los nas entrelinhas institucionais.

De modo geral, detecta-se um escasso conhecimento acerca das fontes e dos modos de excitação sexual e, consequentemente, do desejo sexual, que aparece reprimido ou negado. Muitas vezes não são entendidos os sintomas e manifestações da sexualidade em relação à história pessoal e aos vestígios que ela deixou. Há padres que têm uma visão da sexualidade redutiva e privada de sua dignidade, pois veem-na como um prazer egoísta dissociado da própria vida afetiva. Em tais casos, percebe-se grande dificuldade para viver a castidade como virtude e valor. Como modo de compensação, podem surgir relações com mulheres solitárias – com frequência viúvas, solteiras, separadas – que adquirem um caráter de amizade sem limites. Na relação com mulheres casadas, a possibilidade de conflitos é maior.

Em situações de homossexualidade encoberta ou reprimida, são estabelecidas relações ambíguas entre padres e jovens em diversos contextos paroquiais e virtuais que, frequentemente, adotam características perversas disfarçadas que flertam com o gozo – e, às vezes, chegam lá. O perverso se coloca em posição de exceção diante da barra que nos limita perante a dignidade e a liberdade do outro. Em ambas as situações, tanto a hétero como a homossexualidade, trata-se de luxúria. A luxúria é uma compulsão desenfreada para o prazer sexual. Na luxúria, a sexualidade não encontra sujeitos pulsionais, mas, simplesmente, pulsões absolutas a satisfazer – puro narcisismo. Assim, a sexualidade transforma-se num vício tumultuado próprio de uma realidade que perdeu a sua finalidade. É um amor exagerado de si mesmo, portanto, um distúrbio narcisista, de poder e vaidade. A luxúria é uma espécie de corrupção e de perversão (Castilho Pereira, 2021). No corrupto e no perverso, o componente sexual não é o dominante, mas está em primeiro lugar a questão do poder, do domínio, da violência, o ódio erotizado, do descontrole e da busca narcisista de reconhecimento.

Em entrevista à jornalista Ilze Scamparini, questionado a respeito de como enfrentaria o "*lobby gay*" ou, implicitamente, como ele se relacionaria com candidatos que têm orientação homossexual, o Papa Francisco manifestou-se claramente: "Se uma pessoa é *gay* e procura Jesus, e tem boa vontade, quem sou eu para a julgar?". Ainda, nesse colóquio, ele fez uma distinção entre orientação sexual e *lobby*, posicionando-se explicitamente contrário a qualquer tipo de *lobby* no âmbito da Igreja que fira a dignidade do ser humano[38]. Recordemos as palavras do Papa Francisco em entrevista à jornalista Ilze Scamparini, em 2013:

> Ilze Scamparini: Uma outra imagem rodou o mundo. A do Monsenhor Ricca com as notícias da intimidade dele. Como o senhor pretende enfrentar esta questão? E como vai enfrentar o *lobby gay*?

38. *Lobby* é um termo ambivalente. Na ciência política, é empregado como organização legítima de grupos sociais visando persuadir pessoas e grupos com objetivos lícitos e justos para a sua agremiação. Também é possível utilizar *lobby* como um meio de exercer influência antiética visando vantagens em detrimento de terceiros. O Papa Francisco se posicionou claramente contra o lobismo, enquanto dispositivo direcionado ao gozo perverso de interesses de domínio do poder e do narcisismo na relação com o outro. Por isso, no seu pontificado foi instituída a Comissão Pontifícia para a Proteção de Menores, como órgão da Igreja Católica, com o objetivo de proteger crianças e adolescentes no ambiente eclesial, combatendo e prevenindo abusos, implementando políticas e procedimentos para salvaguardá-los, além de oferecer suporte às vítimas de abuso.

Papa Francisco: Fiz o que o direito canônico pede. A investigação prévia. E não encontramos nada do que acusam. Não encontramos nada. Gostaria de acrescentar uma coisa: vejo que tantas vezes na Igreja se procura os pecados de juventude e se publica. Não os delitos, que são outra coisa. O abuso de menores é um delito. Falo de pecados. Mas se uma pessoa laica ou padre ou freira cometeu pecados e depois se converteu, o Senhor perdoa. E quando perdoa, esquece. Não temos direito de não esquecer, porque, senão, podemos correr o risco de que o Senhor também não se esqueça dos nossos. É importante uma teologia do pecado. Penso em São Pedro que cometeu um pecado grave, renegou Jesus. E mesmo assim foi feito papa.

Escreve-se muito sobre o *lobby gay*. Eu ainda não encontrei ninguém com o bilhete de identidade no Vaticano dizendo que é *gay*. Dizem que há. Eu acho que, quando alguém se encontra com uma pessoa assim, deve distinguir entre o fato de que uma pessoa seja *gay* e o fato de formar *lobby*. Se uma pessoa é *gay* e procura o Senhor e tem boa vontade, quem sou eu para a julgar? O Catecismo da Igreja Católica explica isso muito bem, dizendo – esperem um pouco... como diz...: "Não se devem marginalizar estas pessoas por isso, devem ser integradas na sociedade". O problema não é ter essa tendência, não; devemos ser irmãos, porque este é apenas um; mas se há mais outro... O problema é fazer *lobby* dessa tendência: *lobby* de gananciosos, *lobby* de políticos, *lobby* dos maçons, tantos *lobbies*. A meu ver, este é o problema mais grave.

E agradeço muito por você ter feito esta pergunta.

Ainda sobre esse tema, a dimensão afetivo-sexual entre duas pessoas do mesmo sexo, assim como entre duas pessoas de sexo oposto, não deve ser usada de maneira a explorar, objetificar ou dominar. O estupro, a pornografia, a violência e a luxúria, seja homo ou heterossexual, ou qualquer uso prejudicial do poder, do prestígio, do *status* contra o outro, minimamente resistente ou incapacitado em razão orgânica, etária, econômica ou posição social e de gênero, jamais é justificado. Todo ato sexual exige mútua responsabilização e liberdade. Não se trata de psiquiatrizar, tampouco de judicializar escolhas. Trata-se de cuidar do ser humano, uma vez que há um alto índice de pessoas que apresentam distúrbios na área afetivo-sexual na vida adulta exatamente porque foram abusados na infância ou na pré-adolescência.

A perversão (lobismo sexual) se manifesta quando o sexo passa a ser pura e exclusivamente mercantil, experiência descartada de elementos subjetivos e pessoais. Assim, a alteridade e a ética são completamente anuladas, para converter o corpo em puro objeto de gozo, onde se exclui de forma onipotente qualquer possibilidade de limite. O outro passa a ser um objeto manipulado, como qualquer produto de mercado. As relações humanas, impregnadas pela cultura neoliberal de mercado, desviam-se e perdem a nobreza do encontro entre pessoas.

Na área da sexualidade, o valor do dom do celibato motiva muitos padres a aprofundarem sua vida afetiva, na história pessoal e escuta da própria sexualidade. Os escândalos que ocorreram na Igreja envolvendo abuso sexual ampliaram a percepção da necessidade de autoconhecimento como oportunidade de crescimento. Tais situações levaram à dessacralização dos padres e a um renovado interesse pelos temas da afetividade e da sexualidade, pelo conhecimento da origem desses atos e o desejo de pesquisar o campo das perversões e parafilias.

Os problemas que ocorrem na área da afetividade não são apenas sintomas individuais. As pessoas também apresentam sintomas como expressão de uma organização institucional que os facilita, e até mesmo os provoca. Quando existem dioceses que estão em crise ou têm dificuldades no relacionamento com os bispos, essa situação pode se manifestar na área psicológica em membros do seminário e do clero. O seminário é uma verdadeira caixa de ressonância da diocese. É de extrema importância, então, identificar a origem desses desconfortos.

3.2.2.5 A pastoral vocacional

Quanto ao tema de escassez de vocações, observa-se alguma redução de candidatos em várias dioceses e, sobretudo, na vida religiosa consagrada. Por que a vocação diocesana se mostra um pouco mais atraente do que a vida religiosa: seria por causa da liberdade em relação ao dinheiro? A que se deve a atual diminuição de vocações? Esse fenômeno pode estar associado a vários aspectos, muitos deles fundamentais para a vida da Igreja e da congregação. Apresentamos, em seguida, alguns pontos que podem esclarecer essa questão.

O problema das vocações tem causas externas: a sociedade cada vez mais laica e, muitas vezes, anticlerical, a cultura relativista, o número de filhos reduzidos. Há, também, perda de *status* social da instituição, o que leva as famílias a desestimularem seus filhos a ingressarem na vida religiosa ou diocesana. Muitos pais envergonham-se quando percebem que seus filhos escolheram a vida sacerdotal ou religiosa consagrada.

Além das causas externas, há as internas. Na atualidade, muitos padres sentem-se constrangidos ao revelarem aos jovens a opção pela vida presbiteral. Esquecem que quase todos tiveram uma forte identificação com seus párocos. Há receio de que pessoas estranhas percebam os conflitos da vida fraterna presbiteral ou religiosa. A vida entre os padres é muito fechada e restringe a convivência com pessoas não pertencentes ao clero. São geralmente companheiros de uma instituição, não amigos. Amigos íntimos rivais perigosos?

A maioria dos presbíteros tem-se colocado mais atrás do altar, dentro da sacristia, nos escritórios de colégios, de faculdades ou conversando com pessoas muito importantes da sociedade, deixando de conviver com jovens em outros "pátios fora do recinto" da Igreja.

Geralmente, os padres não se sentem preparados para conviver com os jovens à noite ou em lugares não institucionalizados. Quando fazem isso, provocam suspeitas dos colegas e dos leigos mais fechados. Assim, obrigam-se a estar sempre em lugares onde todos os vejam, cuidando da parte burocrática e de administração da paróquia.

Contudo, até o momento, os padres não estão angustiados o suficiente com a redução das vocações a ponto de se mobilizarem para contribuir com as vocações. Dizem: "Isso não é problema meu. É problema dos bispos e coordenadores da pastoral vocacional". Parece que falta uma maior realização com a vida presbiteral ou religiosa. Um sentir-se mais feliz e apaixonado pela escolha. Ou, será que não acreditam suficientemente em Deus a ponto de transmitirem alegria e entusiasmo?

Parece que a experiência presbiteral não convence, não atrai, não chama a atenção, não é desafiante e profética. Muitos jovens candidatos detestam a mesmice e a institucionalização de sonhos e utopias. Antigamente, os vocacionados estavam próximos e se identificavam com algum pároco, vigário ou religioso que os desafiava. Há um enfraquecimento do modelo de identificação de padres com os jovens, sobretudo, como referência intelectual, perspectiva de fé, de engajamento em causas sociais e humanas. Por outro lado, como estão cada vez mais ausentes essas referências, esse lugar tem sido ocupado por sacerdotes midiáticos com fortes traços dogmáticos e trajes clericais.

Por seu lado, o Papa Francisco (*apud* Congregação para o Clero, 2016) advertia que,

> onde há vida, fervor, paixão de levar Cristo aos outros, surgem vocações genuínas. Mesmo em paróquias onde os sacerdotes não são muito disponíveis, nem alegres, é a vida fraterna e fervorosa da comunidade que desperta o desejo de se consagrar inteiramente a Deus e à evangelização.

3.2.3 Pontos fortes

Em relação aos pontos fortes, na dimensão eclesial, percebe-se o engajamento de vários padres vivendo a renovação do Concílio Vaticano II, particularmente, dos ensinamentos da *Gaudium et Spes* e da *Lumen Gentium*, que iluminaram a tomada de consciência dos cristãos de que a Igreja está no mundo e que a sua grande herança é a transformação do Reino de Deus.

3.2.3.1 A espiritualidade presbiteral

Há uma procura sistemática e a aplicação de um modelo de Igreja que responda aos desafios do mundo atual. Isso se expressa na consciência que tem o clero da necessidade de se manter em sintonia com os dilemas da cultura contemporânea, não somente no que se refere ao diálogo com os leigos, mas à compreensão da própria humanidade e os dramas sociais, econômicos, ecológicos e éticos. Ao mesmo tempo, tais dinâmicas instalam o imperativo da renovação. Tanto nessa lógica como em termos mais eclesiais, os padres tendem a valorizar a coesão e a unidade existentes nas dioceses. A maior expressão da dinamização e da revitalização das paróquias repousa no Documento 100 da CNBB, pois, o documento expressa o cuidado entre os que são filhos no Filho e toda a criatura. As diretrizes iluminam a Igreja e cada comunidade paroquial para que vivam em pequenos grupos em torno da Palavra de Deus.

Como metodologia de implementação do Documento 100, da CNBB, nada melhor do que seguir os caminhos do Centro dos Estudos Bíblicos (Cebi) que, há 45 anos, caminha ao lado dos grupos paroquiais em lugares distantes, como as comunidades ribeirinhas, quilombolas, indígenas e dioceses do interior dos estados, promovendo uma leitura popular da Bíblia que fortalece a esperança, a justiça e a dimensão da fé em Jesus.

São inúmeros os grupos de espiritualidade que são criados visando ao fortalecimento da esperança, dos vínculos afetivos entre os presbíteros e do engajamento entre fé e política: a Congregação dos Padres do Trabalho; a Espiritualidade dos Padres do Prado, fundada por Santo Antônio Chévrier, centrada na figura de Jesus Cristo e na vivência do Evangelho, com foco especial nos pobres e marginalizados; a dos Padres da Caminhada, presbíteros na ótica da constituição pastoral *Gaudium et Spes* (1), que fazem deles as alegrias e esperanças, tristezas e angústias do povo, sobretudo dos pobres e dos que sofrem; a Fraternidade Jesus Cáritas para seguir Jesus e "gritar o Evangelho com a vida" à luz da espiritualidade de São Charles de Foucauld. Os padres reúnem-se mensalmente, rezam juntos, partilham o Evangelho, fazem revisão de vida e ajudam-se mutuamente a serem fiéis à opção pelos pobres.

Há sinais claros de recuperação da pequena comunidade, de seu sentido de núcleo matriz para partilhar a vida em Cristo e combater o isolamento e a solidão atual (foranias, área pastoral, setor, zonal). Essa dimensão, valorizada pelos leigos, também ecoa no seio do clero. De fato, em muitas dioceses é evidente que o sentido da pastoral presbiteral é cada vez maior e constata-se uma maior e mais clara consciência de fraternidade sacerdotal.

3.2.3.2 O diálogo entre a Igreja e a sociedade

Quanto *à presença da Igreja na sociedade brasileira*, outro ponto forte identificado é o apoio para a criação de vários projetos visando ao cuidado com a vida: a Pastoral da Criança e o suporte ao Estatuto da Criança e do Adolescente; a adesão às pastorais invisíveis, referentes aos moradores de rua e à população carcerária; o Movimento de Combate à Fome e à Miséria; as comissões de proteção à criança e ao adolescente e de combate à violência e aos abusos de poder e sexual; os projetos de lei anticorrupção e de ficha limpa.

Também ressaltamos as inúmeras cartilhas e vídeos voltados para a conscientização do valor do voto nas diferentes eleições municipais, estaduais e federais; os padres se posicionam nacionalmente na consciência crescente da necessidade de se promover a sustentabilidade ecológica do planeta e a defesa da causa ambiental e ecológica.

Observa-se também a incorporação de uma nova pauta cultural e política de conservação da natureza alinhada ao pontificado e aos apelos do memorável Papa Francisco pela repercussão eclesial da encíclica *Laudato si*. E, ainda, vários segmentos diocesanos, paroquiais e movimentos cristãos se posicionam em defesa da democracia, da liberdade de expressão, do sistema eleitoral participativo e transparente e em defesa da vida e dos direitos humanos. Ademais, há que se elencar a defesa da Terra, dos povos indígenas, da população ribeirinha e dos trabalhadores do campo, destacando-se a Pastoral dos Pescadores, o Conselho Indigenista Missionário e a Comissão Pastoral da Terra, ambos organismos assumidos pela CNBB.

3.2.3.3 A catequese com os jovens

Ainda em relação aos pontos fortes, observa-se uma dinamização litúrgica da celebração eucarística, tendo o novo missal romano como guia das celebrações e da catequese renovada às crianças e aos jovens de equipes de formação de catequistas. São inúmeras as iniciativas da Pastoral da Juventude, fortalecidas com a criação de espaços culturais, musicais e estéticos destinados a esse setor nas paróquias. É extraordinária a Pastoral do Crisma, tanto durante os meses de preparação e reflexão que a antecedem quanto após a liturgia da plenitude dos dons do Espírito Santo. Muitos jovens continuam inseridos na comunidade paroquial criando espaços de juventude, de discussão, de engajamento da fé associados a temas sociais, afetivos e culturais. Ainda no campo da juventude, centenas de dioceses prestam assistência e cuidado aos jovens que manifestam vulnerabilidade quanto aos vícios da drogadição (álcool e outras drogas) através dos dispositivos da Fazenda Esperança. Várias paróquias criam espaços culturais e de discussão sobre temas sociais como racismo, machismo, gênero, fobia e xenofobia. Criam redes de segurança para acolher jovens vítimas de violência racial, assédio, abuso de poder e sexual. Desenvolvem processos de mediação de conflitos nas escolas públicas e particulares com grupos de casais que participam de várias pastorais familiares.

3.2.3.4 A piedade popular e devocional

São também pontos fortes, a força perseverante de inúmeros padres e leigos ao investirem na piedade popular e as devoções aos santos em milhares de comunidades rurais em todo o país. Tais devoções têm-se manifestado como uma sede de Deus, que só os pobres e os simples podem experimentar (*EG* 125). Além disso, é uma prática que resiste à globalização dos meios de comunicação de massas, que manipula, deturpa e explora a cultura popular.

Na Semana Santa, são inúmeras as manifestações de fé: o Ofício das Trevas, encomendeiros de almas; a Procissão do Depósito: das imagens de Nossa Senhora das Dores e de Nosso Senhor dos Passos; o Sermão das Sete Palavras; a Procissão do Encontro; a do Fogaréu; a Missa dos Santos Óleos, o Lava-pés e a Vigília Pascal. Ainda, outras manifestações de fé e de participação do povo de Deus nas celebrações de Corpus Christi com a tradição de confecção de tapetes coloridos com materiais como serragem, areia e múltiplos enfeites regionais, que simbolizam o caminho por onde o Corpo de Cristo vai passar.

3.2.3.5 A dimensão acadêmica

Também na dimensão acadêmica e intelectual, destacam-se alguns pontos fortes. Há um grupo de presbíteros, contraditoriamente, que expressa seu desejo de conhecimento de diversos temas e perspectivas, aliado ao interesse em manterem-se atualizados em diferentes campos do saber. Nesse sentido, muitos padres tornam-se bons pregadores e comunicadores da Palavra, respondendo às exigências da atualidade, no entendimento de que o mundo precisa ser conhecido em seus diversos aspectos e a partir de diferentes perspectivas. Isso se confirma na pesquisa quantitativa efetuada, a qual aponta um certo número de presbíteros que buscam outras graduações ou pós-graduações, seja no âmbito da especialização, do mestrado e do doutorado. Por certo, há aqui a forte influência da grande expansão das universidades no Brasil, em especial a das católicas.

Portanto, contrapondo-se àqueles que a negam, já há um significativo número de professores presbíteros e formadores que aderiram à formação continuada. Como consequência, é mais sólida, entre eles, a consciência da importância do saber, preparando-se para o acolhimento das dificuldades humanas em um contexto de superficialidade e intensas mudanças, em atenção à clara orientação do Vaticano sobre a preparação intelectual permanente do presbítero:

> É importante que os fiéis possam encontrar sacerdotes adequadamente maduros e formados: de fato, a este dever "corresponde um preciso direito dos fiéis sobre os quais recaem positivamente os efeitos da boa formação e da santidade dos sacerdotes". A formação permanente deve ser concreta, isto é, encarnada na realidade presbiteral, de maneira a que todos os presbíteros possam efetivamente assumi-la, atendendo a que o primeiro e principal responsável pela formação permanente é o próprio sacerdote (Congregação para o Clero, 2016).

Quanto aos campos de interesse, têm sido ampliadas as possibilidades de realizar a formação permanente em temáticas variadas, valorizando, além do aprofundamento bíblico, os estudos acerca de comunicação, bioética, psicologia, pedagogia, direito, novas tecnologias, entre outros temas.

3.2.3.6 *A dimensão da saúde física e mental*

Outros pontos fortes se observam na dimensão da saúde e do cuidado de si. A maioria dos padres apresenta índices de qualidade de vida saudáveis, e tem cultivado a saúde física e mental, realiza exercícios físicos, mantém momentos de lazer, sempre buscando melhor qualidade de vida e bem-estar. Talvez, o atual resultado favorável de tais práticas seja fruto da qualidade da relação entre a Igreja e os padres, sobretudo quando aponta para o advento de uma consciência cidadã adquirida a partir da história dos presbíteros após os anos de 1970 e 1980.

O que entendemos por saúde? Talvez a definição que mais nos ajude a refletir sobre o conceito de saúde é a que foi estabelecida pela 8ª Conferência Nacional de Saúde, ocorrida em 1986: "Saúde não é ausência de doenças, mas é resultante das condições de: alimentação, habitação, educação, renda, meio ambiente, trabalho, transporte, emprego, lazer, liberdade, acesso e posse da terra e acesso a serviços de saúde" (CNS, 2019).

Portanto, a saúde não está relacionada estritamente ao saber dos profissionais da área biomédica, mas às condições que proporcionam melhores condições de vida, física, mental, social e espiritual. São vários fatores que se intercruzam: recebimento das côngruas, habitação adequada, boa alimentação, cobertura vacinal, coleta de esgoto e abastecimento de água potável, limpeza urbana, manejo de resíduos sólidos e os cuidados preventivos com consultas médicas e exames periódicos.

As pesquisas feitas pela CNBB[39] mostram, no horizonte da saúde dos presbíteros, que estes têm mais possibilidades de cuidado com a saúde do que a maioria da população brasileira, que é pobre ou está abaixo da linha da pobreza, incluindo-se aí seus próprios pais e familiares.

De acordo com dados do IBGE, em 2021, o Brasil registrou o maior patamar de pobreza desde o início da série histórica, com 36,7% da população vivendo abaixo da linha da pobreza. A extrema pobreza também aumentou, atingindo 8,4% da população. Esses aumentos se deram em consequência da pandemia e da descontinuidade dos subsídios do auxílio emergencial por parte do Governo Federal (Siqueira; Britto, 2024).

39. Os dados de saúde do clero brasileiro confirmam, tanto na pesquisa de 2019 quanto em uma pesquisa de 2022, intitulada *Saúde integral: dom precioso de Deus*, que a maioria dispõe de boa saúde física e psíquica.

Voltando à pesquisa com os presbíteros, a maioria afirma cuidar da saúde e poucos dizem fazê-lo eventualmente. Os que têm acesso à alimentação saudável é bem superior, enquanto, poucos dizem que precisam melhorar. Os entrevistados moram em habitação digna e o nível educacional deles pode ser considerado médio. Realizam alguma atividade física. Durante o desempenho do trabalho pastoral, dispõem de transporte. Uma boa parcela tem opções de lazer e férias. A instituição da Igreja oferece plano de saúde. Vários declararam ter médico de referência. Um bom número realiza consultas preventivas regulares e faz uso de remédios indicados. Um pequeno grupo vem apresentando sintomas de depressão, acídia e desânimo. Há alguns anos, cresceu o número de suicídio no meio do clero. Felizmente, esses casos estão diminuindo drasticamente. A maioria não fuma e não faz uso excessivo de álcool. O conjunto dos dados acima são motivos para se alegrar e celebrar.

3.2.3.7 Os ministérios dos leigos e de comunicação

Ainda observando os pontos fortes, cresce a participação dos leigos e das leigas em diversos ministérios. O papel dos leigos na animação da Igreja é fundamental para realizar o plano de Deus e comunicar a mensagem de Jesus às famílias e comunidades. Impor aos leigos uma posição de dependência, submissão e subordinação, bem como não promover seu empoderamento em postos de ação e autoridade, pode resultar em sérias dificuldades para o futuro da Igreja.

Sobre a colaboração dos leigos, o Papa Francisco foi inovador e estimulou a ampliação da equipe de formadores, que deve contar não somente com bispos, reitores, presbíteros, mas, com os leigos, sobretudo leigas. São vários os colaboradores: professores, médicos, psicólogos, pedagogos, familiares e agentes de pastoral vinculados aos candidatos (Congregação para o Clero, 2016).

A Igreja inclui os leigos da melhor maneira, tanto nos espaços profissionais, onde podem aplicar suas próprias habilidades e competências, como na participação e construção da vida cotidiana da paróquia; em alguns casos, a formação é favorecida em suas respectivas paróquias.

Continuando a análise dos pontos fortes, observamos que cresce a utilização competente e ética de tecnologias cibernéticas pelos padres. A adoção de novas tecnologias é também um ponto que foi expresso pelo Papa Francisco, segundo o qual a utilização dos meios de comunicação e a aproximação ao mundo digital tornam-se geradores de oportunidades para trabalhar temas pastorais, uma vez que o mundo digital oferece acesso a informações e facilita o uso das redes sociais para divulgação das atividades eclesiais e missionárias. A Igreja vê com confiança as possibilidades oferecidas pela realidade digital à evangelização. São os "novos lugares", os novos pátios dos gentios, os novos areópagos, as novas periferias urbanas.

Entre os padres, identificam-se pontos fortes em termos psicoafetivos e observa-se o grande interesse pela formação humana e pelo conhecimento sobre temas da afetividade. A vontade de procurar ajuda espiritual e psicológica é maior do que no passado e está relacionada ao reconhecimento da realidade em dimensões que precisam ser revistas e aprofundadas. Muitos padres querem conhecer melhor seus problemas e dificuldades para alcançar sua superação.

A introdução gradual de equipes de ciências humanas, sobretudo de mulheres, na formação inicial e permanente é promissora, embora ainda incipiente. O valor dado à psicoterapia, por bispos e encarregados da pastoral presbiteral, tem implicações importantes para os processos de elaboração dos conflitos afetivos.

Finalmente, a presença de leigos e mulheres nos seminários tem facilitado a socialização dos seminaristas, especialmente daqueles que são mais tímidos, e aqueles que apresentam dificuldades nas relações interpessoais e no acolhimento da orientação sexual.

4
Aspectos socioeconômicos dos presbíteros

4.1 Fragmentos históricos da remuneração presbiteral: as côngruas

4.1.1 Introdução

"O trabalhador merece o seu salário" (1Tm 5,18; Lc 10,7) – este tem sido o grande mote que fundamenta a importância antropológica e teológica da sustentabilidade econômica dos presbíteros. O objetivo desta parte é, essencialmente, discutir questões pertinentes à maneira de como os padres eram remunerados na Igreja numa determinada linha de tempo, estruturando-as com os depoimentos das personagens ouvidas conforme as periodizações históricas: antes e depois do Concílio Vaticano II.

Nesse sentido, pode-se dizer que não há apenas um modelo para gerenciar uma paróquia e produzir remuneração, mas múltiplos estados de se viver em sucessão, que se formam e se desmancham em diferentes períodos – pré-capitalista, capitalista e neoliberal – em múltiplos espaços sociais.

Ao longo do tempo, foram produzidas diferentes concepções espirituais de celebrar e pregar a Palavra de Deus e diferentes formas de governar, de manejar o dinheiro, de conceber a dimensão humano-afetiva, de projetar ações pastorais e normas jurídicas e econômicas das dioceses e arquidioceses. Cada período produziu crises e estabilidades, conflitos, enfrentamentos e formas inventivas, estratégias – dos modelos arcaicos centrados no padroado real até o sistema atual, de economia compartilhada e sem atrelamento a poderes suspeitos. Assim, pretendemos, neste espaço, refletir sobre tais cenários, seus diferentes atores e as várias concepções eclesiais, sociais, econômicas e culturais havidas.

O Concílio Vaticano II tem orientações claras a respeito da remuneração dos ministros ordenados, além de uma preocupação com a garantia de acesso à previdência social da parte dos presbíteros (*PO* 20). Por isso, nosso estudo se ocupou de vários temas referentes ao quesito remuneração.

Vejamos o grau de satisfação dos padres com relação às côngruas recebidas:

Tabela 11 – Satisfação com a remuneração recebida

	Padres	Percentual
Satisfeito	48	75,8%
Insatisfeito	11	14,3%

Fonte: Dados de pesquisa feita em 2019.

É grande a satisfação com as côngruas recebidas entre os presbíteros, havendo, entretanto, insatisfeitos. Somadas a outros benefícios – casa, funcionária doméstica, carro da paróquia, plano de saúde e auxílio para taxas de luz, água e impostos –, a qualidade de vida e o *status* social melhoraram muito em comparação com os rendimentos de suas famílias de origem. Logo, o padre pertence a uma categoria financeiramente privilegiada se a compararmos a outras profissões.

Deve-se considerar que a sustentabilidade econômica dos presbíteros, praticamente, vem do trabalho nas dioceses e paróquias. Dessa forma, devido às demandas contemporâneas, as dioceses devem ter presente o cuidado com o presbítero diante das suas necessidades, sobretudo daqueles que desempenham atividades pastorais em paróquias de periferias, com populações de povos indígenas, quilombolas, população ribeirinha[40], ou que estão iniciando suas atividades distantes dos centros urbanos e sem nenhuma estrutura física, saneamento básico e recursos naturais e econômicos.

É louvável que a Igreja tenha conseguido manter, neste momento, o elevado grau de satisfação com a remuneração dos padres. Mas a história demonstra que nem sempre foi assim: os primeiros padres sofreram e tiveram profundas dificuldades com a própria manutenção e a da paróquia onde estavam inseridos. Revisitando, sucintamente, a história de remuneração dos presbíteros no Brasil, constatamos diferentes maneiras de administração econômica na Igreja e entre o clero brasileiro.

No regime político do Brasil Império, o padroado real[41], o rei, em seguida o imperador, recolhia o dízimo, a título de imposto sobre a religião, e com esse montante financeiro construía igrejas, ermidas, ajudava os pobres nas organizações beneficentes católicas e sustentava economicamente a paróquia e os presbíteros.

Em 1889, com a Primeira República, ocorre a separação entre o Estado e a Igreja. Assim, aboliu-se o controle da Igreja sobre os registros de nascimento, casamento e óbitos. Além disso, a Igreja perdeu suas côngruas[42] e outros subsídios do Estado (Serbin, 2008). Por outro lado, separar-se do Estado significou se libertar do opressivo poder político do padroado. Segundo Vasconcelos (1998),

> as côngruas do governo eram um problema para a Igreja. Por um lado, ou os clérigos não as recebiam ou elas não cobriam as despesas essenciais; por outro lado, essas côngruas evitavam que o povo fosse generoso.

40. A população ribeirinha no Brasil se refere a comunidades que vivem nas margens dos rios, especialmente na Amazônia. A sua vida social e econômica está ligada aos rios, fontes de alimentação (pesca), meios de transporte e ligações culturais. Esses povos são, tradicionalmente, pescadores, roçadeiros, extrativistas e caçadores, e, muitas vezes, vivem em casas de palafitas, dependendo da situação das águas.

41. Padroado (do latim, a condição de quem está sujeito ao grande pai, ou seja, a um patrono): nas ordenações do reino de Portugal, é um instituto da Coroa em que competia ao rei uma série de prerrogativas na relação com a Igreja Católica, por exemplo, nomear bispos e párocos. Por bula papal, o padroado continuou existindo durante o Império.

42. Diferentemente dos padres religiosos, os sacerdotes do clero secular pertenciam à burocracia estatal e recebiam, como proventos, a côngrua.

Com o fim do padroado, período fértil da religiosidade popular[43], os padres passaram a viver inteiramente das doações espontâneas dos cristãos, das espórtulas de missas, das taxas de administração dos sacramentos, das festas dos santos padroeiros inseridas em atividades folclóricas, quermesses, barraquinhas com leilões de diversos brindes e de espécies animais, com a finalidade de auxiliar nas despesas do culto e nas despesas paroquiais: alimentação, remédios, taxas de luz, água e custos com a funcionária e o pároco (Azzi, 1978).

Depois do Concílio Vaticano II, várias iniciativas surgiram, conclamando novos desafios na busca de soluções e decisões práticas sobre a sustentação dos padres no mundo contemporâneo. Com o objetivo de conhecer melhor essa trajetória, entrevistamos um grupo de bispos e padres[44] que viveram dignamente o período anterior à década de 1960, e outro segmento de presbíteros que vivenciou o período de transição.

É com grande respeito que traçaremos esse caminho da história das duas gerações pré e pós-Concílio Vaticano II. Nossa intenção é demonstrar, nesta sintética narrativa, as formas predominantes de organização social e econômica das paróquias em cada tempo, e a influência delas na vida econômica dos presbíteros. Vale lembrar que a Igreja está inse-

---

43. Religiosidade popular é aquela que provém dos costumes rurais da maioria da população. Trata-se de fenômeno não oficial, não especializado e espontâneo, fora dos limites governados por hierarquia ou autoridade religiosa. No caso do Brasil, poderíamos resumir a religiosidade popular em alguns traços. A religião popular, enquanto catolicismo rural herdado do instituto do padroado e da noção de cristandade, caracteriza-se pela presença dos leigos como estimuladores da vida religiosa – irmandades, romarias, ermidas, devoções, procissões, festas –, entrando em conflito com a imposição da romanização, isto é, do catolicismo tridentino, que privilegia a autoridade sacerdotal. A romanização confere supremacia aos sacramentos e à instrução religiosa, o catecismo, além de exercer censura sobre as práticas anteriores, abolindo-as ou tutelando-as sob a supervisão do clero oficial.

44. Há alguns anos, entrevistei padres e alguns bispos eméritos e titulares. Por meio dos depoimentos deles, construí este texto. Quase todos os entrevistados já faleceram. Para salvaguardar o anonimato, não evoco os nomes daqueles que me confiaram suas belíssimas histórias. Por esse motivo, serão apresentados como "depoimento de padre" ou "depoimento de bispo". Aqui, homenageio a eles e à riquíssima missão que deixaram aqui na Terra.

rida em um mundo social, fazendo parte, tomando parte, sendo autora e coadjuvante do processo civilizatório. Nesse sentido, apresentaremos um quadro analítico com os principais impasses e encruzilhadas enfrentados pela Igreja no contemporâneo.

4.1.2 A remuneração dos padres antes do Concílio Vaticano II

O marco divisório entre as sociedades rurais, as pequenas cidades e os grandes centros urbanos é a melhor forma de compreender a instituição Igreja antes do Concílio Vaticano II. Ao que aqui mencionaremos como modelo *pré-capitalista*.

As sociedades rurais e as pequenas cidades eram a base de todas as matrizes societárias originárias da Igreja Católica. Sua legitimidade ocorria por meio de narrativas míticas[45]. A estrutura cultural, político-religiosa estava ordenada em três espaços: a igreja matriz, a prefeitura e o fórum. O lugar de uma pessoa era pré-determinado por seu nascimento – o sobrenome. A base econômica era constituída de pequenas propriedades de terra, de ofícios profissionais, vendas ou de pequenas indústrias familiares. A subjetividade dominante era a vida comunitária da paróquia e da praça pública. A nomenclatura *comunidade* extrapolava o sentido de mero espaço local. A rede simbólica em torno da comunidade abarcava uma teia de configurações com alto grau de intimidade pessoal, compromisso moral rígido, coesão social, continuidade espacial e temporal, alentados sentimentos de pertencimento, motivações e desejos comuns. Sua organização era originária

45. *Mito* significa aqui um conjunto de representações de fatos ou personagens reais ou imaginários, produzidos pela imaginação popular ou pela tradição. O início de uma comunidade é constituído de forças imaginárias voltadas para a fundação de seus mitos, sagas e tradições. Tais produções fundam a identidade, a referência, a história, ou seja, um conjunto simbólico, como o nome, o lugar, os heróis, os grupos, a linguagem etc.

Segundo Brandão (1986, v. 1, p. 36), "o mito é sempre uma representação coletiva, transmitida através de várias gerações e que relata uma explicação do mundo. Mito é, por conseguinte, a *parole*, a palavra revelada, o dito. E, desse modo, se o mito pode exprimir ao nível da linguagem, ele é, antes de tudo, uma palavra que circunscreve e fixa um acontecimento".

da instituição familiar patriarcal, patrimonial e da Igreja hierárquica – espaços de segurança, territórios de estabilidade, de pertinência e de unidades orgânicas de grupos. O mote era exacerbar a segurança em detrimento da liberdade.

Na rede imaginária e simbólica do pré-Concílio Vaticano II, condensavam-se traços identificatórios de um mundo que apresentava uma cultura mítica[46] imutável, por meio do modelo familiar numeroso camponês – masculino, hierárquico e patriarcal –, da Igreja e da esfera política partidária de grupos de famílias tradicionais como o centro de todo o poder. As pessoas eram constituídas pelo ambiente, pelas tradições e, sobretudo, pelas limitações materiais, educacionais e estéticas. Na vida dos habitantes das zonas rurais e pequenas cidades, o dinheiro era escasso. Muitos comiam de sua própria produção. Cada território doméstico criava aves, cabras, porcos, e era onde se plantavam verduras e frutas para sua própria subsistência. Compravam e consumiam pouco, trocavam objetos entre si no sistema de escambos. Não havia variedade. O tempo era lento, o espaço era imenso, e a intimidade era pública. A vida entre os habitantes de pequenas cidades era repleta de partilha; os habitantes permaneciam nos alpendres de suas casas e andavam em diferentes espaços. Devido à forte moral sexual da civilização rural, era costume os homens circularem de um lado e mulheres de outro, em praças públicas, dentro da nave da igreja e durante as festas religiosas e folclóricas da cidade.

No campo, as pessoas vivem muito achegadas e sem espaços próprios. A estreiteza das relações provoca sensações de vigilâncias e abafamento. O olhar de censura, de controle moral das famílias e vizinhanças produziam cerceamento, tristeza e autoagressividade. Assim, a liber-

---

46. Também é importante pensar que os mitos não são imutáveis. Eles estão inseridos num contexto sócio-histórico, econômico, psíquico, cultural, linguístico, religioso etc., esgotando-se e desgastando-se. Como tudo na vida, é preciso reinventá-los, recriá-los. Quando um mito se torna eterno, dá lugar ao fanatismo e desenvolve uma fusão entre os membros, restringindo o processo criador, inventivo e produtivo. Viver eternamente preso a um único significado em relação ao mito é viver sem "revolução", sem indignação e sem imaginação. É optar pela conservação e estagnação.

dade, a autonomia e a prosperidade foram sempre propostas sedutoras utilizadas na propaganda de fascinação do mercado imobiliário aos migrantes para as grandes cidades.

O pensamento filosófico era constituído por um sistema de fundamento único, centrado na figura de Deus, que suprimia qualquer manifestação da diferença e das relações igualitárias e horizontais. O mundo era apresentado como um todo sem rupturas. Por causa desse pensamento, a religião passou a ser a principal e insuperável garantia do sistema cultural e social, e, não poucas vezes, também do sistema político. A religião se transformou na função ordenadora, explicativa e legitimadora. O padre representava a liderança aglutinadora e apaziguadora das angústias dessa gente.

Esse período é chamado de catolicismo reformado.

> Era a metodologia de trabalhar com muita gente, de conversão a atacado, de uma vez, como se dizia. Diferente de hoje, por varejo – mais miúdo, em pequenas comunidades. De juntar uma multidão e durante três noites pregar o Evangelho, pregar os chamados novíssimos, os vícios, denunciar o pecado individual. Geralmente, eram três noites com atendimento às confissões, com catequese e os casamentos de quem não estava casado, mas estava vivendo junto. Catequese de estilo tradicional mesmo (depoimento de padre).

Esse período, centrado na pastoral de Missões e Desobriga, celebrações de missas e festas de santos padroeiros, teve um aspecto profundamente social, não apenas no sentido de organizar politicamente a população, que normalmente vivia muito isolada nas diferentes capelas do meio rural, mas, sobretudo, realizando obras de fé, socioeducativas e da área da saúde para as pequenas cidades interioranas, como cemitérios, igrejas, salão para obras sociais, lactário ou creches para crianças pobres, escolas e hospitais para os mais necessitados. Uma obra que marca, em todo canto, a presença da Igreja é o monumento em forma de cruz, denominado *cruzeiro*, erguido em ritual religioso em mutirão na praça central da cidade.

As atividades pastorais eram momentos de administração popular da cidade. Muitas vezes a Igreja ocupou supletivamente o lugar do Estado, exercendo políticas públicas – educação, saúde, esporte, lazer e manifestações culturais – para a população da cidade, principalmente a excluída. Também na área do serviço de assistência social, o padre era o grande líder de obras sociais e empreendimentos de cultura e lazer. Como se vê, a Igreja Católica sempre abriu um canal de participação popular. Frei Betto (1978) comenta a histórica atuação da Igreja da seguinte forma:

> A Igreja tem o seu papel específico determinado pela natureza e pelos seus objetivos. É certo que, supletivamente, a Igreja pode desempenhar um papel para o qual ela não está destinada, como manter um hospital ou uma escola. Isso se justifica em regiões onde os recursos mínimos de atendimento à população dependem exclusivamente da iniciativa da Igreja. Fora disso, é função do Estado assegurar assistência aos doentes e educação ao povo. [...] Este dado, associado às mudanças internas ocorridas na comunidade eclesial nesses últimos anos, sobretudo em nosso continente, faz com que a Igreja passe a desempenhar um papel muito especial, devido à falta de partidos políticos em condições de canalizar as aspirações populares e de instituições jurídicas capazes de reagir ao arbítrio do poder. De um lado, torna-se ela a caixa de ressonância das aspirações de justiça, *a voz dos que não têm voz.*

A base de sustentação do clero era originária desse contexto de vida paroquial comunitária rural, com fortes traços de solidariedade, devoções aos santos e festas folclóricas. Eram fontes de subsistência do pároco e do vigário as atividades celebrativas diárias e dominicais da Eucaristia, os sacramentos, as indulgências, as festas devocionais dos padroeiros vinculadas às manifestações culturais da cidade e, sobretudo, a generosidade da comunidade.

Vale a pena ler os depoimentos de alguns padres sobre a própria manutenção econômica.

> Era muito difícil poupar algum dinheiro, pois dependíamos das espórtulas das missas, batizados, festas religiosas, casamentos e encomendações (depoimento de padre).

> O início do meu ministério sacerdotal foi em 1961, em [...]. Naquela época, a gente recebia a remuneração através das intenções de missa, e cada intenção tinha uma espórtula. E também batizados e casamentos. Havia os enterros, mais solenes ou menos solenes, e a gente recebia também por esta atividade. Havia as festas na roça, as festas de interior, quando a gente recebia uma espórtula até maior. Além do dinheiro, o povo doava mantimentos, aves, ovos, frutas, pães, bolos, leite de vaca dos fazendeiros e vários quitutes que ajudavam na alimentação (depoimento de padre).
>
> As espórtulas eram usadas para manutenção e construções do templo. Fora isso, havia remuneração por estola quando eram realizados os batizados e casamentos. Parte deste dinheiro era para os padres e uma coisa compensava a outra. Embora a remuneração fosse fraca, vivíamos independentes, sem depender de ninguém, a não ser das atividades da paróquia (depoimento de padre).
>
> Promoviam-se muitas festas, barraquinhas constantes para angariar fundos para a manutenção da igreja, da casa paroquial e do pároco (depoimento de padre).
>
> Fui ordenado em 1947, num período em que as coisas não eram muito fáceis. Os padres da época sobreviviam com espórtulas de missas e ajudas espontâneas da população (depoimento de padre).
>
> Pelo menos do que eu conheço até na década de 1960, um padre tinha como salário o que ele fazia. Então, assim, faz casamento, tem espórtula; celebra a missa, tem espórtula; o batizado, tem espórtula. Então, o que ele fazia tinha espórtula. Isso independentemente de ter muito ou de ter pouco (depoimento de padre).

A segunda fonte de remuneração dos presbíteros, em grandes e médios centros urbanos, advinha da atividade de docência em escolas públicas, no seminário diocesano, na coordenação de obras de assistência e capelanias de hospitais. A história de trabalho dos padres nas áreas de assistência social, educação e saúde, com crianças e adolescentes abandonados, confunde-se com a própria história das ações dos cristãos em relação aos seus semelhantes. Ou seja, a partir do cristianismo, as ações de ajuda ao outro ganharam maior significado. Essa ideia de amor pelas obras de caridade, realizadas pelos seres humanos durante sua vida, é básica para entender as origens do voluntariado e do trabalho remunerado de padres, religiosos e religiosas, cujas ações são resumidas, em grande parte, em atos de ajudar pessoas carentes com benefícios concretos: ensino, saúde, abrigo, proteção, dinheiro, alimentos, roupas usadas, alojamentos.

As escolas públicas, as organizações voluntárias e de caridade permaneceram como as principais fontes provedoras de serviços diretos aos padres. Supletivamente, as escolas públicas, a docência no seminário, a assistência a creches, a asilos, a pensionatos e a hospitais, e os serviços para crianças, idosos, abandonados e deficientes, dependiam da mão de obra de padres diocesanos, religiosos, religiosas e das organizações de caridade de várias paróquias, dioceses e prelazias.

> Trabalhei um tempo como secretário do bispo e, depois, ordenado padre, voltei para o seminário para dar aulas. Fiquei um período muito curto fora do seminário, onde estive até há pouco tempo! Para desempenhar estas funções, eu recebia uma pequena contribuição financeira, mas também dei aulas em vários colégios aqui na cidade [...], alguns deles já nem existem mais (depoimento de padre).
>
> A obra social era que dava uma contribuição de dois salários mensais para o pároco. Nunca faltou nada, apesar do aperto (depoimento de padre).
>
> Outra fonte de renda, a maior, era a capelania mesmo. Já as aulas, a gente quase nem pode considerar como salário, pois era simbólico, não sei dizer qual era a moeda da época, mas vamos dizer que era uns cinco reais por aula, uma coisa mínima, bem simbólica (depoimento de padre).
>
> Não equivalia a um salário mínimo. Eu era padre e recebia para trabalhar no seminário diocesano. Recebia pelo cargo. Fora as aulas e tudo que se dava! E pela função de diretor espiritual ganhava alguma coisa (depoimento de padre).
>
> Na época, o vigário da paróquia era também o diretor do colégio de lá. E a gente era solicitado a ser professor e tinha o salário que ajudava nesta remuneração da paróquia (depoimento de padre).
>
> Exerci esse trabalho de professor durante 27 anos, porque depois veio o colégio estadual, e no colégio estadual eu participei de um concurso. Então, a gente tinha até uma remuneração maior como professor no colégio estadual (depoimento de padre).

> Fui nomeado vigário numa cidade muito pobre, região de operários. Era muito apertado para o povo contribuir para a manutenção do culto e do pároco. Trabalhei lá no colégio municipal por quase quinze anos. Isso foi a salvação – com esse dinheiro, consegui dar uma casa para minha mãe. A vida era apertada; levantava às cinco horas da manhã e ia dormir às onze da noite. Quando não estava na paróquia, estava na escola; uma vida de luta com três expedientes, cada um com uma coisa específica e, às vezes, tudo misturado. Eu fazia com gosto – era jovem e ia levando. Férias quase não existiam; às vezes, tirava dois ou três dias (depoimento de padre).
>
> Para mim, pessoalmente, o critério de subsistência aqui na diocese, nos primeiros anos, era por meio da capelania. Nós tínhamos uma capelania no hospital. No meu caso, a primeira capelania foi numa comunidade dirigida por religiosas – era um pensionato. Então, a base da minha subsistência era o que a gente recebia na Capela, mas não tinha um valor específico, igual a um salário mínimo do país; era sempre muito inferior, era estabelecido pela cúria, mas uma quantia mínima. Essa quantia, mais a alimentação e a hospedagem no próprio seminário, é que eram a minha subsistência (depoimento de padre).
>
> As aulas no seminário, aulas de Filosofia e de Liturgia, tinham remuneração, mas eram mais simbólicas, porque o bispo achava, e era comum naquela época, que eu tendo a capelania e tendo alimentação e as condições de acolhimento no seminário, eu deveria estar bem. E, de fato, nós não reclamávamos dessa situação – éramos realmente desprendidos nesse ponto. Nosso serviço era voltado para o bem da comunidade, no caso, da diocese e daquele ministério que nos era designado. Estou falando isso para situar que, para a grande maioria dos padres, sobretudo os que eu conheci no grupo do seminário da época, o marcante era o desprendimento, a boa vontade, a dedicação e o mínimo de remuneração. Então isso é para descrever como era a remuneração antes, a situação dos párocos. Eu não fui pároco nessa época. A minha primeira paróquia foi logo depois do [Concílio] Vaticano II, então já é outra situação (depoimento de padre).

A terceira fonte de remuneração do padre era a celebração de missas gregorianas. Os cristãos tinham o costume de solicitar ao padre a celebração de trinta missas, durante trinta dias consecutivos, com o mesmo sacerdote, sem interrupção, pela alma de uma única pessoa falecida. Caso o celebrante, por qualquer motivo, interrompesse a série, deveria recomeçar a contagem. O ritual da Missa Gregoriana é o mesmo da missa diária.

> Isso acontecia muito com quem era capelão e não com quem era pároco, o que também era um meio de subsistência. A gente recebia intenções às vezes da própria cúria; o bispo recebia e a gente se responsabilizava, com o compromisso de celebrar naquela intenção individual durante o mês. Isso também era um reforço de subsistência para o padre. E na paróquia era por meio das taxas que eram muito minuciosas e tudo isso constituía uma realidade que foi objeto de reflexão à margem do [Concílio] Vaticano II, entre bispos, clero e entre os movimentos mais fortes, como a Ação Católica. A gente discutia uma maneira nova de celebrar sacramentos, retirando a imagem de que o fiel estava pagando o sacramento e também o ajudando a entender que não estava pagando pelo sacramento, mas, na verdade, ajudando na subsistência daquele que é o ministro do sacramento (depoimento do bispo).
>
> Normalmente, a gente só podia celebrar com taxa maior as intenções individuais. E havia uma intenção chamada "gregoriana", com uma taxa menor (depoimento de padre).

A quarta fonte de remuneração vinha das atividades sacramentais e das rubricas burocráticas, emolumentos, que envolviam o serviço do padre e da cúria diocesana, como registro de batismo, processo de casamento, taxas de certidão de batismo, de crisma, de casamento, de óbito, de dispensa de proclama e rescrito de jazigo perpétuo.

> A base de sustentação do clero em geral era por meio das taxas: taxa de emolumentos, de missa e de casamento (depoimento de padre).
>
> Era procurado para batismos ou casamentos; entregava-se um envelope para contribuição espontânea. De modo geral, foi assim todo o tempo – não tinha espórtula nem taxa para casamento (depoimento de padre).

Um dos entrevistados salienta que os padres viviam com muita autenticidade, própria da cultura rural, que se sustenta no paradigma da transparência, da modéstia, da partilha e da solidariedade. Assim também era a administração dos bens paroquiais.

> Os padres viviam das espórtulas! Viviam das paróquias. Uma administração muito séria. Não me lembro de nenhum caso que eu possa dizer que houve um desvio de coisa, que houve uma falcatrua ou uma coisa dessa. Não, não. Isso não foi ensinado não, isso nasceu dentro da gente, e, no tempo de Dom [...], não tivemos nenhum problema referente a tirar padre por causa de má administração por causa disso, por causa daquilo. E também a gente deixava muito, pois quanto mais a gente põe lei, mais dá vontade de ser contra a lei. Então é essa vivência. Porque, na verdade, todos nós, como bispo ou sacerdotes, nós temos valores que nos ajudam a viver para sermos felizes. E todas as vezes, por exemplo, numa paróquia onde se pensa mais em ter, aí então todas as outras coisas se perdem (depoimento de padre).

Quando questionados se tinham plano de saúde, todos os entrevistados responderam que não. Quando necessitavam de assistência à saúde, eram amparados pelos paroquianos médicos, enfermeiras ou religiosas em seus hospitais. Vários padres capelães auxiliavam seus colegas por meio de indicação aos hospitais onde prestavam serviços como capelão.

> Quanto aos planos de saúde, isso não era nem pensado. Mas, por outro lado, a gente tinha as comunidades religiosas dos hospitais, as irmãs que nos acolhiam. Mesmo sem ter plano de saúde, nós éramos acolhidos e tratados. Para mim, nunca faltou. Depois, sobretudo quando eu fui capelão do hospital [...], todo e qualquer problema que eu tivesse de saúde, eu recebia o melhor tratamento desse hospital com toda a tranquilidade. Também, quando necessitavam, indicava vários colegas padres para serem atendidos. Então, na verdade, sem ter nenhum plano de saúde estabelecido, nunca tive nenhuma falta de atendimento na área da saúde. Eu acredito que uma boa parte dos padres estava numa situação semelhante (depoimento de padre).
>
> Como eu trabalhava no hospital, eu tinha contato com os médicos, e eles me atendiam. Mas nunca houve essa preocupação de plano de saúde. Eu trabalhava em hospital, era amigo de quase todos os médicos. Então conversava com um, com outro,

> mas nunca senti nada. Só fui operar depois, de próstata, mas isso foi bem mais tarde, em 2007. Procurei um médico que eu conhecia. Ele não me cobrou, não me falou quanto. Não sei se ele recebeu do IPSEMG, se ele não cobrou. Sei que eu paguei quinhentos reais a ele, e mais nada (depoimento de padre).

O projeto de remuneração do clero pré-Concílio Vaticano II entrou em crise conforme o processo de industrialização do Brasil – período capitalista urbano industrial. A força de trabalho dos operários se especializou e o êxodo rural acusou o crescimento das cidades, tornando mais complexa a convivência comunitária social. De modo gradual, esses acontecimentos agravaram a diferença de remuneração entre padres residentes em paróquias do centro e das paróquias de periferia ou das cidades pequenas. Com o declínio do modelo rural comunitário, surgem formas subjetivas individuais, exacerbação do consumo, isolamentos e graves diferenças salariais entre o clero.

Na década de 1950, Pio XII (1950) motivou o clero a buscar soluções novas e eficazes com a encíclica *Menti Nostrae*. O documento chamava a atenção para o futuro do padre e exortava a todos acerca da necessidade de assistência de aposentadoria ou em casos de enfermidades, invalidez e velhice.

A Igreja no Brasil, nessa mesma década, modernizou seus quadros de leigos pela criação da Ação Católica, enfatizando o protagonismo dos leigos engajados em causas sociais e com profunda sensibilidade amorosa aos pobres na área agrária, camponesa (Juventude Agrária Católica), estudantil (Juventude Estudantil Católica e Juventude Universitária Católica) e operária (Juventude Operária Católica)[47].

47. Importante movimento católico, a Ação Católica, surgiu nos anos de 1950. Nos anos de 1960 teve uma expressiva repercussão entre as populações pobres das periferias dos grandes centros urbanos (Paiva, 1973, p. 233). Segundo Souza (2003, p. 42), no seio da Igreja Católica, "nos anos de 1930 e 1940, o confronto entre os tradicionalistas e os modernos se deu em torno das reformas litúrgicas e da primeira Ação Católica, passando o conflito principal depois a dividir os modernos daqueles que tinham ligação com o movimento popular. E a JUC será um dos primeiros movimentos a intuir a mudança e a atuar numa nova direção". Desde então, a JUC realizou uma ação pioneira de ocupar posições na sociedade civil e questionar as normas e a segurança da hegemonia vigente.

Em decorrência da nova visão eclesiológica, em 1952, uma boa parte do episcopado, sensível às mudanças sociais e políticas, criou a CNBB (Azevedo, 1986, p. 45), que organizou a Igreja racionalmente em âmbito nacional, cooperou com as autoridades em projetos de desenvolvimento econômico do clero e chamou a atenção para a desigualdade entre os presbíteros residentes nos centros urbanos e periferias.

4.1.3 A remuneração dos padres depois do Concílio Vaticano II

Logo na fase preparatória do Concílio Vaticano II, na consulta aos bispos de todo o mundo sobre os principais temas a serem tratados no concílio, o problema do sustento do clero foi sugerido pela maioria absoluta, bem como a criação de um instrumento capaz de superar as situações de penúria de uma boa parte do clero.

O Concílio Vaticano II pôs abaixo os resquícios finais do padroado e abriu as portas da Igreja em busca de soluções condizentes com o novo tempo histórico, social, econômico e político da sociedade[48]. Assim, em 1962, a Comissão Episcopal do clero proclamava o desafio na busca de soluções inadiáveis visando ao plano de sustentação dos padres, ao sistema de previdência social e plano de saúde[49].

Com efeito, entre muitas outras considerações possíveis, pastorais e eclesiais, não se pode negar que a contribuição dos fiéis, exigida por ocasião dos atos religiosos, gerou em muitos a ideia de uma comercialização das coisas sagradas, como se a celebração da Eucaristia, do batismo ou do matrimônio tivesse um preço e fosse comprada pelos que a solicitavam.

Entrevistas com padres após o Concílio Vaticano II apontam para um novo modelo eclesiológico visando mais responsabilidade do leigo e de participação como dizimista.

---

48. Durante o Concílio Vaticano II, foram sete os esquemas que trataram da sustentação do clero, como fundo comum, aposentadoria, assistência social e instituto do clero. Um dos mais importantes documentos do Concílio Vaticano II foi *Presbyterorum ordinis*, de Paulo IV (1965).

49. Cf. a importante carta apostólica de Paulo VI, *Ecclesiae Sanctae*, n. 8.

O sacramento não se compra, não se paga. Mas era uma concepção complexa existente, por isso nós saudamos com muita alegria quando Dom [...] acabou com o sistema de taxas e estabeleceu outro critério, liberando essa preocupação do padre de ter que dar muito de tudo que ele recebia. Eu acho que a gente deve agradecer ao [Concílio] Vaticano II por tudo que ele trouxe de reflexões. Muitas delas foram vividas pelos padres. Mas, ainda, grande parte dos padres e, talvez, até bispos, tenham uma maneira de pensar um pouco fora daquela utopia. Por isso veio o restabelecimento do dízimo, que no primeiro momento era visto, e hoje eu considero uma utopia, como a maneira melhor de resolver a relação entre vida sacramental e remuneração. Mas a caminhada da Igreja é cheia de altos e baixos (depoimento de padre).

A primeira situação depois do Concílio Vaticano II, eu me lembro bem, era o mal-estar das espórtulas. Aí, gradativamente, elas foram sendo cortadas. À medida que foram sendo cortadas as espórtulas, entrou a questão de legislação civil, estabelecendo o salário dos padres etc. (depoimento de padre).

A partir dos anos de 1960 e 1970, teve início uma compreensão mais crítica e de consciência cidadã da sociedade civil brasileira em amplos segmentos: mulher, negro, criança, indígena, migrante, camponês, jovem, idoso, trabalhador, padres e leigos católicos. Tais avanços atingiram a importância de políticas trabalhistas, como a do salário para o trabalhador, o direito à aposentadoria remunerada e ao sistema de tratamento de saúde público.

Houve um encontro entre o movimento operário, diversos movimentos de associativos populares – de bairro, de gênero, etário, de custo de vida, de saúde, de creches, de transporte coletivo e de visão eclesiológica –, e as CEBs. Os avanços dos segmentos da sociedade civil tiveram forte ressonância nos setores da Igreja. O alinhamento dos discursos de Pio XII, João XXIII, Paulo VI[50], do Concílio Vaticano II, da CNBB e das reivindicações trabalhistas da sociedade civil, alavancaram as primeiras

50. Ver os importantes documentos da Igreja Católica intitulados: *De presbyterorum ministerio et vita* e *Presbyterorum ordinis*.

medidas de assistência aos padres. Tais acontecimentos sinalizaram a importância do cuidado de si por meio do recolhimento do INSS, do fundo de aposentadoria, da equidade salarial, da segurança e dignidade na velhice dos presbíteros. Os presbíteros assumiram que a atitude cidadã é uma atitude cristã, e que cuidar do presbítero é cuidar do cuidador.

> Graças a Deus, a Igreja passou a ter cuidado conosco. Sabe por quê? Porque o governo começou a exigir. Ah! Hoje o padre tem que pagar INSS. Graças a Deus que a Igreja fez isso. Isso é ótimo. *O mundo pagão ajudou a Igreja a ser humana e cristã*. Então é ótimo porque aí todos têm que pagar. Cidadãos! É aquilo que eu te disse: no fundo, no fundo, no fundo, tem uma estrutura mental que padre não é gente, não. Vive de ar e de Ave Maria (depoimento de padre, grifo nosso).
>
> Acho que havia certo descaso com isso, principalmente na diocese. A diocese estava pouco se importando como os padres estavam sobrevivendo. Nomeia os padres para aquilo, aquilo outro, não é? Eles iam lá cumprir a sua missão e enquanto estivessem cumprindo a missão tinham o respaldo da comunidade local. Mas se deixassem de cumprir essa missão específica, ficavam entregues às baratas. Não existia na diocese um plano econômico, no sentido próprio e específico da palavra, que olhasse isso. Como é que nós iríamos fazer? (depoimento de padre).

Percebe-se, por meio dos depoimentos acima, que a Igreja, enquanto instituição inserida no mundo, começou também a se preocupar com aspectos econômicos, de aposentadoria, de segurança e da saúde do clero, visando amparar melhor o seu quadro de presbíteros. Nesse contexto, surgiu a ideia de se criar o Instituto de Previdência do Clero (Iprec)[51], em 1962, a primeira resposta concreta a respeito dessa questão no país. Lamentavelmente, a iniciativa durou pouco mais de uma década. Segundo Vasconcelos (1998, p. 99),

> o principal motivo de sua falência foi má administração. Na verdade, não se constrói um triângulo econômico com o vér-

---

51. Em 1962, 112 arcebispos e bispos assinaram, em Roma, o Estatuto e Regulamento do Iprec. Nove anos depois, em 1971, o Iprec já contava com 10.591 associados.

tice para baixo, isto é, não se poderia ter construído um sistema previdenciário apenas com o clero novo contribuindo, pois este é em pequeno número em relação ao clero em idade de se aposentar, além disso, não se pode administrar com coração, isto é, não poderia o Iprec ter saído da finalidade previdenciária do clero para ir em socorro de outras instituições em crise financeira. O Iprec nasceu na necessidade, cresceu na euforia e morreu na caridade.

O Iprec foi citado pelos entrevistados em seus depoimentos como se observa a seguir.

> Era muito difícil poupar algum dinheiro, pois dependíamos das espórtulas, e assim ocorreu até depois da abertura do Concílio [Vaticano II]. Depois, um grupo de padres se reuniu e formou o Iprec. Eu era filiado e havia um padre responsável. Em seguida, foi feita uma averbação que passou os recolhimentos do Iprec para o INSS, na época INPS. As contribuições foram direcionadas ao INSS e, até então, não havia qualquer vinculação com o INSS. Isto ocorreu no fim dos anos de 1960 e início dos anos de 1970. A contribuição do Iprec era livre – havia um mínimo, mas o máximo ficava a critério do contribuinte. A mudança foi uma esperança; na época parecia que iria dar certo e um padre estrangeiro (francês ou belga) foi o grande apoiador no processo – ele fez um esforço para que o padre se aposentasse por tempo de serviço ou por idade (depoimento de padre).
>
> Naquela época, houve uma experiência do chamado Iprec. Era um instituto próprio do clero. Daí vem o nome Iprec. Foi uma experiência que durou certo tempo. Eu mesmo fiz uma cirurgia por meio deste Iprec. Depois, eu não sei por que motivos, essa experiência não foi para frente e a gente foi solicitado a entrar no Instituto Nacional de Previdência Social, tanto para a parte de saúde como também para a aposentadoria. Agora, lá na cidade em que trabalhei, o vigário da paróquia era também o diretor de um hospital que era hospital maternidade. E a gente também tinha lá todo amparo. Eu mesmo fiz essa cirurgia foi lá neste hospital da paróquia na época (depoimento de padre).
>
> Nosso relacionamento com as instituições sempre foi precário. Em certa época, a própria Igreja instituiu uma maneira de atender os padres mais velhos, por meio da colaboração dos

> mais novos, mas não funcionou. Era o Iprec, e em dez anos faliu. Em termos de previdência pública, os padres não eram cadastrados, porque a religião não era uma atividade que gerasse uma dependência. Em caso de doenças, ficavam por conta da diocese, da família e deles mesmos. Na época do Presidente Figueiredo, abriu-se a possibilidade de integrar-se ao INSS como ministro de culto. Foi a partir disso que o padre passou a ser contribuinte do INSS. Hoje é aposentado pelo INSS como funcionário público e é sua única fonte de renda (depoimento de padre).
>
> Fizeram um projeto de aposentadoria. Eu entrei. Paguei durante dez anos, dez anos. Paguei religiosamente. Faliu, dinheiro sumiu. Ninguém soube o que foi feito. Era o Iprec, Instituto de Previdência do Clero. Era coordenado pela CNBB. Paguei durante dez anos (depoimento de padre).
>
> O Iprec foi problema do tempo. Naquele tempo se pensava muito nisso, e foi quando começou a se organizar. Mais do que fazer coisa particular, a gente incentivava o clero a participar do Iprec, e vieram as grandes orientações da CNBB (depoimento de padre).

Além do Iprec, outras iniciativas foram criadas e discutidas em assembleias, como pecúlio, salário comparativo aos profissionais liberais, recolhimento do INSS e plano de saúde.

> Começou-se então a pensar no estabelecimento de um pró-labore para o padre, para que ele pudesse garantir uma vida digna. Nessa época, não havia INSS para os padres, nós não tínhamos aposentadoria. Diante disso, Dom [...] reuniu um grupo de padres, eu também participei, e foi pensada a quantidade que ganha um profissional liberal que acabou de sair da faculdade na atualidade e qual o salário-base do universitário. Na época, eram três salários mínimos a base. Então poderíamos fazer também um pecúlio com três salários mínimos, para que os padres pudessem ter uma velhice tranquila. Ficou a ideia, mas não ficou muito clara, porque depois o governo obrigou todos os padres a pagarem INSS e estabeleceu o salário dos padres como três salários mínimos. A cultura da época era essa. Mas esses três salários não eram para serem usados agora, eram para serem colocados na poupança para a velhice. Mas como tínhamos que pagar o INSS que já garantia a aposentadoria, in-

corporou tudo e isso perdurou durante muito tempo. Eram três salários mínimos que o padre deveria receber. Mas alguns não conseguiam nem dois, porque se a paróquia não podia pagar, não pagava. Até que houve outras discussões buscando solução. E começou a entrar a Unimed também (depoimento de padre).

Diante do quadro encontrado, Dom [...], juntamente com um grupo de padres, deram início ao processo das côngruas. Na época, já existiam as espórtulas, porém, sobre as espórtulas, não incide imposto de renda por ser doação. Daí a necessidade de se estabelecerem côngruas. Por se tratar de salário fixo, poderia ser declarado, compondo um plano pessoal de recolhimento visando à aposentadoria. O antigo modelo funcionava assim: as espórtulas dos sacramentos e as doações espontâneas deveriam atingir o piso salarial, senão a paróquia deveria cobrir o que faltasse. Nesse período, foi gerado um documento com as diretrizes para a vida presbiteral, em que foi estabelecida a forma de manutenção do padre (depoimento de padre).

Gradativamente, tudo isso foi ficando complexo de realizar com o avanço do capitalismo, a diminuição da cultura rural, o crescimento das cidades e novas formas subjetivas do individualismo: isolamento entre as pessoas, a pressa e a distância geográfica entre o trabalho e a vida cristã comunitária paroquial. Para a rede imaginária e simbólica do meio urbano e individualista, condensaram-se os seguintes traços estereotipados: a cidade está sempre em construção, onde tudo é novidade e sedução. O lócus urbano se manisfesta na diversidade de pessoas, ideias, religiões, culturas, modos de vida, profissões, atividades, projetos e grupos locais que estão em constante disputa por poder.

Na cidade, não há garantia de padrões de comportamentos pré-fixados. A vida urbana exalta sempre a mutação. As pessoas são seduzidas pelo desejo de fazerem sua vida pessoal, individual, livre e autônoma. Escolhem um tipo de vida própria e mais isolada, em que a intimidade é cada vez mais privada, o que atualmente se espelha em um tipo de moradia muito comum: o apart-hotel, ou seja, morar sozinho.

O dinheiro tende a circular mais e as pessoas são estimuladas a comprarem e a consumirem compulsiva e exacerbadamente. A vida na cidade é agitada, as pessoas vivem de novidades. As instituições, sobretudo as ligadas ao capital, produzem sempre uma sensação de falta e vazio interior, a fim de que as pessoas preencham esse vácuo com o frenético consumo de compras. O tempo é veloz e transforma curtas distâncias em tempos imprevisíveis. O espaço é condensado e fragmentado. A paisagem da cidade assusta, seduz e alucina com seu poder predominantemente virtual. O palco da violência anuncia a ausência de sociabilidade e o alto grau de anomia e isolamento.

4.2 A Associação Nacional de Presbíteros do Brasil

Visando aprimorar a importância do cuidado aos presbíteros[52], um expressivo grupo de padres, representantes de várias dioceses, fundaram, no Mosteiro de Itaici, São Paulo, em 13 de fevereiro de 1992, a Associação Nacional de Presbíteros do Brasil (ANPB). As finalidades da ANPB podem ser resumidas assim: "Acompanhar os presbíteros nas várias circunstâncias do ministério e da vida, nas dimensões humano-afetivas, espiritual, econômica, intelectual e pastoral"[53].

Segundo Padre Manoel Godoy (1967),

> O nascimento da ANPB reuniu 368 presbíteros, representando 198 dioceses. Digna de registro é a fundação da ANPB durante o 4º ENP, no dia 13 de fevereiro de 1992. Nessa ocasião, foi eleita e empossada a primeira diretoria da entidade (composta de doze pessoas).

Segundo o Padre Paulo Cabral[54], em entrevista concedida ao autor em abril 2025,

> A ANPB nasceu num contexto de pós-ditadura militar, quando o Brasil e alguns países da América Latina vinham sofrendo

52. "Cuidem de vocês e de todo o rebanho, pois o Espírito Santo os constituiu como guardiães, para apascentarem a Igreja de Deus" (At 20,28).

53. Estatuto da Associação Nacional de Presbíteros do Brasil.

54. Padre Antônio Paulo Cabral de Melo é presbítero da Arquidiocese de João Pessoa. A publicação da entrevista foi autorizada pelo entrevistado.

naquele momento e num contexto eclesial de um forte clericalismo. Parte dos presbíteros viviam incomodados; foi, então, que surgiu a iniciativa de criar uma associação para encontrar respostas às angústias e perguntas dos presbíteros.

A ideia de criar uma associação de presbíteros nasceu no seio dos ENPs e ganhou força com o Papa João Paulo II, que, em sua fala aos presbíteros, em Natal, no ano de 1991, afirmava:

> A Igreja vos reconhece, inclusive, o direito a terdes vossas próprias associações em nível diocesano, ou, se preciso, em nível interdiocesano.

Contraditoriamente, uma expressiva parte do episcopado do Brasil, assombrada com a organização dos padres em torno de seus direitos humanos, suspeitaram da ideia de união dos presbíteros e criaram narrativas persecutórias e de medo, rotulando o movimento, de forma desqualificante, de "sindicato dos padres".

Embora a ANPB tenha nascido com a expressiva adesão de 234 sócios, contando com um estatuto registrado em cartório, com o apoio de um grupo de bispos presente no 4º ENP e aprovada oficialmente pela CNBB, ela não conseguiu ainda articular os presbíteros do país e, até hoje, não constitui de fato sua personalidade, comentou ainda o Padre Godoy. Talvez a ameaça de medo de abandono e de possibilidades de perseguição tenham diminuído a força de adesão dos demais presbíteros.

Etimologicamente, o termo "sindicato" deriva do latim *syndicus*, proveniente por sua vez do grego *sundikós*, que designava um advogado, ou seja, aquele que advoga, intercede e defende uma causa. Já o termo *síndico* se refere às pessoas que participam de organizações visando ao bem-estar do grupo, prédio ou da comunidade. O sindicato é uma agremiação fundada no século XIX para a defesa dos interesses comuns dos trabalhadores oriundos das indústrias têxteis, dos doentes e desempregados, que se juntavam nas cidades, objetivando socorro mútuo. Os tipos mais comuns de sindicatos são os representantes de categorias profissionais, os sindicatos laborais ou de trabalhadores, e de classes econômicas, os sindicatos patronais ou empresariais. Confere-se aos sindicatos forte referência na formulação de diretrizes e na execução de políticas econômicas. Os dirigentes sindicais são eleitos para cargos legislativos e o principal instrumento de política sindical é a negociação coletiva.

Os papas que escreveram encíclicas a respeito da doutrina social da Igreja foram todos favoráveis à organização dos trabalhadores em sindicatos. Ora, a ANPB ou a Pastoral Presbiteral, agremiação que surgiu depois, se alinha em vários princípios com o movimento sindical, como a gestão do cuidado de si e com o outro, a justiça, a participação e a organização dos sujeitos cidadãos e a reivindicação de ordem econômica. Todavia, a ANPB é diferente do movimento sindical porque sua meta é mais do que a dimensão econômica. Seu grande objetivo é o transcendental, a qualidade de vida espiritual, a fraternidade presbiteral, a democratização ou sinodalidade entre os ministérios, o fortalecimento intelectual, a equidade econômica, a dinamização pastoral e missionária dos seus participantes. Para amenizar a polêmica social ou política em torno da ANPB, a Igreja, por meio da CNBB, propôs a Pastoral Presbiteral como dispositivo humanizador dos presbíteros. Ela visa à realização pessoal e do presbitério. A grande motivação da Pastoral Presbiteral é o mistério da Encarnação de Jesus, que se fez humano e divinizou as sombras do humano.

Ora, ao nosso ver, não há contradição entre as duas organizações e vale a pena compará-las. Ambas, a Pastoral Presbiteral e a ANPB, salientam a importância do cuidado de si, propõem dispositivos fomentadores do cuidado dos pastores nas diversas dimensões: a humanização das relações fraternas, a integração propositiva e oblativa da sexualidade como celibatário, o exercício do poder e dos bens financeiros como meios de partilha e comunhão, a abertura para o diálogo e o respeito, a capacidade de trabalho em equipe e a superação do egocentrismo, a hospitalidade na solicitude com os presbíteros idosos e doentes (CNBB, 2010, p. 8). A questão é puramente semântica, ou se trata de disputa de poder?

Sigmund Freud, ao teorizar o complexo de Édipo, registrou dois momentos na infância, vividos pelas crianças: primeiro, a idealização do pai pelos filhos; segundo, a forte competição entre eles, almejando o lugar da autoridade. Na interpretação freudiana a respeito de Édipo, há algo além da competição em torno do lugar do pai. Os filhos também descobriram o *valor da união entre os irmãos* e a renúncia do assassinato do pai, objetivando a construção da comunidade. Cabe perguntar, mais uma vez: o que ficou recalcado entre os padres e os bispos foi a competição entre os bispos e os padres ou foi o episódio de união entre eles (os irmãos) visando à construção da comunidade presbiteral? Parece que as autoridades (familiares, educacionais, políticas e eclesiais) têm muita dificuldade com a união entre irmãos, nesse caso, entre os presbíteros.

4.3 Presbíteros após a década de 1990

Com os avanços das propostas do Concílio Vaticano II no que tange à participação dos leigos e com a nova política de responsabilização do cristão batizado, por meio do dízimo, pode-se pensar a remuneração dos padres a partir do referencial das côngruas[55].

A história do dízimo coincide com a origem do cristianismo. Em cada tempo, sua concepção recebeu diferentes significados. Com o Concílio Vaticano II, o dízimo assume um significado de responsabilização do cristão, enquanto batizado, com a comunidade eclesial. Mediante as suas contribuições materiais, os cristãos confirmam também a sua consciência de que são membros vivos do Povo de Deus e corresponsáveis pela missão que Cristo confiou à Igreja. Essa missão está vinculada à manutenção da paróquia, do padre como servidor evangelizador e dos projetos sociais de assistência aos excluídos. A conscientização do cristão batizado e corresponsável pela Igreja abalou a ideia de centralidade e do clericalismo dos padres. A Pastoral do Dízimo transformou o foco da Ação Social: diminuiu a concepção assistencialista e paternalista e promoveu a política social de assistência nas dioceses e arquidioceses do Brasil.

55. A côngrua (em latim, é um adjetivo que significa uma coisa *decente*) era uma espécie de pensão devida aos párocos para o seu sustento no período do Brasil Império. A côngrua tinha a finalidade de suprir eventuais insuficiências de ganhos para que o padre pudesse viver com *decência*. Em português, conhecemos as derivações congruência, congruente.

A Constituição Cidadã, de 1988, é um marco para o povo brasileiro em relação à educação e à evangelização dos socialmente excluídos, pois explicitou a condição dos mais pobres como sujeitos de direitos. Assim, a política de assistência deu início à construção de um novo formato de ação social dentro do princípio da proteção integral.

Tudo isso para lembrar que a ação da Igreja também ultrapassou e rompeu as noções de benemerência e doação. Um novo objetivo é construído a fim de possibilitar às pessoas em situação de vulnerabilidade e risco social o acesso a serviços e benefícios socioassistenciais, além de educação, cultura, lazer, esporte, profissionalização, alimentação e outros direitos humanos. Não se trata de um *favor*, mas de um *direito* que estabelece como um dos objetivos a proteção social que busca a garantia da vida, a redução de danos e a prevenção da incidência de riscos.

Em síntese, percebemos que essa concepção social reforçou mais ainda a Igreja quanto à proposta da Pastoral do Dízimo, pois alinhavou os princípios sociais com os princípios do Evangelho. E, com isso, inaugurou uma nova mentalidade e parceria entre a Igreja e as políticas públicas, ambas colaborando no enfrentamento à pobreza e às vulnerabilidades. Não podemos esquecer a ligação milenar e bíblica do dízimo com o culto divino, que ainda está na alma do povo por meio de suas devoções e práticas de piedade.

Com a conscientização da importância e do crescimento do dízimo, esperava-se o decréscimo da contribuição do cristão na modalidade de espórtula, taxa e esmolas durante as celebrações. A meta era que a política pastoral do dízimo subsidiasse a nova concepção de manutenção do padre por meio das côngruas, além de subsidiar a evangelização e as obras de assistência social.

> Aos poucos, as dioceses foram pensando em acabar com as espórtulas. Primeiro foram as espórtulas de batizado, depois as espórtulas de missa – também quase que se colocava a missa com intenções só comunitárias. E ficou a cargo de cada paróquia procurar ver como faria com a subsistência do padre. Ainda me lembro também que nesse período de espórtulas, geralmente a paróquia fazia a manutenção da casa do padre, alimentação e tudo o mais era por conta da paróquia, mas as

espórtulas eram do padre. Depois nós começamos a ter a tabela de côngruas junto com a tabela de emolumentos. Aqueles sacramentos, por exemplo, casamentos, que ainda tinham as espórtulas, marcava-se nessa tabela. Aos poucos foram marcando o quanto cada paróquia deveria dar para o pároco, para os capelães. Deixou-se muito para negociação com os vigários paroquiais, até que nós chegamos ao regime atual, mas também não sei precisar quando isso aconteceu (depoimento de bispo). Nessa época é que foi discutido o projeto das côngruas – essa questão de quantos salários, se tinha teto, se tinha piso, quem tem direito, quem não tem direito. Isso tudo foi discutido bastante (depoimento de bispo).

Na consolidação dos documentos do Concílio Vaticano II e das diretrizes da CNBB (1975) acerca do dízimo, gradativamente, cada diocese foi implementando a sua política de remuneração dos padres, como também os planos de aposentadoria, de saúde e habitação para os mais idosos.

Particularmente, na nossa diocese, foi garantido ao padre um plano de côngruas (de quatro a seis salários), pagamento do INSS, plano de saúde da Unimed, casa paroquial, telefone, carro para os trabalhos pastorais, alimentação e uma funcionária doméstica e outra secretária para os trabalhos administrativos da paróquia. Se somarmos todas as despesas, teríamos um montante, em média, de 10 mil a 13 mil reais, dependendo de cada diocese (depoimento de bispo).

Os entrevistados registram que esse projeto de sustentação do clero não tinha um controle sistemático por parte da cúria. Por exemplo, o CNPJ não era o mesmo da paróquia. Também não havia um acordo de prestação das finanças entre a paróquia e a cúria.

O valor ficava a critério de o pároco estabelecer a quantia, pois o dinheiro era tirado da Igreja. Era razoável e havia um conceito diferente, não se preocupava com a parte material, passava um pouco de aperto, mas dava para viver. A paróquia sustentava integralmente e casa paroquial, alimentação etc. (depoimento de padre)

> Antes havia mais liberdade, relativa, porque dependia da consciência do padre ao manipular o capital que era da Igreja. Na época, vivia-se a situação econômica do país, situação angustiante, porque a inflação era muito alta e a paróquia sofre a influência da situação econômica dos paroquianos (depoimento de padre).
>
> É muito interessante que, no passado, a questão financeira das paróquias ficava a cargo da consciência do padre. Não existia ainda o CNPJ, então cada paróquia fazia a sua contabilidade do jeito que queria e não tinha que prestar contas à cúria. Havia o tributo sagrado, quer dizer, cada paróquia deveria mandar para a cúria tantos por cento da sua renda, o que mais tarde foi supresso. Significa que a paróquia não contribuía em nada com a diocese. A não ser as coletas de São Pedro, missões etc. Mas acabava que não mandava nada para a diocese. Nada, nada, nada! A única coisa que o bispo exigia é que o padre não poderia ficar com a espórtula de "missa binada". Só que aí tinha que fazer uma série de contas: quantas missas o padre celebrou no mês – aquilo que excedeu ia para a cúria. Então eles resolveram fazer o seguinte: todo mês, quem tinha "missa binada" celebrava mais de uma missa por dia, mandava a espórtula de duas missas para lá. Só. Então não havia esse controle, porque realmente era uma questão mais interna, ainda não havia todo esse controle da Receita Federal etc. (depoimento de bispo).
>
> A gente dizia simplesmente: o que você precisa para comer, para viver, você deve ter. A paróquia é obrigada a te dar (depoimento de padre).
>
> Os padres sempre viveram muito modestamente. Talvez, quem sabe nesse tempo todo, umas cinco vezes nós constatamos que um padre estava passando dificuldades financeiras ou faltando coisas em casa. A gente deixava certa autonomia para a paróquia. Havia a quantia estipulada que deveria ser para uso, para cúria, para a diocese. Mas, na verdade, havia uma certa independência administrativa, entende? Conforme o jeito do padre, ele o melhoraria e tudo. Nunca tive problemas não. Agora isto acontece talvez também porque nunca quisemos organizar muito (depoimento de bispo).

Depois de mais de duas décadas, presenciamos grandes transformações econômicas e socioculturais nas instituições brasileiras. A sociedade ocidental mudou. Entra em cena o modelo capitalista de mercado – o neoliberalismo. Sua lógica era aumentar cada vez mais o consumo das pessoas, a privatização de políticas sociais e de assistência e, sobretudo, excitar eroticamente, cada vez mais, a subjetividade individualista e egocêntrica, visando compulsivamente ao consumo.

Na área administrativa das instituições, constataram-se, com frequência, portarias que alteravam alguma lei no âmbito da administração pública, com forte ressonância tanto na esfera privada quanto na eclesial. As transformações atingiram as dioceses, também a área pastoral, os projetos de assistência aos padres, a administração paroquial e os projetos sociais de assistência. A população pobre foi a mais prejudicada com o modelo neoliberal.

Administrar não é fim. Administrar é meio político de gestar relações humanas. A parte da administração diocesana requer certo cuidado, pois se destina à organização e à coordenação da comunidade, pois está conectada também a questões políticas: da justiça, da transparência e do público. A política é a arte ou ciência da organização, direção e administração e gestão humana, que envolve o saber e o poder entre as pessoas, visando sempre o bem coletivo.

Quando se fala em questões administrativas, associa-se rapidamente à burocracia. Burocracia é um conceito administrativo amplamente usado, caracterizado, principalmente, por ser um sistema hierárquico, com alta divisão de responsabilidade, no qual os seus membros executam regras e procedimentos padronizados, como engrenagens de uma máquina. Mas a burocracia, além do envolvimento técnico, inclui, principalmente, as relações afetivas entre as pessoas. A solidariedade e o respeito entre os seres humanos. Os burocratas neoliberais têm ojeriza ao bem comum – querem apenas para administrar máquinas, números e lucro.

Pode-se perceber, portanto, que o trabalho administrativo humano é árduo e requer responsabilidades. Está diretamente envolvido com pessoas, ações pastorais, econômicas, sociais e jurídicas. Por isso, o bispo, os padres e os gestores técnicos devem contar com a ajuda de pessoas envolvidas no ideário humano cristão nas diferentes seções: a cúria diocesana, a secretaria paroquial, os conselhos paroquiais, realizando e buscando instrumentos necessários diante de questões polêmicas no âmbito da administração técnica e humana.

O grande projeto inovador desse tempo foi a consolidação da administração compartilhada entre cada paróquia e a cúria, buscando o aprimoramento técnico com equidade humana e justiça. Com o avanço da política do dízimo na Igreja, cada paróquia passou a coletar mais recursos econômicos e meios de sustentação dos párocos e vigários. Gradativamente, aboliram-se as taxas vinculadas aos sacramentos e às tabelas de emolumentos. Mas a equidade humana e de justiça entre as paróquias era o foco daquele contexto. Como resolver essa questão?

Vejamos os depoimentos acerca da área administrativa:

> Hoje vivemos em uma sociedade capitalista e não em uma sociedade feudal. Não podemos gerir o dinheiro da Igreja como se estivéssemos em outro sistema de governo. Temos que conhecer as possibilidades e as regras da sociedade, tendo como princípio básico a ética. O Estado está juridicamente acima de todas as instituições sociais. Não somos uma Igreja amiga dos reis (depoimento de padre).
>
> Um aspecto positivo da atualidade é a independência da Igreja diante dos governantes municipais e estaduais. O tempo da cristandade acabou. Os muitos privilégios da Igreja nesses setores acabaram. Isso é ótimo, pois nos deixa mais livres e autônomos e, assim, podemos limitar as interferências desses setores na vida da Igreja (depoimento de padre).
>
> Existem padres que ainda se imaginam no tempo dos privilégios e desconhecem as leis a que todos os cidadãos estão sujeitos dentro da sociedade. Isso pode levar a complicações futuras e graves para a Igreja (depoimento de padre).
>
> Quando começamos a atuar como vigários ou párocos, passamos a gerir o dinheiro da comunidade e não mais o "meu dinheiro". Precisamos mudar nossa "cultura" de fazer tudo sozinhos, assumindo a responsabilidade de definir tudo o que vai ser feito. É importante a criação de um conselho de administração econômica da paróquia para que a administração seja mais coletiva e, portanto, respaldada por pessoas que representam

a comunidade. No entanto, sabemos que alcançar essa comunhão não é fácil e demanda algum tempo. É necessário fazer investimento afetivo e técnico nas lideranças locais e nas foranias ou áreas, regiões pastorais (depoimento de padre).

Cada padre legislava e administrava a sua paróquia. Não havia uma política administrativa comum, não havia um regimento que fosse seguido por todas as paróquias. Cada padre, dependendo da situação econômica de sua paróquia, recebia determinada côngrua; cada padre tinha política própria para lidar com funcionários (depoimento de padre).

Fizemos um diagnóstico, identificamos tudo isso, mostramos o risco disso para as dioceses. Assumimos ter uma administração que fosse colegiada, entendendo que somos uma única e mesma entidade. A administração é uma só e de toda a diocese. O funcionário que trabalha em uma paróquia tem o mesmo empregador que todas as demais; portanto, com salários iguais. O paradigma que foi quebrado foi a concorrência, entender a cúria como algo concorrente às paróquias. Somos uma estrutura de serviços e não estamos concorrendo. Outro aspecto foi que as paróquias perceberam que iniciaram a ter acompanhamento, controle, assistência e gerência solidária. Exemplo na questão dos repasses. Nosso regimento estabelece que, daquilo que é arrecadado, um percentual fica na paróquia e outro vem para a diocese. Quando centralizamos a contabilidade, começamos a monitorar por meio da contabilidade se os repasses que eram feitos à cúria eram corretamente calculados sobre o que era realmente arrecadado pela paróquia. Tudo isso, são princípios de justiça, equidade, solidariedade (depoimento de bispo).

Tem sido um trabalho de grandes mudanças na organização, nos rumos, na criação de uma nova e verdadeira cultura solidária e participativa dos serviços administrativos por meio do órgão competente, que é a cúria. A administração cristã tem que ser marcada pela transparência, pelo empenho competente, pelo zelo e pela prestação de contas, visando ao bem comum. Hoje, quase que 100% das paróquias prestam contas, e, no início, era uma porcentagem baixíssima, o que revela um caminho de amadurecimento, e não cada um fazer da paróquia o seu quintal familiar, a sua fábrica, ou seu feudo. Se amadurecermos a nossa compreensão sobre o dinheiro, a nossa espiritualidade, o

> nosso amor sincero à Igreja, a seriedade e a competência colocadas a serviço, nós poderemos avançar muito, encontrar traços de exemplaridade para nós, não em função dos outros, mas em função da nossa própria coerência na vida de fé de modo a qualificar mais e melhor o ministério sacerdotal (depoimento de padre).
>
> No tempo passado, tudo era colocado nas costas da diocese: os encargos federais, estaduais e municipais das paróquias, para depois receber o ressarcimento. Fora as questões trabalhistas e de assistência aos padres: saúde, educação e gastos emergentes. A administração comum da diocese tem gestado as côngruas de forma simétrica, os planos de saúde, o gasto com a previdência, funcionários para as paróquias, carro e infraestrutura pastoral (depoimento de padre).

4.4 A economia solidária

Depois do Concílio Vaticano II, o avanço da administração coletiva do dinheiro nas dioceses foi um acontecimento extraordinário na Igreja Católica. É louvável que a Igreja tenha conseguido realizar a ruptura de sua administração econômica do domínio do padroado real e do Estado moderno. São poucas as experiências institucionais do Brasil que conseguiram atingir tamanha ruptura de dependência. Ao fazer a ruptura, obviamente que os bispos, padres e cristãos viveram a experiência de desamparo afetivo e econômico. A vivência do desamparo, em um primeiro momento, produz desabamento das estruturas internas das pessoas (Safatle, 2016, p. 21). Retirar o desamparo dessa prisão é a primeira condição para a emancipação. Ao viver a angústia do desamparo, os sujeitos criam vínculos sociais e descobrem potencialidades. A Igreja Católica, ao romper a dependência econômica e psíquica, abriu-se para novas possibilidades de autossustentação econômica – a pastoral do dízimo –, mas, principalmente, para novos arranjos de solidariedade e de afetos, sobretudo o espiritual e a mística.

Para aqueles que creem, os ideais que impulsionaram a economia comunitária foram o simbolismo coletivo, inspirado em At 2,44-47, em que se descreve uma comunidade cristã primitiva, em Jerusalém, cujos membros tudo compartilhavam. "Todos os que abraçavam a fé viviam unidos e possuíam tudo em comum; vendiam suas propriedades e seus bens e repartiam o dinheiro entre todos, conforme a necessidade de cada um." Vale registrar que esse ideário coletivo dos primeiros cristãos recebeu, no pontificado do Papa Francisco, inspiração dos valores de São Francisco e Santa Clara, denominado "A economia de Francisco e Clara". A plataforma desse movimento visa transformar a economia em um instrumento para o bem-estar das pessoas, com base na solidariedade, na justiça social, no uso responsável dos recursos naturais e da proteção do meio ambiente. Ora, essas premissas influenciam como cada um maneja seus recursos financeiros e a relação de tudo isso com o consumo frenético de mercadorias.

4.4.1 Resistências à economia solidária

Na contramão desses princípios – "comunidade dos primeiros cristãos" e "economia de Francisco e Clara" –, percebe-se a forte concorrência do modelo econômico neoliberal, da sociedade urbana individualista, apressada. Nela está situado o novo templo: o shopping center, cuja lógica excita eroticamente a subjetividade egocêntrica compulsiva, para que se consuma cada vez mais.

Nos depoimentos apresentados, percebe-se que as questões administrativas de uma diocese têm apresentado avanços significativos. Por outro lado, quando perguntamos aos gestores, bispos, padres e técnicos sobre as resistências dos padres quanto aos métodos utilizados na execução da nova modalidade, percebemos alguns problemas importantes, talvez fruto da nova cultura neoliberal, urbana e de consumo.

As resistências foram múltiplas – viver coletivamente é difícil. Muitos sentem dificuldade em compartilhar com o outro, sobretudo, o dinheiro. Sempre há um "algo mais" que o dinheiro representa na percepção e nas relações entre as pessoas. Jamais nos relacionamos de maneira exclusivamente neutra e objetiva com esse símbolo de valor de troca denominado dinheiro. O dinheiro não é apenas a moeda corrente de um país: real, dólar, euro ou peso.

Primeiro, o dinheiro é um símbolo que, se bem observado, pode dizer muito da vida humana, assim como da Igreja, em diversos aspectos: distribuição dos bens, atração e apego compulsivo, aversão, culpa e concepção de poder. Em um contexto institucional de Igreja, transforma-se em excelente analisador, revelando muito da relação afetiva entre os bispos, padres, religiosos, diáconos permanentes e leigos. Assim, o dinheiro passa a ser a imagem substitutiva do próprio *eu* desamparado e incompleto. O dinheiro, os bens, as posses, apresentam-se, então, como substituto artificial ou prótese protetora para sustentar o *eu* inseguro e desprotegido de afeto. Falar de dinheiro, muitas vezes, entre os padres, produz certo mal-estar, uma defesa imaginária, um tabu ou segredo. É um tema que está ligado ao afeto, à experiência de amparo ou desamparo de sua infância até à vida adulta.

Comenta-se que a única assembleia do clero que consegue 100% de presença é aquela cujo tema é o dinheiro. Chegam a dizer jocosamente que mesmo um padre que esteja internado num hospital dará um jeito de estar presente, mesmo que seja utilizando uma cadeira de rodas. Nenhum outro tema de pastoral consegue tamanho público entre os presbíteros.

> Encontrei uma realidade que me parecia intocável, um assunto que não deveria ser tratado. Fui sentindo que precisava tocar com cautela, com serenidade, mas com a clareza do Evangelho e com a retomada do sentido de nossa vida, que é e deve ser marcada pela doação, por um grande amor pela Igreja e por uma independência muito grande quando se trata de bens materiais e de dinheiro (depoimento de bispo).
>
> Comecei então a abordar o assunto dizendo que era preciso melhor definir a chamada tabela de emolumentos, que é a tabela em relação a serviços prestados e contribuições dadas. A primeira vez que discutimos, para chegarmos a uma definição, passando pelo conselho presbiteral e pelas foranias, áreas ou regiões, áreas pastorais ou região, levamos quase três anos, o que mostra, portanto, tratar-se de um assunto que não contava com a naturalidade e com a necessária colaboração de todos, em se tratando de dinheiro (depoimento de bispo).

Segundo, desde a infância, o símbolo do dinheiro substitui a função da afetividade-sexualidade na vida do ser humano. Há muito mais loucura e doenças associadas ao dinheiro do que à manifestação explícita genital entre as pessoas (Morano, 2003). As taras monetárias, como a avareza, a compulsão em gastar ou a retenção caprichosa do neurótico obsessivo podem se manifestar frequentemente, no convívio presbiteral, nas questões financeiras referentes a possuir ou repartir o dinheiro.

É possível que alguns presbíteros, ao renunciar à vida de casal e familiar, deixem de lado a possibilidade de simbolizar seu potencial afetivo-sexual para encontrar no dinheiro o deslocamento da insatisfação erótica. Sempre existirá, portanto, o risco de procurar compensações diante da renúncia celibatária. Contudo, nem sempre o mecanismo de sublimação alcança bons resultados. Podem ocorrer vários desvios pelo seu fracasso, como as disputas de poder, de cargo, de prestígio e as bajulações subservientes, visando a promover o "pobre *eu*".

O dinheiro pode representar vários aspectos particulares na vida dos presbíteros. Por exemplo, ao se buscar a contrapartida para aliviar as importantes renúncias que a vida celibatária exige, surgem relacionamentos interpessoais de dependência entre os padres e a Igreja, e a necessidade de afirmar potência e virilidade sexual entre duas ou mais pessoas. E, ainda, o símbolo dinheiro pode se deslocar em direção à fixação de propriedade, ao clericalismo e às relações de poder com os diáconos permanentes e paroquianos – a autoafirmação narcisista. A insegurança gera autocracia.

Outro caminho travestido percorrido pela satisfação econômica é o sadismo, por meio da compensação pelos sofrimentos de humilhação masoquista na infância. Vivências infantis mal elaboradas retornam em atitude perversa pelo prazer de "passar o outro para trás" ou "levar vantagem em tudo". No convívio presbiteral, as fixações acumulativas do avaro servem para evitar as fantasias persecutórias da falta, da carência, e, finalmente, os sentimentos de culpa complexos e incontroláveis, que obrigam, inconscientemente, as pessoas a se livrarem deles ou a recalcarem o seu uso (Morano, 2001).

4.4.2 *As armadilhas do símbolo dinheiro*

Neste momento contemporâneo de uma economia neoliberal, urbana, hedonista e consumista, percebe-se que há um forte risco dos bispos, padres e cristãos novamente repetirem a dependência a um grande outro: o mercado neoliberal. Se, em décadas passadas, ocorreram as rupturas de dependência ao sistema do Padroado e ao Estado moderno, hoje em dia, o presbitério corre um sério risco de voltar à dependência doentia ao outro sistema, impedindo que prevaleçam as formas comunitárias administrativas de economia integral. Vejamos alguns depoimentos[56], nos quais vários padres, espontaneamente, explanam sobre as angústias e as dificuldades em lidar com esse riquíssimo símbolo – o dinheiro – na vida humana.

Vale observar as fortes manifestações de ansiedade, de angústia e de temor da possibilidade de viver a mínima privação econômica, que se mesclam com a falta afetiva. São profundas fixações de controle, possessão, retenção e acumulação do dinheiro, como maneira de satisfação afetiva compensatória de carências infantis.

> A vida sacerdotal é feita de entrega, mas também de desafios bem humanos. Houve tempos em que o salário da paróquia não cobria tudo: remédios, alimentos, contas que se acumulavam. Nesses momentos, não tive vergonha de usar minhas mãos para o bem. Passei a vender pães caseiros, que eu mesmo fazia com a receita da minha mãe. Também comecei a celebrar missas em capelas distantes, onde recebia alguma ajuda em forma de alimento ou pequenas ofertas. Nunca faltou o necessário. Deus provê, mas também nos inspira a agir. Com fé, dignidade e humildade, encontrei formas honestas de complementar o que me faltava. E, no fim, sempre sobrava gratidão (depoimento de padre).

56. Solicitei a padres de diferentes regiões do Brasil que relatassem, por meio de depoimento, os momentos de angústia e sofrimento psíquico ao lidar com o dinheiro vivenciados por eles e por colegas de ministério. Todos eles leram o rascunho deste capítulo e ficaram cientes do que se tratava. Foi solicitada a cada um a autorização para publicar, em anonimato, o respectivo depoimento. Para salvaguardar o anonimato, não evoco os nomes daqueles que me confiaram suas histórias.

> Em tempos difíceis, até o sacerdote sente o peso das contas e das limitações. Tenho buscado formas de equilibrar as despesas, mas, confesso, há momentos em que não dou conta sozinho. Peço, com simplicidade, a paroquianos que sei que podem me ajudar. Eu preferia que não fosse assim. Mas não tenho vergonha de pedir (depoimento de padre).
>
> Eu já passei até fome quando fui transferido para uma paróquia sem recursos. Tive vergonha de falar de minhas necessidades e ser considerado ganancioso. Mas hoje tenho mais condições (depoimento de padre).
>
> Quando sinto que o dinheiro vai faltar, eu apelo para a generosidade de famílias que pedem bênçãos nas casas. Nunca cobrei. Mas aceito o que me oferecem. Tenho medo até do purgatório por fazer isso. Mas, no desespero, faço assim (depoimento de padre).

Podemos observar, também, fortes fixações maternas, de dependência, e fantasias de proteção infantil a um seio que nutre, procurando simbolicamente cobrir insuficiências experimentadas na infância por meio de figuras femininas de madrinhas.

> Tenho uma forte inclinação de cultivar amizades com senhoras na paróquia. Estes relacionamentos me trazem segurança, proteção e amparo. Paralelamente às nossas amizades, recebo sempre camisas clericais, sapato, bolsa e cintos de presente. Entre nós do clero, chamamos carinhosamente de "madrinhas". Ultimamente, uma delas tem depositado dinheiro na minha conta. Outra, que é muito rica, financiou uma viagem à Europa para mim (depoimento de padre).
>
> Acho pertinente relatar que, logo no meu primeiro ano de padre, recebi um padre, também novo, para me ajudar nas comunidades, visto que a paróquia era muito grande. Aquele padre recebia os colegas de seminário dele, também padres, às sextas-feiras à noite, na casa paroquial, onde morávamos. Bebíamos cerveja e comíamos alguma coisa. Conversávamos sobre os trabalhos pastorais. Alguns se mostravam vislumbrados com as celebrações e o encantamento que causavam, por serem novos, às senhoras das comunidades. O que me impressionava era a forma que eles tramavam de fazer amizades com senhoras solteiras ou viúvas, para conseguirem algum benefício financeiro

> delas. E dava certo. Volta e meia um dos padres relatava que havia conseguido alguma doação de uma "devota carente". Essa era a forma de tratamento usada para fazerem referência às suas benfeitoras. Havia todo um ensaio para a persuasão entre eles. As visitas às casas das senhoras, almoços com familiares, idas a supermercados e shopping, para ajudar nas compras, e os mais rentosos: os momentos de orações promovidos – bem no auge da reza, o pedido, como uma espada a cravar o coração sensibilizado, de alguma quantia de dinheiro. Na época, usávamos cheques. E logo eles eram preenchidos. Agora, é pix. E não era pouco. Ganhavam, também, viagens para o exterior, casas, carros etc. Eu participava das conversas mesmo não sendo da turma que conviveu durante o tempo de formação. Isso me espantava. Sempre os questionava, mas riam de mim e me diziam que fizesse também como eles. A minha resposta era que eu poderia trabalhar e ter meu dinheiro. Isso aconteceu por várias vezes até o padre novo ganhar uma paróquia e se mudar. Hoje em dia, não tenho muita ligação com esses colegas padres, mas observo que as suas práticas se perpetuaram. A prova é a constatação de que eles nunca trabalharam fora da Igreja e são possuidores de sítios e sócios de empreendimentos (depoimento de padre).

É possível deduzir as fixações acumulativas do avaro, para evitar as fantasias angustiantes persecutórias da falta, da carência. Ter dinheiro, possuir cada vez mais, reter o que se ganhou, acumular mais e mais, visando satisfazer as fantasias narcisistas egocêntricas e onipotentes. A fascinante necessidade, que o sujeito mantém, de gozar os seus bens, em detrimento dos afetos.

> Eu sou pároco há uns quinze anos e sempre fui muito honesto quanto ao dinheiro do povo na Igreja, uma vez que sei da luta do povo e de seu compromisso para com a Igreja. Entretanto, eu reconheço que pareço ter certa obsessão com essa questão econômica, porque tenho um hábito permanente de eu mesmo contar o dízimo e as ofertas após cada fim de semana e após as festas do padroeiro de minha paróquia. Eu não confio em deixar só os membros da Pastoral do Dízimo contando. Aliás, mesmo tendo eu os nomeado para tal função, eu opto por sempre fazer parte da contagem. Já aconteceu diversas vezes de,

> depois de dias cheios de muitas atividades, unções de enfermos, missas e confissões, eu ficar na sala superior da minha casa paroquial contando o dinheiro até quase às três horas da manhã. Nessas ocasiões, quem estivesse comigo na casa paroquial naquele dia – algum seminarista no trabalho pastoral ou algum familiar –, eu convidava para me ajudar a contar e, enquanto eu não contasse e anotasse cada centavo e organizasse o dinheiro de maneira regular, "cara a cara", eu não conseguia ir dormir (depoimento de padre).
>
> Sofro muito por causa do dinheiro. À noite, aos domingos, após as três celebrações, reúno todas as notas de dinheiro e levo para o meu quarto. Na segunda-feira, bem cedo, separo caprichosamente nota por nota arrumando-as em montes de cinquenta reais. Fico ansioso olhando no relógio o horário do banco abrir. Sou sempre o primeiro da fila. O rapaz do caixa já até me conhece. Deposito todo o montante da coleta dominical na minha conta pessoal. Não tenho jeito de me livrar desse vício (depoimento de padre).

As inseguranças afetivas produzem excesso de controle, parcimônia e angústia. Podem gerar avidez pelo dinheiro como símbolo de um alimento psíquico (afeto) insaciável, visando acalmar as ansiedades primitivas (angústia da falta), em uma orientação acumulativa: apenas receber e nunca doar. Há também o jeitinho brasileiro, que, em sua essência, o jeitinho "envolve uma pessoalização das relações, para o fim de criar regras particulares para si, flexibilizando ou quebrando normas sociais ou legais que deveriam se aplicar a todos" (Barroso, 2017).

> Eu dispensei a funcionária (cozinheira ou faxineira) e resolvi cozinhar, lavar e passar minha roupa e limpar a casa paroquial. Com isso, estou economizando o repasse do que corresponderia ao salário delas para mim (depoimento de padre).
>
> Sou pároco, tenho a idade de 73 anos e estou na mesma paróquia há quarenta anos. Com a idade, fui obrigado a aceitar a vinda de um vigário para auxiliar nos trabalhos pastorais. É um jovem padre, e, na acolhida, expliquei a ele o ritmo da paróquia. Fiz apenas uma recomendação: você pode participar de todas as reuniões das diversas pastorais da nossa matriz, apenas te peço que não frequente as reuniões do Conselho Econômico.

Eu e os dois homens que colaboram comigo há trinta anos nos entendemos muito bem (depoimento de padre).

Crio galinhas, ovelhas, porcos, cultivo verduras, frutas e vendo para os paroquianos na porta da igreja. São sagrados fregueses (depoimento de padre).

Os antigos valores das primeiras comunidades cristãs de Jerusalém e a antiga cultura rural comunitarista declinam gradativamente à medida que avançam o éthos neoliberal de mercado e o consumo frenético. Na sociedade, as pessoas introjetam cada vez mais o dinheiro como um instrumento de poder, que propicia ao clérigo, afetivamente insatisfeito, uma inclinação a obter, acumular – com fortes dimensões cínicas e até com conotações sádicas. Ou a ambição desmedida, a busca pelo poder e o erotismo furioso pelo dinheiro, baseiam-se no ódio feroz à própria origem de pobreza e de humilhação?

Eu sou de origem humilde e, além do chamado vocacional, eu fui percebendo logo que era também um meio de vida, sem muito esforço, para eu me dar bem. Posso dizer, como falam por aí de nós padres, que virei um *nouveau riche*. Cama, mesa, banho, carro e três ou quatro salários livres para mim. Administro os sacramentos com muito zelo, mas não gosto muito de pastoral e, principalmente, não gosto das pastorais sociais e seus projetos nas comunidades, porque parecem de esquerda. Fico então mais livre para passear, viajar e me divertir um pouco. E fazer meu pezinho de meia – um apartamento e uma casa de praia, além de ajudar meus pais. Esta é a vida que pedi a Deus. Dizem que antigamente os padres no Brasil tinham uma vida muito sóbria e difícil. Isso acabou nos tempos modernos (depoimento de padre).

Eu tenho muito dinheiro livre. Todas as compras para mim, como camisas clericais, túnicas, estolas, casulas, cálices. Para mim, eu faço no CNPJ da paróquia. Não tem esse negócio de público e privado. Afinal, vai tudo para a Igreja na pessoa do padre. Não tenho problemas éticos com isso não. Viajo e faço compras com meu dinheiro, ou então, como conto o dinheiro das coletas e do dízimo sozinho, retiro uma parte e guardo ou faço um depósito em minha conta. Mas as finanças da Igreja estão todas em dia, inclusive o repasse para a diocese. Contudo, sou um padre muito dedicado à comunidade na sua vida litúrgica e pastoral. Muito amoroso com as pessoas presentes nos grupos de pastorais, movimentos e serviços (depoimento de padre).

Na contemporaneidade, exigem-se cada vez mais do sujeito *performances* de desempenho em vista do gozo narcisista do poder e do dinheiro. Comemos e bebemos as fantasias que a propaganda nos oferece. O ato de consumir se tornou compulsivo e irracional – nele o *ser* é substituído pelo *ter*. Consumidores fascinados pelo "Jardim das Delícias".

> Dizem que meus casamentos e batizados são bonitos. Por isso, além das côngruas mensais, eu ganho dinheiro mesmo é com isso. Cobro 5 mil reais por matrimônio e quinhentos por batizado. Como não sou pároco, vivo disso. Adoro quando têm [casamentos ou batizados] todas as semanas; dois ou até mais nas sextas e nos sábados. Viajo e acúmulo bens (depoimento de padre).

O depoimento que se segue é o testemunho de um padre que desejou registrar o quanto uma pequena parcela de padres e bispos gastam com paramentos litúrgicos em lojas requintadas em Roma. Segue o levantamento realizado por ele em sofisticadas lojas e comércios similares.

> A aquisição de paramentos litúrgicos envolve fatores diversos, como a qualidade dos materiais, o estilo adotado, a tradição da casa fornecedora e a adequação aos diferentes tipos de celebração. Com o objetivo de mapear uma média de preços praticados no mercado europeu, foi realizada, em maio de 2025, uma pesquisa em quatro casas especializadas: Euroclero, Barbiconi, Ancora e LAVS.
>
> O levantamento adotou como premissa a escolha de fornecedores reconhecidos no meio e com ampla atuação, incluindo lojas com valores considerados extremos e médios. A intenção foi captar uma faixa intermediária de preços, refletindo um panorama mais representativo da realidade comercial. A exceção foi a loja LAVS, cujas peças, elaboradas sob direção de um estilista vinculado ao Ofício de Celebrações Pontifícias, apresentam características e valores diferenciados.

> Entre os itens pesquisados, observou-se ampla variação de preços. As túnicas, por exemplo, apresentaram os seguintes intervalos: Euroclero, 57 a 690 euros; Barbiconi, 250 a 712 euros; Ancora, 55 a 696 euros; e LAVS, 98,40 a 295 euros. As casulas também mostraram diferenças significativas, com preços entre 90 e 1.100 euros na Euroclero; 600 a 2.960 euros na Barbiconi; três faixas na Ancora por 75, 450 e 930 euros; e de 561 a 5.211 euros na LAVS.
>
> A capa de asperges [*piviale*] foi encontrada por 385 a 420 euros na Euroclero; 850 a 3.800 euros na Barbiconi; e 992 a 2.542 euros na LAVS. Já o véu de ombros teve preços entre 145 e 170 euros na Euroclero e 637 euros na Barbiconi.
>
> Outro item destacado foi a *pianeta*, casula de estilo antigo, oferecida por 820 euros na Barbiconi e entre 1.580 e 4.545 euros na LAVS. Além dos paramentos, a Barbiconi disponibiliza objetos sacros, como ostensórios por 740 a 3.690 euros e cálices por 2.780 a 5.610 euros, ampliando o escopo de sua atuação no segmento litúrgico.

A diversidade de preços reflete o tipo e a sofisticação das peças, além do modo como tradição, funcionalidade e estética se articulam na produção contemporânea de vestes e objetos sagrados. Reflete também um gosto narcisista e exibicionista.

Uma pergunta que não pode calar: Quem paga essa magnificência? O óbolo da viúva? (Mc 12,43-44). Os ornamentos de refinada estética são para a glória de Deus? Qual deus?

O dinheiro aparece aqui como símbolo de transgressão e de perversão. Há que levar vantagem em tudo. Trata-se de corrupção com o dinheiro público. "A corrupção favorece os piores. É a prevalência dos espertos e a derrota dos bons" (Leitão, 2015, p. 177). Diante do fetiche do dinheiro, o sujeito se aliena, transforma-se em coisa e se esconde de sua própria imagem, frágil e manipulável, tornando-se supérfluo. O fetiche faz a criatura mirar o objeto irrecusável de desejo, a moeda, ignorando o olhar do outro. O fetiche aprofunda cada vez mais a falta.

> Adoro promover rifas (ou similares) para adquirir bens para a paróquia e, também, uma porcentagem para fins pessoais ou fazer alguma viagem... (depoimento de padre).

Aproximo-me sempre de famílias ou pessoas ricas (casais, viúvas ou idosas bem aposentadas...), para obter benefícios financeiros ou bens como herança... (depoimento de padre).

Depois de estar há alguns anos na paróquia, com muito trabalho, tendo equipado muito bem a casa onde moro, ao ser transferido, se achar no direito de levar comigo o que adquiri com o dinheiro da paróquia, eu levo aquilo que mais gostei (depoimento de padre).

Há algum tempo inventei uma maneira diferente de arrecadar mais dinheiro. Na festa do padroeiro, São Judas Tadeu, minha igreja lotava de fiéis. Durante a Novena, todas as noites, na hora do leilão, criei com o povo uma brincadeira que acabou dando certo. Na porta da igreja, tem um espaço enorme de brita para o povo aglomerar. O leiloeiro, a cada prenda, falava para o público quem daria mais para aquele objeto. Quando chegava o máximo da proposta da "joia ofertada", ele dizia: "Se ofertarem o dobro, o padre vai rolar na brita". Imediatamente, um sujeito oferecia o dobro do combinado do lance somente para se divertir vendo o padre rolar na brita. Desse modo, a arrematação dos leilões chegava a três vezes mais que o previsto. Para compensar minhas feridas pelos braços, eu me sentia no direito de ficar com 20% do arrecadado (depoimento de padre).

Quando escrevo algum livro ou produzo alguma mercadoria (terços, geleias, ovos, pão etc.), não tenho nenhum pudor ou constrangimento de oferecer aos paroquianos e pessoas amigas para comprar ou vender na porta da igreja e no site da paróquia. Manter um "caixa dois", com fins diversos, para dispor de valores que não precisam ser declarados. Ter carro particular para uso paroquial, mas cobrar da paróquia valores relativos à depreciação, seguro do veículo e outros... (depoimento de padre).

A questão do dinheiro tem uma ligação com a formação humana. Há padres que celebram bem, porém a formação moral é deficitária. Eles não têm o entendimento correto do que é legalmente permitido, nem do que é moralmente aceitável. É uma diferença enorme entre uma coisa e outra. Por exemplo: legalmente é permitido desviar dinheiro da paróquia e fazer a construção de um sítio para o padre? Isso pode parecer um ato legal, porque há como burlar, existem vários modos, como caixa dois etc. No entanto, esse expediente não é moralmen-

> te aceitável, especialmente para aqueles que são padres. Outro exemplo: uma pessoa de origem pobre, cujo patrimônio cresce enormemente no prazo de dois anos, isso é uma coisa, no mínimo, suspeita (depoimento de padre).
>
> A nossa diocese avançou muito com a implantação do dízimo e a criação do fundo de solidariedade e o plano de cargos e salários e estatuto de manutenção do clero, mas temos membros do presbitério que transgridem o estabelecido. Tem um padre que burla as orientações pastorais do diretório sacramental da diocese, dispensando os pais e os padrinhos de fazerem a formação prevista no diretório e os documentos exigidos para o batismo, cobrando uma quantia para ministrar o sacramento, o que é vedado pela diocese, que não cobra taxas e espórtulas (depoimento de padre).

A preocupação com o futuro está presente na vida das pessoas. O cuidado de si durante o processo de envelhecimento bate forte na porta do idoso. O dinheiro anuncia a finitude e o cuidado com a velhice.

> É muito interessante. Poderá motivar e inspirar muitas reflexões. O tema é, de fato, complexo. Não se trata simplesmente do salário de um trabalhador de uma determinada categoria. A diversidade é grande em relação a funções, condições de paróquias e de dioceses, vida digna, exigências do Evangelho, desprendimento (pobreza), preocupação com o futuro, as tentações do liberalismo, a formação espiritual e vocacional do padre, sua consciência, o medo de perder o poder, a facilidade de servir-se dos recursos da paróquia, as justificativas para agir desse ou daquele modo, a resistência em ser transparente na administração (apelo da sinodalidade), incapacidade de viver só com o necessário (há padres sem um mínimo de noção do que podem gastar e do que não podem – não se controlam e fazem dívidas...) e por aí vai... (depoimento de padre).
>
> Na minha relação com o dinheiro, eu nunca me senti alguém muito apegado ou preocupado com essa questão. Mas, à medida que os anos foram passando no meu ministério, eu fui percebendo que eu estava gastando todo o meu dinheiro e não tinha o cuidado de reservar nada. Houve situações sérias na minha família e também na minha vida pessoal que exigiam de

mim ter algum valor a mais para resolver a questão e, naquele momento, eu me senti muito mal, como se tivesse desperdiçado a vida sem ter o cuidado de aplicar bem os valores que recebia. A partir daí, entendi que, sendo eu diocesano e não sendo "religioso" no sentido de não fazer parte de uma congregação ou instituto religioso que faz o voto de pobreza, que eu poderia, aos poucos, organizar a vida de modo a ter algum bem material que, em caso de necessidade, traduzisse-se num recurso financeiro para me ajudar em outras possíveis situações extremas. Por isso, eu me organizei para comprar um apartamento modesto – não tanto para residir, mas para que, ao longo da vida, possa usufruir dele em vista de um descanso e tal, e, se precisar, poder me dispor dele para resolver alguma urgência nesse sentido mais financeiro – por exemplo, um caso de saúde na família ou mesmo um problema de saúde pessoal (depoimento de padre).

O símbolo do dinheiro pode produzir elaborações de independência e autonomia afetiva.

Também é verdade que há muitos padres que lidam muito bem com a administração. Onde um pároco vivia em dívidas, outro chega e deixa tudo em dia (depoimento de padre).

Uma coisa não falada é o que enfrentam bispos quando são nomeados para determinada diocese: quando padres, ou na diocese onde estavam, recebiam um determinado valor em côngrua, mas, depois, indo para a nova diocese ou para onde foram nomeados, passam a receber uma côngrua bem menor. Conheço casos assim. Tudo isso é preciso saber digerir... Parece-me que o fazem bem, já que o objetivo não é mudar de função para ganhar mais, mas para servir ainda mais... (depoimento de padre).

Agora, não poderia deixar de falar de mim também. Sou padre há trinta anos. A questão do dinheiro na Igreja sempre foi, para mim, algo delicado e perigoso. Acredito que a origem desse sentimento está na época do meu discernimento vocacional, quando meu pai se opusera à minha opção, alegando que ser padre não era uma profissão digna, já que eu iria viver financeiramente à custa dos outros. E, também, dizia ele: "Todo padre

> vive pressionado pelo bispo, para lhe arranjar dinheiro, e eu não quero isso para você". Essa alegação do meu pai fez com que eu optasse por estudar e trabalhar, custeando os meus estudos de filosofia e teologia. Eu já possuía uma graduação e, por isso, foi fácil trabalhar na minha área e estudar, correspondendo à inspiração do meu coração.
>
> Pensando no posicionamento do meu pai, e depois de tanto tempo de padre, sinto que há na mentalidade cultural dos católicos que o dinheiro que ofertam seja para o padre. Certa feita, um paroquiano me disse: "Já entreguei na secretaria o dinheiro do senhor". Logo, eu o questionei a que se referia, e ele me respondeu: "O meu dízimo, que todo mês eu trago para o senhor, padre". Eu expliquei para ele que não era para mim que ele contribuía com o dízimo, mas minhas palavras não o convenceram certamente. Com certeza, tenho muitos outros casos que poderia elencar nesse depoimento. Porém, enquanto memória da mentalidade dos católicos, gostaria de ressaltar uma musiquinha que cantávamos nos idos da década de 1970, no grupo de jovens de que eu participava: "É assim mesmo que deve sê, nóis trabaiá, pros padre comê./ Nóis prantô roça, nóis trabaiô, nóis vendeu pros padre e os padre não pagô" (depoimento de padre).

O símbolo do dinheiro pode produzir repressão entre o clero. Não se pode dele falar livremente. Ainda continua um tabu.

> Desde que fui ordenado padre, eu me lembro que uma das minhas inquietações na diocese onde eu era incardinado é porque existia quase um tabu da parte do presbitério para tratar desse tema das nossas côngruas, sobretudo quando se falava na possibilidade de aumentar o valor. Isso se explica devido ao contexto diocesano de uma proposta de vida simples que ficou impregnada no clero, sobretudo à luz de alguns exemplos de bons bispos que assim de fato nos tinham ensinado a viver uma vida de maneira despojada e tal. Entretanto, eu, ainda assim, sempre achava que o valor de apenas dois salários mínimos, ainda que totalmente livres – porque todas as outras despesas com carro, plano de saúde, moradia e alimentação eram cobertas –, não era suficiente para as nossas necessidades pessoais, e sofria de alguma maneira, porque não via espaço para discutir esse assunto sem ser logo chamado de interesseiro e apegado

aos bens materiais. E isso era bastante difícil para mim, porque, quando falava com outros colegas padres de outras dioceses, eles sempre falavam de salários maiores e valores maiores que recebiam e de como se preocupavam em fazer sua previdência privada, tendo em vista os desafios e inseguranças quanto ao INSS. Eu me sentia meio inferior em relação a eles. A verdade é essa (depoimento de padre).

Não vivemos hoje o melhor dos mundos. Os fatores de insegurança e risco cobram das instituições, entre outras entidades, uma diminuição das disparidades e desigualdades sociais, financeiras e econômicas. Assim, podemos perguntar: como deve ser uma paróquia no aspecto econômico e financeiro? E a situação financeira do padre? É só a sobrevivência e manutenção da casa e gastos pessoais? Como fica o lazer? E a questão intelectual, participação em eventos e congressos? Ainda predomina a paróquia-ilha. E isso se faz notar na manutenção do clero. Não existe, por exemplo, um piso salarial para o clero em âmbito nacional, nem mesmo nas dioceses. Faltam organização e administração financeira nesse sentido. É um tema desconsiderado nas várias Diretrizes Gerais da CNBB. Há paróquias com um Conselho Paroquial que administra o aspecto financeiro e é responsável pelo salário do padre. No entanto, falta uma unidade com relação ao piso salarial. Outras vezes, existe uma situação híbrida, isto é, o Conselho Paroquial determina o salário, e o padre administra as espórtulas dos sacramentos. Deve-se considerar essa questão – o piso salarial – quando se busca entender especificamente a manutenção do padre em uma paróquia. Isso se agrava quando o padre adoece ou não tem mais paróquia, após os 75 anos de idade. Com efeito, quando se trata de uma paróquia administrada por um padre de congregação religiosa, a situação é diferente. A diversidade da situação financeira é o duro caminho de um pároco, particularmente de uma diocese pobre do interior. Numa diocese maior, como das capitais ou cidades grandes, a situação é diferente. Há uma divisão de classe, pois, sociologicamente, as paróquias são diferentes umas das outras. Na realidade, a religião se inseriu no mundo do mercado, mas o maná de ontem não serve para a sociedade capitalista de hoje. As conjunturas sociais e econômicas exigem um novo *tantum ergo* para a organização social do clero (depoimento de padre).

O símbolo do dinheiro pode produzir discriminação racial ou, por meio de muita dor, a ressignificação do sofrimento em liberdade e autonomia.

> Antes de ingressar no seminário, trabalhava desde os nove. Tive carteira assinada aos quinze, por três anos, e o seguro-desemprego me subsidiou por um ano e meio após minha entrada. Não precisei solicitar, por carta, a dispensa pelo defeito de cor, mas sempre ecoava uma frase que sugeria esse contexto: "Você deve tudo à Igreja". Vivi o período de formação seminarística em estilo colonial, marcado pela privação de trabalho e de remuneração, contudo em expectativa positiva pela convivência e pelo aprendizado. Intelectualidade, arte, encontro com personalidades eclesiais significativas, mística, um verdadeiro *savoir-faire* com a própria vida. Como não dizer como Neusa Santos: era um processo de ascensão social do homem negro. De mobília da casa dos patrões de minha mãe ao *status* social do sacerdócio.
>
> Nos primeiros anos de vida ministerial, o dinheiro não era uma posse pessoal. A inexistência da gestão financeira da assessoria diocesana não era obstáculo para a missão. Custeava os trabalhos pastorais na diocese. Trabalhava em duas paróquias e recebia a côngrua somente de uma, sob a alegação de que não existiriam recursos para sustentar um padre. O padre que me sucedeu chegou e foi sustentado exclusivamente por aquela paróquia. Não me preocupava. Já que o crédito derivava da pertença à Igreja, inclusive o dinheiro, então "use-o para a finalidade exclusiva da igreja", ecoava. Nessa ocasião, talvez para que eu me despertasse da minha alienação em relação ao dinheiro, o pároco, também um homem negro, colocava as contas de telefone sobre a mesa central da casa paroquial, para que eu visse o valor gasto com a articulação diocesana da pastoral sob a minha responsabilidade. Nas segundas-feiras de folga do padre, dava aulas no seminário e atendia os seminaristas como diretor espiritual. Reproduzia aquela lembrança da empolgação que senti quando vi chegar o meu diretor espiritual recém-ordenado, estudante de [...], da [universidade] federal, para trabalhar na casa de formação. Naquele momento da vida, isto era o mais importante.

De alguma forma, a ideia desta reprodução me fez realmente pensar num caminho ascensional. Todavia, mediante um impasse institucional, me foi proposto abandonar a direção que estava dando à vida e me colocar numa paróquia. Pensei na trajetória de um bispo inspirador, com o qual convivi por longos anos: "Daqui vou a qualquer lugar do mundo". E assim o fiz. Foi no início deste processo que o dinheiro começou a fazer sentido para a minha construção de vida novamente. Se, desde antes do seminário, o único sentido era poder ajudar os meus pais, agora eu podia usufruir do dinheiro. Desalinhei o dinheiro do eco: "Você deve tudo à Igreja". Animando a vida paroquial, fui para vários países, enquanto pesquisava e trabalhava com profissionais [...] nas cidades mais expressivas da região. A gestão paroquial, desde então, acontece em total distinção em relação às minhas finanças pessoais. Este foi o novo modo de lidar com o dinheiro, em resposta ao desvio de rota, um tanto indiferente, proposto pela instituição.

Uma experiência importante no desalinhamento do eco foi a capelania religiosa. Elas assinaram minha carteira de trabalho e, depois de cinco anos, pude fazer uma rescisão que me possibilitou financiar meu trabalho [...]. Estes giros possibilitaram um reposicionamento para prosseguir no ministério. O desalinhamento do eco produziu efeitos notáveis. Abandonei o complexo de vira-lata e sigo investindo no aprimoramento das dimensões da minha vida espiritual e profissional (depoimento de padre).

4.5 A dimensão pública do dinheiro

Para muitos dos entrevistados, a falta de equilíbrio psíquico afetivo e de informação sobre como lidar com o dinheiro repercute, futuramente, na administração da paróquia. Saber separar a dimensão pública, o que é da comunidade, da Igreja local, daquilo que é particular ou privado, do salário pessoal, envolve questões éticas. Não se podem misturar as duas dimensões: o público e o privado.

Uma questão que pode trazer complicação é juntar o dinheiro recebido da comunidade com o dinheiro pessoal. Isso pode trazer consequências graves, como achar que tudo é "farinha de um saco só", dizia um dos entrevistados. E pode produzir banalização no exercício do ministério presbiteral, além de atos de corrupção e ausência de postura ética, republicana e cristã. O presbítero deve discernir o que é de direito dele – isso está escrito nas orientações das dioceses e até na Constituição do país. Legalmente, todo mês, ele tem o recebimento de suas côngruas e é seu direito. Esse valor financeiro deve ir para a sua conta pessoal.

O limite entre o público e o privado é difícil de ser observado. Assim expressou Luís Roberto Barroso (2017), ministro do STF: "É um traço tão forte que a Constituição brasileira precisou de um dispositivo expresso para vedar que os agentes públicos utilizassem dinheiro público para promoção pessoal. A aceitação resignada do inaceitável se manifesta na máxima 'rouba, mas faz'".

O que é da paróquia deve ficar na conta da paróquia sob a responsabilidade de um conselho econômico. Simbolicamente, o dinheiro é um bem público. Um bem comunitário. O pároco deve zelar para que haja transparência por meio da publicação referente à destinação dos valores que pertencem à Igreja local. Sua função é administrar o que é público e exigir do conselho publicidade e divulgação dos valores. A paróquia paga as contas comunitárias. As contas pessoais devem ser pagas com o dinheiro pessoal.

O cristão que coloca sua oferta ali na cestinha, ou o que paga o seu dízimo, tem a confiança de que a Igreja vai aplicar o recurso de forma honesta – "o óbolo da viúva". A pessoa confia que esse dinheiro será utilizado nas necessidades da Igreja e não vai ser desviado para o padre, para a família dele, para os seus amigos ou qualquer situação semelhante.

Outra preocupação relatada pelos entrevistados é o risco de a vida presbiteral ou religiosa se tornar um dispositivo burguês. Há casas paroquiais que estão sendo reformadas em alto padrão construtivo e com objetos supérfluos que agridem a origem simples dos paroquianos e a história de pobreza das famílias dos padres. Vários depoimentos relatam o risco de presbíteros oriundos de segmentos sociais mais sofridos se tornarem acomodados no futuro diante da vida presbiteral. Nada mais natural, afinal, na vida humana, apresentar-nos como somos. É na vida comunitária presbiteral que o padre revela o grau de solidariedade ou de patologias exacerbadas – a *ideologia da vergonha*.

O dinheiro pode também significar afeto e representar relações saudáveis, cordiais, com fortes traços de gratuidade, generosidade, próprios dos princípios do Evangelho. Percebe-se, no discurso de vários padres, gratidão, reconhecimento generoso e um desprendimento dos bens materiais. Além do desprendimento, o símbolo dinheiro auxilia o padre a governar a paróquia com transparência, formas democráticas e com o Conselho Econômico de Leigos.

Gradualmente, os gestores das dioceses e arquidioceses presenciaram avanços e retrocessos quanto à administração dos bens financeiros da Igreja.

> Anos atrás, constatei que cada padre definia o seu próprio salário e encontrei por isso, ouvindo muitos padres, a lamentação e a reclamação de que havia aqueles que viviam muito bem e existiam aqueles que estavam passando necessidade. Ora, pensando na solidariedade, na justiça e na equidade, eu não poderia simplesmente considerar que essa realidade devesse continuar assim, porque ela estava contrária ao Evangelho, à fraternidade e à solidariedade – valores tão importantes pelos quais nós temos que prezar (depoimento de bispo).
>
> Avançamos, o assunto voltou mais duas ou três vezes, para corrigir os descompassos de salários muito altos, de vidas vividas de maneira não adequada à simplicidade que tem que marcar a vida sacerdotal e, sobretudo, a solidariedade fraterna entre os irmãos presbíteros. Buscava superar uma coisa muito dolorosa: a concepção de que existiam paróquias ricas e paróquias pobres, padres ricos e padres pobres, portanto, gerando uma situação, de certo modo velada, de uma rejeição ou desinteresse por estar evangelizando nos lugares de baixo rendimento econômico. Este caminho é uma grande conquista que tem que ser ainda mais amadurecida – do olhar missionário do sacerdote para todas as dioceses por igual, pensando nesta porção do povo de Deus, estando nessa ou naquela realidade, nesse ou naquele contexto, que deve ser servida com amor, com sim-

> plicidade, com todas as forças de nosso coração e com nossa competência (depoimento de bispo).
>
> Outro aspecto que a gente tem que avançar é no aspecto missionário. Isso a gente pode verificar pela parte financeira. A paróquia tem uma rede de comunidades, e cada comunidade olha muito para seu umbigo. E, às vezes, dentro de uma própria rede de comunidades, tem comunidade que não sabe que a outra está passando por uma necessidade. Outra coisa: às vezes, em uma própria rede de comunidades, tem uma muito estruturada e uma outra que não tem nada. Começamos há dois anos um trabalho, por meio da pastoral do dízimo, para conscientizar pelo menos as nossas equipes administrativas de que o dinheiro na Igreja está a serviço da missão e ele tem que ser usado onde a missão existir. Se tiver dinheiro sobrando em minha comunidade sem uma finalidade a curto prazo, esse dinheiro não pode ficar parado na minha comunidade, ele tem que ser repassado para outra comunidade, que tem lá uma outra necessidade. Esse é um processo de conversão que o pessoal tem muita dificuldade, porque, quando se fala de dinheiro, é propriedade de um ou de um grupinho. A cada momento, um desafio novo tem que ter uma resposta nova. Não dá para se ter estruturas muito fixas, é um desafio (depoimento de bispo).

Outro grupo de entrevistados sinaliza que a simples garantia das côngruas visando às necessidades de sobrevivência do clero não é suficiente para resolver a questão humana dos presbíteros. Além da sobrevivência material, muitos apontam a necessidade de aumentar o capital cultural e espiritual do presbitério. Um dos entrevistados chega a afirmar que o capital cultural e espiritual tem muito a colaborar com a sobrevivência do clero.

> A formação permanente é importante. A maioria não cuida desse aspecto. "Não só de pão vive o homem". Assim também, devemos ter um fundo de reserva que possa subsidiar a cultura e o crescimento espiritual dos padres (depoimento de padre).

O Fundo de Solidariedade é apontado pelos entrevistados como um grande sinal de Deus na vida da Igreja, pois seus princípios estão profundamente cravados no Evangelho e concretamente favorecem aos presbíteros na construção de um projeto de autossustentação econômica, possibilitando-lhes melhor qualidade de vida e equidade financeira nos projetos pastorais de paróquias pobres, periféricas urbanas ou rurais.

O Fundo de Solidariedade promove a mudança de orientação da ação de caridade para a solidariedade. Transformou a cena de atitude paternalista cristã, com a necessidade de fazer "caridade" individual, para a ética do exercício da coletividade. Substituir "caridade" por solidariedade não é uma mera questão de palavras. É uma substituição de uma ação de caráter de assistencialismo por uma ação que busca a assistência e a autonomia do ser humano e visa à emancipação das situações que levam à exclusão.

Por isso, a criação do Fundo de Solidariedade busca a capacitação de bens financeiros, avaliação e distribuição de recursos para presbíteros e paróquias que apresentarem projetos de autossustentação. Seus principais objetivos são: desenvolver o conceito de autossustentabilidade na busca de um modelo de empreendimento financeiro que considere os pilares da espiritualidade, do cuidado de pessoas, do econômico, do ambiental e do psicossocial; distribuir de modo equilibrado as fontes de captação e criar uma rede social de recursos das dioceses entre os presbíteros e áreas com dificuldades econômicas e sociais; e a criar uma rede social de afetos, que se concretiza na construção de vínculos de amizade e modos de autossustentação.

> Este é um assunto que precisa ser amadurecido, continuar a entrar no nosso coração. Nessa perspectiva, sempre considerei importante o apoio da experiência do Fundo de Solidariedade (depoimento de padre).
>
> Olha, vamos colocar que 85% das paróquias conseguem fazer a manutenção exata. Alguns padres nós temos ajudado aqui, que é feito o pagamento pelo Fundo de Solidariedade, porque nós que estamos nas paróquias temos que repassar ao Fundo de Solidariedade 5% da receita mensal. E como o Fundo de Solidariedade é responsável por esta ajuda de manutenção dos padres, todos eles recebem, pelo Fundo de Solidariedade, dois salários mínimos; aqueles cujas paróquias não têm condição de suprir o valor da sua côngrua (depoimento de padre).

4.6 Mística e profecia

Eis o grande desafio das dioceses no contemporâneo: aproveitar a melhoria da qualidade de vida dos padres e o equilíbrio do setor administrativo-financeiro; e partir para a construção de bons projetos de evangelização e formação de padres e leigos a serviço do Reino de Deus.

Segundo o grande poeta e compositor Milton Nascimento (O que foi feito…, 1978): "Se muito vale o já feito, mais vale o que será. E o que foi feito é preciso conhecer para melhor prosseguir". Para alguns bispos e padres entrevistados, é preciso avançar, quem sabe, no recebimento de côngruas de mesmo valor por todos os padres. Não adiantaria determinar que cada pároco terá direito a dois, cinco ou dez salários mínimos. As paróquias com maior poder aquisitivo continuaram a ter grandes contribuições financeiras, e as paróquias com menor poder aquisitivo apresentarão maiores dificuldades de autossustentação. Essa instabilidade do padre produzirá graves preocupações a médio e a longo prazo e consequente prejuízo à ação pastoral evangelizadora.

> Hoje se fala, por exemplo, que cada paróquia deve pagar o seu dízimo. Se todas as paróquias e se todos os padres pagassem o dízimo, esse valor poderia vir para um fundo na mitra, assim, todos os pagamentos dos padres seriam iguais e ninguém iria ganhar mais que ninguém. Iria ser igual, pois aquele que ganha menos às vezes trabalha muito mais que aquele que ganha mais (depoimento de padre).

Outro aspecto analisado pelos entrevistados se refere aos padres idosos, conforme um gestor de diocese:

> Olha, isso é uma grande preocupação nossa, pois, o padre, quando está novo, não se preocupa em fazer uma casa, fazer uma capitalização para que ele possa, no futuro, receber uma ajuda melhor, uma colaboração no INSS, que vai beneficiá-lo no futuro. Ele só lembra disso quando surge a dificuldade e a coisa "pega" para o lado dele. Então, o que nós temos observado é que os padres idosos são aqueles que menos contribuíram para o INSS, e uma das sugestões que estamos tentando trabalhar é de tentar colocar para os padres a necessidade da contri-

> buição deles para o INSS; fazer, também, um plano de previdência privada para que ele possa, no futuro, também ajudar. Hoje estamos nos preocupando em ter um lugar para os padres morarem, que dê uma condição legal para que eles possam ser bem assistidos na sua idade atual. O que estamos observando é que cada um está em um lugar diferente e o custo que estamos tendo para mantê-los, que são os empregados, enfermeiros, o cuidador, que tem que ficar 24 horas, e aí temos que ter um rodízio de três profissionais para cuidar de uma pessoa – um custo muito alto. Então, precisamos criar uma casa que tenha todos esses recursos, como médicos, enfermeiros, a empregada que vai cuidar, um nutricionista, um psicólogo que possa estar ali para dar um suporte. É o que achamos fundamental (depoimento de padre).

Como é possível articular, no mesmo impasse ético, uma busca de realização pessoal, ministerial, profissional, econômica, com a vida presbiteral diocesana comunitária? O Papa Francisco (*apud* Carvalho, 2023) sempre anunciou que "uma outra economia é possível" e defendeu, durante o seu pontificado, a necessidade de uma nova economia que seja inclusiva, plural e participativa: a economia de Francisco e Clara. Ele propôs que a economia contribuísse para o crescimento humano integral, especialmente das pessoas mais vulneráveis.

Há pelo menos duas saídas anunciadas no horizonte da história da economia humana dos padres. A primeira busca é a recuperação da dimensão da amizade, quer dizer, do afeto por excelência, em seu verdadeiro sentido de desprendimento, como elemento básico da vida social. Os padres têm encontrado saídas coletivas no cuidado de si. Trazer de volta à cena a amizade como atitude pública, e não como espaço da intimidade privada, da amizade possessiva, do controle moral, do sadismo e do masoquismo. *Presbyterorum ordinis* (8) traz uma contribuição muito preciosa ao afirmar que "a íntima fraternidade presbiteral" não é uma questão de opção ou gosto pessoal (Paulo IV, 1965). Ela decorre do próprio Sacramento da Ordem. Na renovação do rito da ordenação, foi incluída também a imposição das mãos de todos os presbíteros, e não apenas do bispo. Sinal de que o neo-ordenando está sendo acolhido num corpo presbiteral, na comunidade do presbitério diocesano. Um presbitério ou uma comunidade fundada na valorização da amizade e da fratria trazem para a cena pública todas as bases da ternura, do companheirismo, da solidariedade e da justiça – a Quinta-feira da Última Ceia. Esse caminho leva inevitavelmente à mística. A mística é a experiência de ternura com Deus.

O segundo caminho possível é ainda mais antigo: a política. Não há saída para os impasses da sobrevivência, da autossustentação e da missão, da ética e da profecia, fora da política. A política é a capacidade de os humanos se organizarem e, juntos, descobrirem saídas para os impasses do cotidiano. Num momento em que mais se toca na morte da utopia, é importante resgatar a dimensão política nas dioceses e na vida presbiteral. O campo da política é o território do profeta, da justiça e da equidade. O campo da mística é o território do afeto. A amizade e a política se vinculam à mística e à profecia.

5
A ideologia da vergonha e o clero do Brasil

5.1 Introdução

Este é o último capítulo desta publicação e, por isso mesmo, foi batizado com o nome do livro, cujo tema central tem três escopos. Discutiremos a seguir os dois principais conceitos que originaram o título do livro: *ideologia* e *vergonha*. Depois, assinalaremos o elo existente entre algumas obras clássicas que analisaram a questão da ideologia e determinados conceitos da teoria psicanalítica freudiana, como *narcisismo*, *eu ideal*, *identificação* ou *idealização* e *ideal de eu*.

Na relação entre os conceitos de ideologia e vergonha, o que nos interessa é a noção de *resistência*, como reação às relações de poder, de prazer e de saber. Verificaremos as estratégias e as formas de resistência que poderão ser produzidas e mobilizadas pelos grupos excluídos da sociedade, em diferentes contextos sociais, políticos e religiosos, visando à transformação de suas vidas. Não pretendemos analisar com amplitude os conceitos de ideologia e vergonha. A bibliografia a respeito é ampla e não se esgota nesta obra. Portanto, consideraremos só o que for importante para os debates aqui propostos.

A palavra *ideologia* vem do grego *ideia* e pode significar *noção*, *convicção*, *princípio*. Refere-se ao sistema de crenças usado pelas pessoas para modelarem e interpretarem a realidade. O termo ideologia aparece pela primeira vez, enquanto conceito, em 1801, no livro *Elementos de ideologia*, de Destutt de Tracy (Carvalho, 2017). Não há uma definição única de ideologia. Pelo contrário, o conceito revela uma grande oscilação significativa a qual atravessa diferentes saberes, dentre os quais podemos citar a epistemologia (produção do conhecimento), a ciência política (as relações de poder) a economia (distribuição da riqueza e classes sociais), a antropologia (culturas e identidades), a psicanálise (ilusão e desejo), a religião (crenças, transcendência e superstições) e a linguagem (discursos e signos) (Eagleton, 2019).

O conceito de ideologia poderia ser definido como os modos de se legitimar o poder de uma classe ou de grupos sociais dominantes, com a finalidade de se produzir crenças compatíveis com suas conveniências e seus interesses, por meio da produção de ideias universais cujo objetivo seria obscurecer a realidade e camuflar as contradições sociais, inclusive reprimindo-as (Eagleton, 2019, p. 21). Cabe aqui perguntar: como essas crenças produzem sofrimento psíquico nas pessoas? Como desvendar ou clarificar esse mal-estar? Será que estamos naturalizando o sofrimento psíquico das pessoas humanas?

O conceito de *vergonha* vem do latim *verecundia* e significa *pudor*, *constrangimento*. Por sua vez, a palavra *verecundia* deriva do verbo *revereri* (*re*, de novo, para trás + *vereri*, respeitar). Portanto, vergonha remete à reverência esperada ou ao respeito devido a outrem por parte de um sujeito que se reconhece como responsável por algo considerado desonroso ou incorreto. Assim, a vergonha equivale ao constrangimento de um indivíduo que se sabe autor de palavras ou atos que contrariam o que é considerado justo, correto. Contemporaneamente, o conceito tem recebido atenção especial de autores dos campos filosófico e psicanalítico e dos pós-foucaultianos (Andrade, 2019; Bernard, 2022; Bilenky, 2017; Gaulejac, 2006; Gros, 2023).

A vergonha é um sentimento muito doloroso. Ela surge quando nos percebemos sendo vistos pelo outro. Esse olhar do outro agride a imagem do sujeito, pois está impregnado e ajuizado com o exame rigoroso da ideologia dominante. Nesse caso, as fantasias de perseguição, motivadas por esse olhar acusador, podem ser fortalecidas também pelas concepções religiosas de uma culpa severa e um castigo merecido, por causa dos atos pecaminosos cometidos contra Deus. Tais concepções religiosas, consciente ou inconscientemente, estão a serviço dos grupos hegemônicos, os quais utilizam a crença em Deus para perpetuar sua dominação sobre os subalternos. Assim, esse ato também se volta contra o segundo mandamento: "Não tomarás o nome do Senhor teu Deus em vão".

Contudo, apesar de tudo isso, é possível encontrar benefícios advindos da vergonha, especialmente em teses vinculadas à psicanálise, à mística e à profecia. A vergonha também tem suas virtudes, pois mostra a capacidade de o sujeito amar a si mesmo, seja enquanto valor ético, seja como instrumento de defesa dos direitos humanos. Quando alguém demanda um autoexame é porque está em busca de si mesmo, repaginando sua história e visando a reescrever novos sentidos de vida. O processo de autoanálise desfaz muitas sombras e faz com que o sujeito progrida, inserindo-o num mundo ressignificado, razão pela qual a vergonha pode ser considerada também um sentimento que demanda um outro, que aciona um outro e que, portanto, diz respeito ao grupal, ao comunitário e ao político.

A marca pejorativa ou abominável da vergonha não deve permanecer vinculada a uma única experiência de demolição da imagem do *eu*, pois essa desconstrução do *eu* pode se tornar também um ponto de encontro entre aquilo que se deseja ocultar e a possibilidade de revelá-lo. Por outro lado, sabemos que a fragilidade do sujeito denuncia as contradições sociais, uma vez que ela é apenas a parte visível das profundas marcas do contexto sociopolítico. Ao assumir a vergonha, o sujeito assume sua particularidade, transfigura-se e se liberta pela sublimação, pelo amor místico, pelo ato político e profético. No fim deste capítulo, analisaremos a vergonha enquanto fecundo sentimento de transformação.

5.2 Ideologia

5.2.1 Período clássico

Embora o conceito de ideologia tenha surgido no século XVIII, com Destutt de Tracy, é importante compreender a continuidade do estudo desse tema a partir de três filósofos precursores dessa questão. Um deles foi Sócrates (470 a.C.-399 a.C.), que, diante do Templo de Delfos, pronunciou o lendário aforismo: "Conhece-te a ti mesmo". É importante observar que o ato de *conhecer a si* mesmo estabelece uma relação lúcida entre o sujeito, o outro e a realidade. Identificar e estabelecer limites permite colocar um hífen entre o *eu* e o *outro*. Isso garante, ainda que, em termos relativos, permanecermos afastados da sombra de concepções equivocadas a respeito de nós mesmos e da realidade. Distanciar-se da excessiva demanda do outro e da inflação de informações – hoje em dia, inclusive das *fake news* – possibilitam esvaziar o furúnculo opressor e, no espaço vazio, abrir a possibilidade de ser alguém.

Platão (428 a.C.-347 a.C.), por meio da alegoria da caverna, mostrou como o ser humano pode se libertar da escuridão, da alienação[57], que o aprisiona em sua caverna interior. Nesse caso, a "caverna" remete a uma realidade eclipsada por informações equivocadas, provenientes de figuras míticas e estranhas. Por sua riqueza conceitual e metafórica, a parábola platônica merece ser transcrita. Trata-se de um diálogo entre Sócrates e Glauco, importante interlocutor e irmão mais velho de Platão, que refletem acerca do que ocorre dentro de uma grande caverna, aparentemente escura, onde se encontravam pessoas acorrentadas, sem poder se mover e tendo em seu campo de visão apenas a parede do fundo da gruta. A fim de analisar profundamente o diálogo entre os interlocutores, vamos transcrever a parte inicial de *A República*, de Platão.

> Sócrates – Agora imagina a maneira como segue o estado da nossa natureza relativamente à instrução e à ignorância. Imagina homens numa morada subterrânea, em forma de caverna, com uma entrada aberta à luz; esses homens estão aí desde a infância, de pernas e pescoço acorrentados, de modo que não

---

57. Como veremos adiante (item 5.2.3), etimologicamente, alienação vem do vocábulo latino *alienatione*, de *alienare*, que significa *transferir para outrem, alucinar, perturbar*. Essa clivagem leva o indivíduo ou os grupos sociais a um estado de não pertencimento, de ausência de controle de si mesmos, de seus direitos fundamentais, levando-os a um estado de coisificação (reificação) enquanto estrangeiros de si, do outro e do social (Liguori, 2017).

podem mexer-se nem ver senão o que está diante deles, pois as correntes os impedem de voltar a cabeça; a luz chega-lhes de uma fogueira acesa numa colina que se ergue por detrás deles; entre o fogo e os prisioneiros passa uma estrada ascendente. Imagina que ao longo dessa estrada está construído um pequeno muro, semelhante às divisórias que os apresentadores de títeres[58] armam diante de si e por cima das quais exibem as suas maravilhas.

Glauco – Estou vendo.

Sócrates – Imagina agora, ao longo desse pequeno muro, homens que transportam objetos de toda a espécie, que o transpõem: estatuetas de homens e animais, de pedra, de madeira e toda espécie de matéria; naturalmente, entre esses transportadores, uns falam e outros seguem em silêncio.

Glauco – Um quadro estranho e estranhos prisioneiros.

Sócrates – Assemelham-se a nós. E, para começar, achas que, numa tal condição, eles tenham alguma vez visto, de si mesmos e dos seus companheiros, mais do que as sombras projetadas pelo fogo na parede da caverna que lhes fica defronte?

Glauco – Como, se são obrigados a ficar de cabeça imóvel durante toda a vida?

Sócrates – E com as coisas que desfilam? Não se passa o mesmo?

Glauco – Sem dúvida.

Sócrates – Portanto, se pudessem se comunicar uns com os outros, não achas que tomariam por objetos reais as sombras que viam?

Glauco – É bem possível.

Sócrates – E se a parede do fundo da prisão provocasse eco, sempre que um dos transportadores falasse, não julgariam ouvir a sombra que passasse diante deles?

Glauco – Sim, por Zeus!

Sócrates – Dessa forma, tais homens não atribuirão realidade senão às sombras dos objetos fabricados.

A alegoria da caverna é uma metáfora da experiência humana perante a realidade que nos cerca. Cada pessoa vive em sua própria "caverna"

58. Artistas que utilizam bonecos, marionetes ou outros objetos manipuláveis para criar espetáculos, contar histórias ou divertir o público.

(instituição)[59] – isto é, seu universo subjetivo e objetivo, espelhado por sua história pessoal, sociocultural, religiosa e econômica, bem como por seus hábitos, sua educação, suas afeições e suas experiências estéticas.

A experiência de viver dentro da caverna diz respeito, primeiro, ao estado de profunda dependência do outro na infância, com suas respectivas vivências de amparo e desamparo. Como exemplo disso, podemos lembrar a figura de autoridade no processo de educação familiar, escolar e religiosa, replicada pelos meios de comunicação e pelo Estado. Por outro lado, há relações institucionais que oferecem ao sujeito possibilidades de superação e conteúdos agregadores, como as capacidades afetiva e intelectual, que proporcionam um posicionamento crítico de si e da realidade, a *autonomia*. Mas a recíproca também é verdadeira porque a instituição pode capturar o sujeito, transformando-o num ser dominado e alienado.

Os prisioneiros acorrentados na caverna – a corrente pode ser uma metáfora do cordão umbilical – encaram a parede dos fundos, iluminada pela fogueira candente eufórica. A partir da luz emitida, eles veem a projeção dos fantoches manipulados por um mito superior produzindo sombras – falsos saberes – sobre a realidade. O olhar direcionado às sombras assemelha-se a um espelho desigual, que mistura sua própria condição com a natureza das coisas observadas e, assim, provoca sua modificação. O ser humano tende a projetar o mundo de acordo com suas demandas, carências e expectativas fantásticas, e não com base na observação objetiva da realidade. Em sua carência (a angústia da falta), o sujeito tende a buscar ídolos ou "chefes importantes" nos âmbitos do mercado, da estética, das crenças religiosas suspeitas e dos saberes absolutos. A superação dos ídolos é condição essencial para a construção de um saber confiável, libertador e emancipatório. Eis o drama dual de uma pessoa nessas condições: vai da oscilação radical de funcionamento maníaco a uma conduta depressiva; trafega entre a fogueira eufórica

59. Segundo Gregório Baremblitt (1992, p. 25), "as instituições são árvores de composições lógicas que, segundo a forma e o grau de formalização que adotem, podem ser leis, podem ser normas e, quando não estão enunciadas de maneira manifesta, podem ser hábitos ou regularidades de comportamentos".

e a fogueira do desencanto. Entretanto, há uma terceira margem do rio: reconhecer a si mesmo e à realidade.

Convocar o discernimento crítico, a razão, enquanto capacidade de transformação de si mesmo e da realidade do mundo, é imprescindível para a metamorfose das sombras em luminosidades. Essa proposta é bastante contemporânea: conhecer os "ídolos" da fogueira candente eufórica – influenciadores digitais cristãos e ateus –, que distorcem os sentidos e as atitudes de entendimento, é o caminho necessário para a produção de um conhecimento ético, crítico, amoroso e emancipatório. Em Platão, não estaríamos diante da primeira definição de ideologia? Sombras, desassossego espiritual e idealizações de personagens míticos ofuscando a consciência de si e da realidade. E mais: quem produz essas sombras sobre as pessoas? Qual é a real intenção desse produtor de sombras? O que ele possui de capital econômico?

5.2.2 Período da filosofia renascentista

Étienne de La Boétie (1530-1563) é o outro filósofo convocado para nosso diálogo. O jovem La Boétie, maior amigo de Montaigne, viveu apenas 32 anos. Escreveu no século XVI, quando tinha 18 anos, uma única e magnífica obra: *Discurso da servidão voluntária*. A originalidade da tese de La Boétie é que a opressão ideológica não é contraída apenas pelas contingências das forças de opressão de um tirano, mas também pela aceitação voluntária, inconsciente, do tiranizado, pelo fascínio dos servos em relação ao senhor (La Boétie, 1982).

A dissertação de La Boétie enriquece o entendimento da submissão dos súditos ao tirano como uma forma de apagamento da consciência e da vontade deles. Por meio de perguntas, La Boétie estabelece respostas ao processo de alienação entre o dominador, tirano, e o dominado, súdito.

> No momento, gostaria apenas que me fizessem compreender como é possível que tantos homens, tantas cidades, tantas nações, às vezes suportem tudo de um tirano só, que tem apenas o poderio que lhes dão, que não tem o poder de prejudicá-los senão enquanto aceitam suportá-lo, e que não poderia fazer-lhes

> mal algum se não preferissem, a contradizê-los, suportar tudo dele. Coisa realmente surpreendente (e no entanto tão comum que se deve mais gemer por ela do que surpreender-se) é ver milhões e milhões de homens miseravelmente subjugados e, de cabeça baixa, submissos a um jugo deplorável; não que a ele sejam obrigados por força maior, mas porque são fascinados e, por assim dizer, enfeitiçados apenas pelo nome de um que não deveriam temer, pois ele é só, nem amar, pois é desumano e cruel para com todos eles (La Boétie, 1982, p. 43).

No trecho acima, pode-se perceber três preocupações do filósofo francês. Primeiro, notamos sua perplexidade com relação ao limiar de tolerância relativamente à dominação, por parte de tantas pessoas e até de multidões miseráveis perante um único tirano. Segundo, percebemos que a relação de submissão é mantida, de um lado, pelo domínio do tirano e, de outro, pela fascinação enfeitiçada ou encantada do oprimido diante do opressor. E, finalmente, observamos a estranheza de os dominados amarem um sujeito desumano e cruel.

No fim do texto, Étienne salienta a importância da liberdade enquanto dom supremo dos humanos e provoca o leitor, quando mostra que, até entre os animais, a experiência da liberdade é preservada e garantida, literalmente, com "unhas e dentes":

> Os bichos (valha-me Deus!), se os homens quiserem compreendê-los, gritam-lhes: Viva a liberdade! Vários deles morrem logo que são capturados. Como o peixe, que perde a vida quando o retiram da água, se deixam morrer para não sobreviverem à sua liberdade natural (se os animais tivessem entre si categorias e preeminências, em meu entender, fariam da liberdade sua nobreza). Outros, dos maiores aos menorzinhos, quando são capturados, resistem tanto com as unhas, os chifres, os pés e o bico que por aí demonstram bastante seu apreço ao bem que lhes roubam. Uma vez capturados, dão-nos tantos sinais aparentes do sentimento de seu infortúnio, que é bonito vê-los desde então languir em vez de viver, não se comprazendo nunca na servidão e lamentando continuamente a privação de sua liberdade.
>
> Com efeito, o que significa ação do elefante – que, tendo se defendido até o limite, sem esperança, na iminência de ser captu-

> rado, bate sua mandíbula e quebra os dentes contra as árvores – senão que, inspirado pelo grande desejo de permanecer livre como é por natureza, concebe a ideia de negociar com os caçadores para ver se poderá libertar-se a troco de seus dentes; se, deixando como resgate seu marfim, recobrará sua liberdade (La Boétie, 1982, p. 43).

La Boétie, no fim, apresenta algumas pistas referentes à dolorosa dominação, à humilhação e ao apagamento da consciência de si perante o outro, o tirano. Não só é possível resistir à opressão, mas também fazê-lo sem recorrer à violência – segundo ele, a tirania se autodestrói como resultado de os indivíduos se recusarem a consentir em sua própria escravidão. Os oprimidos podem construir seu próprio caminho organizando-se coletivamente, na recusa à obediência cega, e reagindo ao fascínio enfeitiçado ou encantado em relação ao tirano. Nesse caso, é preciso substituir pela razão a suposta segurança que lhe é sedutoramente proporcionada, mas que, de fato, traduz-se em exploração e dominação. La Boétie apresenta a resistência passiva como uma escolha consciente e de responsabilidade ética, ao romper o vínculo de servilismo com o déspota.

5.2.3 Período da Revolução Industrial

Dois estudiosos do conceito de ideologia se destacam durante a Primeira Revolução Industrial, que vai de 1760 a 1850, e no período logo após essa transformação mundial. Em primeiro lugar, encontra-se o filósofo e economista alemão Karl Marx (1818-1883) e, em segundo, já na pós-Revolução Industrial, o filósofo e cientista político italiano Antonio Gramsci (1891-1937).

Não há a intenção de analisar com amplitude o conceito de ideologia nas obras dos autores citados. Nosso objetivo aqui é outro: descrever, pontualmente, o conceito de ideologia dos dois pensadores e também seus desacordos, os quais são, na verdade, complementares. Utilizaremos, neste estudo, textos deles e de comentadores (Chauí, 2025).

O materialismo histórico não separa a produção das ideias do contexto social e histórico. Em outras palavras, a produção do pensamento do sujeito – entendido como volta sobre si mesmo – só ocorre dentro de um contexto social, econômico e histórico. Ao contrário disso, os produtores das ideologias dominantes, para disfarçar sua dominação, tendem a analisar as ideias das pessoas como construções independentes da realidade histórica e social. Assim, eles criam visões de mundo falsas e equivocadas, sem fundamento histórico-social, relativamente ao sujeito ou aos grupos sociais.

Os autores do materialismo histórico afirmam que a ideologia não é um processo subjetivo consciente, mas um fenômeno ao mesmo tempo objetivo e subjetivo, que se desenvolve de forma involuntária, à revelia da vontade consciente do sujeito, já que é produzido pelas condições objetivas da existência social dos indivíduos. Para o materialismo histórico, existem fatores que potencializam a força efetiva das ideologias opressoras sobre os sujeitos. Vejamos pelo menos quatro aspectos dessa corrente de pensamento.

Primeiro, o materialismo histórico mostra que, quando se separa o trabalho material do trabalho intelectual, na prática, é construída a ideia de que o trabalhador desenvolve o trabalho físico, manual, material, porque não tem condições de desenvolver o trabalho intelectual, já que ele "não pensa" ou "não sabe pensar". Por outro lado, o proprietário dos meios de produção e da força de trabalho não faz o trabalho material porque sua função é gerir seus negócios, sua tarefa principal é considerada superior, intelectual, exatamente porque, segundo a ideologia dominante, ele "sabe pensar".

Decorre dessa concepção que o trabalhador pobre é um sujeito cujo saber não é reconhecido ou valorizado pelo grande proprietário. Após a Revolução Industrial, o trabalhador não é simplesmente explorado, ele é também aquele que foi despojado da capacidade de saber. Ele é visto como o apertador rotineiro de parafusos. Ele é avaliado como um sujeito inútil, altamente substituível, descartável, sem *status*, alguém desconsiderado, sem identidade, sem saber e sem nome.

Nesse caso, a pobreza do trabalhador é acentuada por uma nova forma de opressão. Trata-se de uma nova pobreza, que se alimenta da indignidade de ser destituído à força da capacidade de pensar – atributo tão fundamental da espécie humana que serve como divisor de águas entre ela e as demais espécies animais. Sendo assim, a suposta incapacidade de pensar e o não reconhecimento de uma inteligência natural da espécie provocam, nesse sujeito submetido e degradado, a mais profunda vergonha. Vergonha que atravessa toda a sua vida. Vergonha de ter que responder de um lugar em que é o outro – o proprietário de sua força de trabalho – *quem sabe sobre ele*.

Assim, as infinitas massas humanas alienadas reproduzem inúmeras vezes o desejo, que lhes foi introjetado, de seus dominadores, desvalorizando seu próprio saber, sua inteligência inata e seu aprendizado constante, ou seja, *não dando um pingo de valor àquilo que faz*. Além disso, esse sujeito alienado de sua própria condição se espelha na cínica frase do outdoor típico do neoliberalismo: "*Keep smiling*!", "Continue sorrindo"; ou "Siga em frente como se sua vida fosse ótima", "Aceite, que dói menos".

Por meio do modelo de mercado neoliberal e ao contrário do tempo em que se organizaram os primeiros sindicatos, os trabalhadores vêm perdendo o sentido de pertença a um grupo. Cada vez mais, os trabalhadores pobres se tornam indivíduos isolados, divididos entre si e desiludidos quanto à realização de ações coletivas.

Para Maria Rita Kehl (2015, p. 89), trata-se de trilhar

> a única via rápida de ascensão social desses que tentam se virar sem garantias trabalhistas, sem proteção sindical, sem uma rede de solidariedade formada por outro da mesma categoria, nas condições de concorrência selvagem do capitalismo tardio.

Os trabalhadores não deixaram de existir. Eles constituem a maioria das sociedades humanas. Existem aos milhões! Mas não os encontramos mais sob a forma de comunidades solidárias. O modelo de capitalismo neoliberal vigente rompe com os laços de solidariedade e fraternidade que caracterizam os trabalhadores pauperizados. Nesse caso, é como se eles tivessem "perdido a moral". Mas, de fato, o que perderam foi sua força coletiva e seu *status*, e agora enfrentam uma condição vergonhosa, pois se tornaram um mero "material humano". Em muitas famílias pauperizadas, os filhos já não seguem o mesmo trabalho dos pais. Pelo contrário, morrem de acanhamento diante da profissão de seus progenitores. Nesse ambiente – de rejeição à condição de trabalhador e supervalorização da situação de consumidor – os filhos são encorajados a recusarem a imagem dos pais para não aumentarem sua própria vergonha sobre sua origem pobre, descartável, desprezível (Bernard, 2022, p. 264, 273). O crescimento do modelo neoliberal preconiza o *self-made man* – aquele que consegue sucesso por si mesmo, por meio de seus talentos e esforços –, numa valorização cruel da "meritocracia", cujas bases o Papa Francisco, na *Laudate Deum* (p. 17), chamou de "lógica perversa":

> Incrementam-se ideias erradas sobre a chamada "meritocracia", que se tornou um "merecido" poder humano ao qual tudo deve ser submetido, um domínio daqueles que nasceram com melhores condições de progresso. Outra coisa é a sadia abordagem do valor do compromisso, do desenvolvimento das próprias capacidades e de um louvável espírito de iniciativa; mas, se não houver uma busca real pela igualdade de oportunidades, a meritocracia facilmente se transforma em uma barreira que consolida ainda mais os privilégios de poucos com maior poder.

No cenário neoliberal, sem história, sem autoestima e sem tradições, a população empobrecida se envergonha duplamente de sua própria condição: além de sua suposta incompetência ser fruto de uma pseudo incapacidade intelectual e pessoal, ela muitas vezes se apresenta como um castigo divino. Noutras palavras, é como se o indivíduo pobre não tivesse feito a sua parte e, por isso, não merecesse a ajuda de Deus. Em vez disso, do ponto de vista objetivo, científico e religioso-emancipatório, esse ser humano empobrecido carrega sua pobreza porque nasceu com ela e não teve oportunidade de resolvê-la de forma satisfatória, desde que sempre foi considerado como um sujeito intelectualmente incapaz, destinado apenas ao trabalho braçal, manual, físico e excluído das principais fontes de aquisição do saber, como a escola, o acesso à cultura, à ciência, à arte etc. Hoje, os dominadores proclamam a meritocracia, reproduzida incessantemente por um *coaching* que defende a teologia da prosperidade.

Segundo, o materialismo histórico discute a experiência da produção de alienação dos sujeitos. Etimologicamente, *alienação* vem do vocábulo latino *alienatione*, do verbo *alienare*, que significa *transferir para outrem*, *alucinar*, *perturbar*. Essa situação - de transferir para o outro sua própria capacidade de se posicionar diante de algo, de elaborar uma opinião ou emitir um juízo a respeito de fatos, eventos, outros sujeitos, atitudes etc. - constitui uma clivagem ou um afastamento entre o indivíduo ou o grupo social e a sociedade como um todo. Essa separação gera um estado de não pertencimento, em que o indivíduo ou o grupo social se sente alheio ao que ocorre no resto do mundo. Essa situação de quebra ou fratura entre sujeito e mundo gera sensações e atitudes de distância e indiferença de cada indivíduo diante do outro. Assim, o olhar alienado percebe com estranheza e desinteresse as questões vitais da vida coletiva e, por isso mesmo, não tem conhecimento sobre seus próprios interesses pessoais e de classe, desconhecendo seus direitos fundamentais. O indivíduo alienado percebe a si mesmo não como um sujeito, mas como alguém em estado de coisificação (reificação), enquanto um estrangeiro de si próprio, do outro e do social (Liguori, 2017).

Terceiro, na visão marxista, o poder da ideologia garante a dominação de uma determinada classe sobre outra, tendo como finalidade ocultar as reais causas da separação entre ambas. Com isso, a ideologia dominante - criada, veiculada e desenvolvida pela classe dominante - cria muitas narrativas de que a vida é assim porque sempre foi assim, em decorrência da ação de forças superiores aos homens, como a natureza, a hereditariedade genética, a herança dos bens familiares, a existência de uma raça superior, geralmente identificada como sendo a raça branca, a sorte que contempla alguns seres humanos especiais, a ação dos deuses ou de Deus etc. Assim, esse movimento amplamente difundido, que pretende ocultar a realidade social com os objetivos de dominar, explorar e mitificar os trabalhadores, é perversamente ideológico. Noutras palavras, trata-se de uma narrativa dos dominadores que acalanta o sono dos dominados e impede ou retarda seu despertar para a consciência de si mesmos como classe dominada.

Quarto, percebemos que a ideologia não é uma construção teórica desvinculada do sujeito e da realidade. Pelo contrário, a ideologia é exatamente o resultado de uma *práxis*[60], ou seja, de um modo de viver, de rezar, de amar, de trabalhar, de gerar valores econômicos e sociais. Vinculada às classes dominantes, a ideologia pode ser produzida também como um modo de agir na prática social, por pessoas inseridas em estruturas institucionais.

Em resumo, os quatros fatores que potencializam a força da ideologia são assim pontuados por Marx:

> Os indivíduos que constituem a classe dominante possuem, entre outras coisas, também consciência e, por isso, pensam. Na medida em que dominam como classe e determinam todo o âmbito de uma época histórica, é evidente que o façam em toda a sua extensão e, consequentemente, entre outras coisas, dominem também como pensadores, como produtores de ideias, que regulem a produção e distribuição das ideias de seu tempo e que suas ideias sejam, por isso mesmo, as ideias dominantes da época (Chauí, 2025).

Platão, La Boétie, Marx e Gramsci apresentam dois pontos convergentes. Primeiro, num determinado sistema social (na caverna), produzem-se sensações, ideias, representações, enfim, uma visão de mundo, para justificar e legitimar a dominação de um grupo ou classe social, com interesses universais ou comuns a todos os integrantes desse grupo ou dessa classe. Segundo, toda "caverna", enquanto dispositivo de opressão, tem dono, tem capital econômico e tem como objetivo alienar (separar ou dividir) o sujeito e, como consequência, fazê-lo acreditar que o conhecimento que lhe é endereçado é "verdadeiro". Nesse caso,

60. Segundo Thomas Bottomore (1993, p. 292), "a expressão *práxis* refere-se, em geral, a ação, atividade e, no sentido que lhe atribui Marx, à atividade livre, universal, criativa e autocriativa, por meio da qual o homem cria (faz, produz) e transforma seu mundo humano e histórico e a si mesmo; é uma atividade específica do homem, que o torna basicamente diferente de todos os outros seres. Nesse sentido, o homem pode ser considerado como um *ser da práxis*, entendida a expressão como o conceito central do marxismo, e este como a 'filosofia' (ou melhor, o 'pensamento') da práxis".

existem várias agências que contribuem para a produção dessas ideias: as relações familiares, os meios de comunicação de massa, alguns livros didáticos, determinadas práticas pastorais das igrejas, as escolas, fábricas e repartições de trabalho, os clubes sociais e até mesmo os tipos de arquitetura presentes na cidade, além dos nomes de praças e ruas que sempre remetem aos heróis dominadores.

Diferentemente de Platão, Marx e Gramsci, La Boétie afirma que a ideologia, enquanto fábrica de crenças, embora possa mobilizar ilusões, também pode produzir movimentos (acontecimentos) tanto de repressão e conservação, de libertação e de emancipação. Toda crença ilusória é um forte dispositivo que provoca os movimentos das ideias, tanto para obedecer quanto para desobedecer. Ilusão, nesse caso, não é sinônimo de mentira, mas equivale a fantasia, sonho, utopia, imaginação.

Dessa forma, percebemos que a ideologia não é, em si, negativa. Tampouco as ideologias são iguais entre si. Elas constituem o terreno comum e necessário da produção de consciência sobre a realidade na qual o sujeito está inserido. Não existe nenhum ser humano – até mesmo o psicótico – que não participe de uma determinada concepção de mundo, ainda que inconscientemente. Quando a concepção de mundo não é crítica, mas apenas do senso comum, ela desagrega o sujeito, transformando-o em homem-massa, ou seja, em homem alienado, sem consciência política, que segue a massa humana sem questionamentos. Esse processo é chamado de *massificação*.

É importante salientar que um sentido pejorativo do conceito de ideologia prejudica a real compreensão do fenômeno, seja no âmbito individual ou social. Por isso, é necessário distinguir as crenças e concepções de mundo de um determinado grupo cujo interesse é dominar, mitificar e explorar as pessoas, especialmente as mais frágeis, pobres e discriminadas; e outro grupo, cujas concepções de mundo sustentam sua luta pela própria libertação da classe dominante e almejam, portanto, se emancipar diante da dominação. As formações ideológicas permitem aos seres humanos conceber e compreender os conflitos sociais e econômicos, levando-os a se posicionar diante deles, ao longo de sua vida, combatendo-os ou não. De qualquer forma, as ideologias produzem não só conhecimentos concretos, mas também ilusões, orientando as perspectivas de vida.

Entretanto, não devemos entender a "ilusão" como "erro" ou "falsidade", pois, de fato, não há ideologias falsas ou erradas, de um lado, e ideologias verdadeiras ou corretas, de outro. Por ilusão, devemos entender afirmações ou promessas de experiência do absoluto. Um bom exemplo disso é o pensamento mágico das crianças, nos primeiros anos de vida, quando imaginam que são os super-heróis da fantasia. Trata-se de uma crença sedutora, por meio da imaginação de algo invertido, de sentido passageiro com relação ao olhar. Assim, a criança poderia estar dizendo, de forma metafórica: "Eu sou um grande homem". Na infância, a ideologia pode transformar o sujeito-criança num super-homem forte, atraente e belo. E isso não é uma mentira deliberada, uma falsidade proposital ou um erro absoluto. Pelo contrário, essa ilusão quanto à sua realidade faz com que a criança cresça emocionalmente, dialogando de forma segura com sua própria fragilidade e visando à superá-la.

Assim, a imaginação contribui pra moldar a realidade, o que é um dado do pensamento muito robusto, que recria um fato sob a perspectiva apenas afetiva ou emocional. Esse mecanismo divide o sujeito radicalmente entre o emocional e o racional, modelando a imaginação, alienando o sujeito dos fatos da realidade. Vamos aprofundar essa questão, em seguida, com as contribuições de Freud acerca do tema da vergonha.

La Boétie e Gramsci propõem a inversão do efeito da ideologia do tirano, quando sinalizam a capacidade de o sujeito tiranizado criticar a submissão injusta e desigual. Nesse caso, a dependência dos súditos é anulada por meio da resistência que, tendo aspectos passivos e ativos, modifica sua atitude servil perante o tirano.

Para Gramsci, a ideologia é uma ferramenta intelectual que produz concepções e ideias favoráveis a uma certa classe dominante, visando à opressão das outras classes sociais às quais, estando alienadas, dão seu consentimento a essa opressão, pois não percebem sua existência. Mas Gramsci também mostra que as ideias são concepções de mundo e que os sujeitos podem se apropriar dessas ideias, de acordo com o seu grupo de origem – a sua classe social – transformando-as num conjunto de circunstâncias materiais, crenças e valores que passam a nortear sua vida. Nesse caso, a nova modelagem das crenças e da vida são, ao mesmo tempo, resultado e motor de uma nova consciência humana, que recusa a situação servil e propõe uma organização política emancipatória. Portanto, segundo Gramsci, as classes sociais geram diferentes ideologias às quais se tornam um espaço de luta constante entre essas classes.

Quando experimenta o desamparo, o sujeito passa a elaborar sua própria visão de mundo. Ao se distanciarem das fantasias sedutoras do opressor, num primeiro momento os oprimidos experimentam o desamparo – trata-se de uma tentativa de anular a força do tirano, segundo La Boétie. Reconhecendo o buraco da existência humana, o sujeito em desamparo percebe que nada tem sentido e experimenta um forte sentimento de solidão. É uma dor que não cessa. Essa experiência, angustiante, é essencial para se libertar. Para Vladimir Safatle (2016), trata-se de

> um acúmulo de necessidades que não obtêm satisfação, isso para sublinhar o caráter de desabamento das reações possíveis. Pois estar desamparado é estar sem ajuda, sem recursos diante de um acontecimento que não é a atualização de meus possíveis. Por isso, ele provoca a suspensão, mesmo que momentânea, da minha capacidade de ação, representação e previsão[61].

Nesse sentido, Gramsci se distancia de Marx, da visão clássica de ideologia como mero reflexo da base econômica, e introduz o sentido da produção independente de concepção de mundo como motor de mudança. Para Gramsci, a concepção de mundo do sujeito ou do grupo de oprimidos difere da concepção do opressor, tornando-os construtores de uma nova visão de mundo – posição hegemônica da classe dos oprimidos. É concepção de mundo crítica, propositiva e emancipatória e que só é construída por meio da vivência angustiante da experiência do desamparo. O amor e a solidão são duas experiências que dizem respeito à vida de todos

61. A partir desse parágrafo, aprofundaremos as ideias de amparo e desamparo, do filósofo Vladimir Safatle até as páginas finais de todo o capítulo 5.

os humanos. É o que vamos analisar no fim deste capítulo: a emancipação ocasiona separação, enquanto experiência do desamparo.

5.2.4 Desamparo enquanto resistência

Para o sujeito humano se tornar independente, crítico e emancipado, é necessário que ele realize uma ruptura, um distanciamento afetivo mítico, com o modelo ideológico produzido pelo tirano, o qual cria e revigora sempre a dependência infantil. Tomemos como exemplo a figura do pai e teremos uma sucessão de modelos tirânicos: pais da infância, pai Deus "castigador", pai Estado populista ou totalitário, pai bispo, pai patrão, pai latifundiário, pai influenciador digital e tantos outros...

Se, de um lado, a primeira experiência amorosa possibilitou ao sujeito um enorme amparo, ilusório ou não, por outro lado, essa extensão prolongada de afeto dependente, impede o ser humano de atuar como um verdadeiro ator, ativo e participativo na construção de seu dia a dia. Cotidianamente, insistimos que, no relacionamento amoroso, encontraríamos a parte que supostamente nos faltaria, a parte que nos livraria da angústia do desamparo, a parte que nos preencheria absolutamente (Suy, 2022). Ora, em toda experiência de amor está presente a solidão, ou seja, a separação: conseguimos obter um hífen de união, jamais a fusão. É necessário conceber a ruptura desses modelos ideológicos de fusão, é preciso vê-los como meio e não como fim, de modo a recolher dessa fusão seus incontestáveis ensinamentos, sem renunciar à exigência de romper com ela em favor da construção de um novo poder, nesse caso, o jeito de conviver entre os oprimidos.

Portanto, realizar a primeira ruptura ideológica contra a dominação, não desconhecendo a força ideológica do tirano, e a segunda ruptura, enquanto afirmação da autonomia que se encontra na emancipação do sujeito, faz com que a ideologia que envergonha não seja algo contra a qual se luta, mas algo que se afirma positivamente (Safatle, 2016). Ressaltamos que há diferença entre a ideologia estranha, do tirano, e a concepção de mundo que é própria, crítica e produzida por si mesmo ou pelo grupo a que se pertence. A ideologia do tirano é uma experiência que reproduz a regressão do medo e o estado infantil do desamor. Ela camufla a solidão e o hífen de união. Ora, o desamparo é a ruptura e o reconhecimento de ser um sujeito alforriado. É uma experiência necessária para se libertar da ideologia dos tiranos.

Papa Francisco adverte sobre a paralisia do medo e do imobilismo diante do conflito de separação. Todo conflito exige uma ruptura e instaura uma crise. Toda crise busca algo afirmativo e oportuniza ações.

> Não devemos permanecer paralisados pelo medo, nem sequer viver aprisionados no conflito. É necessário reconhecer o perigo, e também a oportunidade que cada crise pressupõe para progredir rumo a uma síntese superadora. Na língua chinesa, que exprime a sabedoria ancestral daquele grande povo, a palavra crise é formada por estes dois ideogramas: *wēi,* que representa o perigo; e *jī,* que representa a oportunidade (Francisco, 2017).

A consciência de desamparo perante o tirano gera a emancipação, sobretudo, quando somos capazes de manejar, minimamente, a angústia em relação às mudanças. O desamparo, enquanto angústia de mudança, cria desejos de vínculos. O reconhecimento do desamparo produz entre os desamparados, os excluídos, contingências de mudanças. Ao contrário, o medo, enquanto produtor de isolamento, de resistência a vínculos, provoca atitudes infantis, dissemina a fragmentação, a culpa e as formas regressivas de violência entre os seres humanos, nos grupos sociais em que vivem.

O medo anabolizado amplifica o estado de alerta, demonstra o receio de se fazer algo e de se sentir ameaçado por se expressar com liberdade. O medo também produz a inibição e a vergonha, que se manifestam através do desânimo, da apatia, da acídia e do *burnout*, enquanto formas de desinteresse pelo coletivo. O medo produz pessoas frágeis e, frequentemente, murmurantes. Também pode gerar desconfianças, oposicionismos e fugas. Em quadros de ansiedade, quando o indivíduo teme, antecipadamente, o encontro com determinadas situações ou pessoas, o medo amplifica a impotência que, por sua vez, é geradora de vergonha. Os sujeitos oprimidos, marcados por uma timidez mórbida, apresentam quadros dominados por uma forma particular de angústia, uma espécie de sensação de alarme constante, associada a um medo excessivo de se expor e de sentir vergonha.

5.3 Vergonha

5.3.1 Introdução

O tema da vergonha, até recentemente, recebeu muito pouca atenção das ciências humanas: Psicologia, Sociologia, Antropologia, Ciências Políticas e Comunicação. Entretanto, observa-se que essa tendência vem diminuindo nos últimos anos devido aos estudos com as populações excluídas: indígenas, mulheres violentadas, imigrantes, idosos e os marginalizados por questões econômicas, intelectuais, raciais e de orientação afetivo-sexual, além de jovens violentados pelos meios cibernéticos. A falta de limite entre o público e o privado vem aumentando a violência nas redes sociais da internet por meio do *bullying* virtual, ou *cyberbullying*, o qual visa envergonhar, intimidar, humilhar e assediar a pessoa com mensagens de texto, de vídeo, de meme, de e-mail e de jogos on-line. A vergonha é a guardiã de nossa intimidade, mas pode se tornar a neurose fóbica de defesa persecutória diante da violenta cultura da vergonha social (Bilenky, 2016, p. 12, 30, 104).

Geralmente, os componentes da população oprimida relatam sua extrema dificuldade de inserção social, não obstante sua profunda demanda de amor, reconhecimento e acolhida por parte do outro. Seu dia a dia lhes parece repleto de imensos desafios insuperáveis. Vivem experiências de constante estranhamento no contato com as pessoas e se sentem frequentemente agredidos, física e simbolicamente, na situação de vigiados, avaliados, errantes e inadequados diante do olhar de um outro que, projetivamente, representa supostos saber e poder, além de se mostrar esteticamente superior. O oprimido escuta a voz angustiante de um hóspede tirano que grita, sadicamente, dentro de sua alma: "azarado", "mal-educado", "ilegítimo", "humilhado", "incapaz", "indigno", "sujo", "feio", "não merecedor". Perante esse ataque insano, cotidiano e doloroso, o indivíduo silencia, porque a vergonha é uma agressão diante da qual é preferível se calar (Gaulejac, 2006). Esse silêncio imposto é a única via de defesa para uma solidão profunda e resiliente.

A ideologia burguesa é fixada neuroticamente pela cobiça da honra (Gaulejac, 2006). Ela reivindica a honra como um atributo típico da classe "superior". Assim, divide a sociedade em dois blocos: famílias nobres, detentoras de honra, e famílias inferiores, desonradas (Gros, 2023, p. 17). A ideologia burguesa produz a vergonha da desonra de pertencer a uma família pobre, sem registro de nome e sobrenome, carente da herança de sangue e propriedades. Nesse contexto, o sujeito sente uma profunda vergonha de pertencer a uma classe economicamente inferior; sofre o constrangimento de não se encaixar nos padrões tradicionais de beleza nem ter medidas corporais dentro do manequim *top model*; experimenta a ameaça do julgamento moral que o nomeia como preguiçoso, indolente e dependente de benefícios do Bolsa Família e das cotas raciais; percebe que, na escola, é colocado na última fila da sala de aula porque é pobre ou é classificado de insuficiência intelectual, quando sua pronúncia ou construções gramaticais fogem do padrão culto. Esse indivíduo está envergonhado porque seu corpo exala odor forte e desagradável ou sua orientação sexual foge dos padrões normativos (Gaulejac, 2006. p. 63). A vergonha também deprime dolorosamente, quando se usa vestido, camisa ou sapato sem grifes elegantes; quando se come uma marmita no trabalho; quando a pele é preta ou parda e os pés são ásperos com calcanhares ressecados e rachados. A dor da vergonha pode ter origem nas imperfeições dentárias, com dentes descorados ou desalinhados, e nas bocas totalmente desdentadas (Gros, 2023, p. 34). Outra fonte de constrangimento é ser obrigado a permanecer em enormes filas, buscando assistência à saúde.

Finalmente, no jeito bruto, desajeitado, "preguiçoso" e rotulado de Jeca Tatu[62], Macunaíma e Policarpo Quaresma, encontramos algumas

---

62. Caricatura do caipira brasileiro, o Jeca é um dos mais conhecidos personagens de nossa cultura. De caboclo preguiçoso, parasita e indolente à vítima de doença, a trajetória do matuto desenvolvido por Monteiro Lobato está relacionada ao papel conferido

(auto)imagens do povo brasileiro. Percebemos que o "preguiçoso" e o envergonhado são sócios da sociedade do fracasso, os eternos demissionários. No caso específico de *Macunaíma,* de Mário de Andrade, percebemos a construção da subjetividade de sujeitos colonizados diante de seus colonizadores. Em nosso entender, a obra é o paradigma brasileiro da preguiça projetada como *bullying* agressivo e discriminatório da população pobre, sobretudo das populações dos estados do Norte e Nordeste do país.

Macunaíma é um personagem inusitado, que se encontra com sujeitos particulares e vai se reinventando. Seus encontros com caminhantes, mágicos e autoritários de diferentes facetas obrigam-no a visitar-se a si mesmo. O personagem se constrói no campo de sujeitos fluídos, sem se fixar em um único esquema, e se inscreve na construção da identidade do modernismo brasileiro. Ele é o herói sem caráter, sem personalidade cristalizada, sem características fixas. É filho de uma índia e não conhece seu pai. Disse a primeira frase – "Ai, que preguiça!" – aos seis anos. Índio que nasceu preto retinto, entra debaixo de uma fonte de água mágica e fica branco. A família embarca em um pau-de-arara e vai parar na cidade grande onde, mais tarde, Macunaíma veste-se como *hippie*, de acordo com a moda da época. Ao fim, ele morre devorado por uma sereia amazônica. Macunaíma, o anti-herói, representa o brasileiro do Norte e do Nordeste que acaba sendo seduzido pelos hábitos da metrópole para se adaptar a uma lógica colonial. Essa tentativa de criar uma identidade metropolitana, a partir de uma cultura híbrida, é uma característica da obra de Mário de Andrade, presente no *Manifesto antropófago.*

Jeca Tatu, Macunaíma e Policarpo Quaresma denunciam a fábrica social e ideológica do imenso rosário da vergonha: do desprezo, da desonra, do rebaixamento, da amputação da potência, da afronta, da liquefação

---

às políticas de saúde pública e de educação no desenvolvimento econômico e social do país. Trata-se de uma das mais fortes representações sociais de nossa identidade, em que se articula o retrato pobre, ignorante e doente da sociedade – especialmente dos trabalhadores rurais, personagens muito presentes na literatura brasileira – à regeneração e salvação do "povo" por meio da ação do Estado.

do prestígio, da degradação da honra, do insulto à própria imagem e, sobretudo, da desfiliação do convívio amoroso, em síntese, da *exclusão*. A exclusão gera repulsão. O movimento de repulsa está sempre associado a certas imagens, como as de vômito, do corpo esteticamente feio, sujo ou cheio de pústulas. É o opróbio, enquanto alto grau de baixeza, infâmia, abjeção e deterioração. Essa situação lembra o pesadelo hobbesiano onde os fortes crucificam os fracos, onde a atrocidade física e simbólica, incluindo o genocídio, provoca um retorno à selvageria e à dominação atávica e desenfreada as quais definem o colonialismo e sua longa história de exploração.

O processo de migração enquanto exclusão e expulsão geram profundamente um processo de desenraizamento. Acerca disso é extremamente importante a reflexão de Dom Hudson Ribeiro[63]:

> o conceito de *enraizamento* da filósofa francesa Simone Weil, que não se refere apenas a um lugar físico, mas a uma conexão profunda e empática com o ambiente, a cultura e a história, sendo uma necessidade humana fundamental para a afirmação da identidade dos sujeitos e de um povo. Simone Weil considera o enraizamento como uma das condições ontológicas mais importantes do ser humano, e ao mesmo tempo, mais negligenciada.

O *desenraizamento*, por outro lado, é exatamente esse distanciamento dessas raízes, desse lócus de onde se veio e, nesse sentido, não tanto de voltar ou não ao território físico onde nasceu e se criou, mas do distanciamento postural de não pertencimento ao ambiente que antes lhe pertencia. Nem tanto a postura de deixar de valorizar verbalmente suas origens e raízes, mas de não querer se envolver com as mazelas sociais ou condições que ferem a dignidade das pessoas do lugar de onde se veio. Eu chamo isso de desenraizamento velado.

Simone Weil nos ajuda a refletir que o desenraizamento pode levar à perda de identidade, à busca pelo poder, ao conservadorismo, à perda

---

63. Dom Joaquim Hudson de Souza Ribeiro é bispo auxiliar da Arquidiocese de Manaus, psicólogo, filósofo, doutor em Ciências pela USP e pós-doutorado em Psicologia Clínica pela Universidade do Porto, e diretor da Faculdade Católica do Amazonas.

do senso comunitário para o centralismo no subjetivismo a partir do bem-estar do próprio sujeito, à alienação, à perda de sentido existencial, à dificuldade de estabelecer relações recíprocas e significativas, e a busca de compensações ilusórias.

> Nesse sentido, o pensamento de Simone Weil sobre *enraizamento* e *desenraizamento* nos oferece luzes para compreender o que esse livro vem nos provocar sobre "a ideologia da vergonha e o clero do Brasil". Vergonha como expressão de desenraizamento. Vergonha como negligência cultural e histórica em se negar, não verbalmente, mas em atitude profética, em enfrentar junto com o povo de Deus e para o povo de Deus, os sinais de morte que ferem a dignidade humana e que clamam aos céus. Talvez por isso que, como um modo "inconsciente" de velar esse mundo tão feio, fétido e dolorido da miséria e da pobreza humana, se aflore uma tendência estética crescente das rendas e babados, *clergyman*, muita fumaça, muito brilho... Ou, talvez, não tão "inconsciente" assim, de tomar a decisão de não querer mesmo se desinstalar de certezas que falseiam uma segurança aparente e estável.

Por isso, a vergonha nasce de um ato de violência social: violência física ou violência simbólica. O principal fator de introjeção da dor da vergonha é não poder falar da situação que produziu o ato (Gaulejac, 2006, p. 17-21). A vergonha é reeditada no silêncio e no segredo. Daí, a sua força enquanto proibição de falar do ocorrido. Tornar o ato violento indizível é também uma forma de prevenção: ao falar da situação, o sujeito experimenta a angústia da consciência do acontecimento reprovável e corre o risco de possíveis retaliações dos agressores. Mas o resultado não é saudável, pois calar reprime e adia o processo de simbolização e de elaboração do sofrimento. Do "cala a boca" brota a inibição, enquanto autoagressão. A pulsão agressiva é impedida de escoar e o único caminho, para o sujeito, é atacar a si mesmo pela autopunição e pela liturgia do flagelo de se culpar.

O segredo da vergonha é o "não dito" que o oprimido guarda a sete chaves no sacrário de sua intimidade. Geralmente, o "não dito" é uma experiência histórica que ocorreu no interior de um grupo social: na família, na Igreja, na escola, nas agências do Estado, nos meios de comunicação cibernético ou em diferentes lugares sociais. O "não dito" não pertence a um indivíduo, é um segredo da instituição. Revelar o segredo significa desvelar o véu da instituição e provocar a nudez dos atores institucionais. O véu do silêncio encobre assédios morais e sexuais, distúrbios racistas, poder machista, saber que humilha, abuso econômico, perseguição religiosa e cultural.

O sentimento de vergonha denuncia o abuso de poder, o distúrbio narcísico regrado numa cultura milenar impregnada dos aspectos patriarcal, racista, machista e de privilégios de classe social. Os abusos de poder sexual, econômico, racial e religioso são problemas graves e prejudiciais, que afetam pessoas de todas as origens e diferentes idades, incluindo aquelas que estão dentro de comunidades religiosas masculinas e, sobretudo, femininas.

A relação de poder pode ser amplificada pela vaidade e pelo fato de que muitas pessoas veem seus líderes como representantes de uma entidade divina e, portanto, merecedores de respeito, medo, submissão e obediência. A relação de poder nas instituições religiosas pode ter consequências negativas na sociedade civil, como a repressão das liberdades individuais e a promoção de ideias e valores que vão contra os direitos humanos e a igualdade. Tomar o lugar (sequestrar) da consciência do outro é, exatamente, o maior abuso de consciência que se pode experimentar. Os abusos de consciência são, em grande parte, consequência do abuso de nomear "em vão" o Nome de Deus. Isso significa apropriar-se do Nome de Deus para justificar interesses próprios e perversos das autoridades, sejam elas eclesiais ou civis. O vocábulo *vão* se associa a supérfluo, inútil, arrogante, vaidoso, orgulhoso, presunçoso. Autoridades vaidosas anseiam ardentemente serem iguais a Deus. Nesse caso, a vaidade é o meio de restaurar o *eu*, fantasiosamente, visando reencontrar uma imagem perdida num pedestal de razões de glória. O vaidoso se modifica em seu contrário, numa inversão de sua imagem que transforma o olhar negativo internalizado em consciência dilatada de exaltação. Aquilo que, na sua história de vida, era uma experiência de vergonha, converte-se, agora, num santuário portátil de objetos fetiches dentro do quarto ou no altar-mor.

Numa primeira aproximação do tema, podemos dizer que a vergonha mostra como o sujeito se sente atrelado e dependente do olhar de um grande *outro*, tendo que esconder seu próprio rosto e repelir os olhos do superior ou olhá-lo "de banda" – trata-se de um "mal-olhado" ou "malvisto", do causador de problema, do azarento ou daquele tipo de mal que prejudica a saúde e o bem-estar de todos na sociedade.

5.3.2 Questões da psicanálise e sua relação com a ideologia da vergonha

Pretendemos, aqui, definir quatro conceitos da teoria psicanalítica freudiana: *narcisismo*, *eu ideal*, *identificação* ou *idealização* e *ideal do eu*, relacionando-os à temática da *ideologia* e da *vergonha*. Não se trata de individualizar, psicologizar ou psiquiatrizar a questão da ideologia e da vergonha entre os grupos sociais oprimidos, desvinculando-os da relação política e social. Pelo contrário, o processo de produção da ideologia e da vergonha está diretamente relacionado aos temas político e ético. Convocamos os ensinamentos da psicanálise para entendermos como o sujeito é capturado pela via dos afetos (erotismo), razão pela qual a força da dominação torna-se muito mais consistente e difícil de perceber.

5.3.2.1 A fragilidade do filhote humano

Nos primeiros meses de vida, a criança experimenta uma situação de puro desamparo original, uma experiência indiferenciada, de profundo caos. São sensações de fragilidade e desagregação. A sensação estranha do eu despedaçado é aquilo que nos é mais familiar, é a fundação de nosso ser, constituindo o *estranhamento*. A imagem do corpo despedaçado é profundamente angustiante para o recém-nascido, cuja demanda emergente é de amparo seguro: *sentimento oceânico*[64] que sig-

64. Para Freud (2010, p. 14-15), o sentimento oceânico é "um sentimento que ele gostaria de denominar sensação de 'eternidade', um sentimento de algo ilimitado, sem bar-

nifica a crença de ser "especial", único e com poderes acima de tudo e de todos, visando apaziguar o estado de caos, em uma loucura que ronda o dia a dia e fica adormecida, pronta para criar ou destruir. Vale a pena registrar que esse fenômeno de desamparo original – do estranhamento que ocorre com as crianças – não depende de classe social, pois é da ordem do inconsciente. O inconsciente não tem ideologia. O inconsciente é a política (Lacan, 2024).

As crianças manifestam fantasias fragmentadas, sozinhas ou com outras crianças, quando brincam de arrancar a cabeça ou furar a barriga das bonecas. Já os adolescentes encontram, nos ritos da tatuagem e na incisão de seus corpos, uma forma de reviver sua dispersão e mutilação corporal. O adulto, por sua vez, experimenta a sensação de estranhamento por meio do medo da loucura ou de estados de pânico. Paradoxalmente, é por meio da loucura, enquanto indignação, que as pessoas produzem arte. Também é o espaço da loucura que permite o surgimento dos místicos e das grandes atitudes políticas em relação à ideologia da vergonha. Esses temas serão reanalisados no fim deste capítulo.

A mãe humana, por pertencer a uma cultura e ter os equipamentos simbólicos da linguagem, não oferece só leite à criança. Fornece, paralelamente, carícias erógenas. O território materno, o seio, não só é capaz de saciar com seu leite a fome da criança, o que é da ordem da necessidade, do corpo, mas, sobretudo, nutre-a de uma relação amorosa, a libido – que é da ordem do gratuito prazer erótico, da pulsão, do desejo, da corporeidade[65] –, que gera segurança, afeto, de forma prazerosamente insaciável.

Para Freud, o conceito de sexualidade aparece apoiado no biológico, centrado no corpo erógeno e, sobretudo, no mundo das fantasias

---

reiras, como que 'oceânico'. Seria um fato puramente subjetivo, não um artigo de fé; não traz qualquer garantia de sobrevida pessoal, mas seria fonte da energia religiosa de que as diferentes Igrejas e sistemas de religião se apoderam, conduzem por determinados canais e também dissipam, sem dúvida. Com base apenas nesse sentimento oceânico alguém poderia considerar-se religioso, ainda que rejeitasse toda fé e toda ilusão".

65. Chamamos de corpo as complexas dimensões biológicas, fisiológicas, químicas e físicas que constituem os órgãos e tecidos do organismo humano. A corporeidade, por sua vez, é a experiência do corpo vivida como realidade fenomenológica.

inconscientes. A vida afetivo-sexual do bebê é fruto de um caminhar entre o sujeito e o objeto de desejo (*objectum* significa o *outro*). Freud foi o primeiro a localizar esse caminho da afetividade ou sexualidade como drama edípico realizado entre os personagens da novela familiar: a criança, a mãe, o pai e o falo[66]. Mas, o que os conceitos fundamentais de narcisismo ou eu ideal, identificação ou idealização e ideal do eu têm a ver com a temática da ideologia da vergonha?

5.3.2.2 Narcisismo, eu ideal

O primeiro conceito de um quebra-cabeça para exercitar nossa leitura dos filósofos e ideólogos acima descritos, numa análise comparativa ao pensamento de Freud, é a ideia de *narcisismo*, ou *eu ideal*. A dimensão psicológica da completude, a ausência de angústia, está associada ao período da infância. Essa experiência é denominada *narcisismo primário*. O narcisismo ocorre quando nos identificamos com o lugar de objeto precioso para o outro e passamos a nos amar a partir dessa admiração mítica e extraordinária. É um tempo em que a criança não tem medo, não se sente ameaçada nem envergonhada. Tudo é maravilha plena. A criança acredita ser o centro do mundo e faz sua entrada na vida como "sua majestade, o bebê", segundo a célebre expressão de Freud, a qual se aproxima da antiga canção de ninar brasileira[67]. A experiência de

66. Para Lacan (1995), o falo "não é uma fantasia, se por isso devemos entender um efeito imaginário. Não é tampouco um objeto. Muito menos ainda é um órgão, pênis ou clitóris, que ele simboliza. O falo é um significante cuja função na economia intrassubjetiva da análise talvez erga o véu daquela função que tinha nos cultos secretos. É assim que o órgão erétil vem a simbolizar o lugar do gozo, não enquanto ele mesmo, nem sequer enquanto imagem, mas enquanto parte faltosa na imagem desejada". A sexualidade humana tem no *phallus* o significante que permite ao sujeito orientar-se. Lacan compara o falo ao estilete do relógio de sol, que marca a sombra para que o sujeito calcule as horas. O relógio de sol não tem precisão, mas serve de parâmetro para distinguir manhã e tarde, por exemplo. Orientado pelo falo, o sujeito, feminino ou masculino, procura construir sua identidade sexual.

67. Criada, em 1960, por Klecius Caldas e Armando Cavalcante, nossa canção de ninar diz: "Silêncio, ele está dormindo/ Veja como é lindo/ Sua majestade, o neném/ A casa já tem novo dono/ Novo rei do trono/ Sua majestade, o neném/ Parece com o papai/ Com a mamãe também/ Parece com a vovó/ Não, não parece com ninguém/ Ele é ele só/ Sua majestade, o neném".

ter sido majestade não se apaga no inconsciente e é reeditada toda vez que o sujeito sente a angústia do desamparo.

A autoestima significa estimar-se e também é sinônimo de narcisismo, no sentido daquele que "ama o próximo como a si mesmo". Ou seja, parte do amor a si mesmo é capaz de reconhecer o outro como complemento dessa relação de amor. A autoestima é a valorização propositiva de si mesmo, sendo a autoaceitação de limites e potencialidades.

Na infância, criança e mãe encontram-se interligadas pelo símbolo do falo. O eu da criança é moldado pelo outro e constitui o que a psicanálise denomina *eu ideal* ou *narcisismo primário*. O ser humano não existe como sujeito em si, não é capaz de sentir-se como unidade, corpo ou psiquismo. Aprende, na chamada fase do espelho, a reconhecer imagens desse outro que o acompanha e, em meio a elas, distinguir sua própria imagem, que contempla fascinado, antecipando uma unidade corporal, colocando o *eu* como centro imaginário e ideal, formando o que se chama em psicanálise de *narcisismo*. Portanto, *narcisismo* ou *eu ideal* localizam a questão de ser ou não ser: ser ou não ser onipotente; ser ou não ser todo para o outro; ter o falo ou estar sem ele; castrado, quando a imagem perfeita é furada; ser ou não ser amante de si mesmo; ser extremamente vaidoso.

O narcisismo primário significa a própria expressão *eu ideal*: está sempre apontado como ideal e, logicamente, jamais será alcançado. Nessa perspectiva, verificamos que o sujeito carregará para sempre uma marca, o estigma do desejo de seus pais. Esse princípio de alienação é indispensável na formação do sujeito. O narcisismo primário é, pois, um inventário, uma herança da falta, do vazio dos próprios pais. É a pedra fundamental da constituição do sujeito, a partir de onde ele vai articular e contemplar sua questão edípica. O narcisismo é a base da experiência de amor incondicional do sujeito humano.

Porém, a experiência narcísica é muito frágil. Para a imagem esplendorosa de si mesmo se manter, é necessário um suporte, pois ela é puro engano. A imagem que Narciso vê nas águas é a sua, mas ao mesmo tempo está fora dele e não é ele; o que está nas águas é o *não eu*. O sujeito narcisista ilusoriamente sente que está fechado em si, em uma redoma sagrada ou em um canto harmônico uníssono. Uma espécie de altar. Ao contrário, porém, sua superfície psíquica é totalmente porosa, semelhante ao queijo suíço – longe de ser um queijo mineiro. Quando ele derrama sua imagem, precisa de uma concha para acolhê-la. Esse recipiente afetivo é o *outro*, estando situado na relação afetiva. Mas a demanda de amor é muito variada e pode ser requerida no parceiro amoroso, no animal de estimação, no ideal político e social, na crença religiosa, nas imagens de si nas redes sociais, no vínculo com a boneca bebê *reborn*, nos objetos de consumo, nas roupas de grife, nas túnicas litúrgicas importadas das lojas Euroclero, Barbiconi ou Ancora de Roma, na obtenção de *status* por meio do carro importado, do número de curtidas do WhatsApp de alguém ou nas imagens eróticas do aplicativo sexual. De maneira geral, aquilo em que não sou eu constitui-se num suporte de identidade, numa imagem dependente e perseverante que funciona como prótese ou uma poderosa cola durepox. Diz o mito de Narciso: "O que desejo eu carrego comigo; oxalá pudesse cindir-se" (Brandão, 1986, p. 175). O narcisismo promove uma paralisação diante da fascinação do sujeito por sua própria imagem. Por isso, o narcísico engessa-se a si mesmo, não pode separar-se de si, não é livre, solto; o que ele deseja carregar consigo. Ele é pura pulsão de morte.

A experiência narcísica é o olhar da mãe para a criança desejada. Esse olhar não ocorre através do olho como órgão, mas de um lugar de desejo, vivência subjetiva fundante para a criança, que se encontra definitiva e absolutamente amada, em pleno gozo[68] e estado de júbilo

68. O gozo é aquilo que se obtém ao atravessar a barra que limita nossa liberdade, diante da dignidade do outro, dos outros. Embora *gozo* seja o termo popularmente usado para designar o orgasmo, em Lacan, o gozo é aquilo que ultrapassa tanto os prazeres permitidos quanto aqueles que algumas religiões e diferentes códigos culturais proíbem. Gozo é o que atravessa a barra da castração simbólica que limita nossos excessos. Claro que a menção à teoria lacaniana para abordar o cânone bíblico é extemporânea, mas ela ajuda a revelar o que sempre esteve ali, ou "aqui". As perversões flertam com o gozo, e, às vezes, chegam lá. O perverso sempre se coloca em posição de exceção, diante da barra que nos limita diante da dignidade e da liberdade do outro. A violência e os ódios, motivadores de outros pecados, também desempenham esse papel.

triunfante. A experiência de ser amado afugenta a vivência do corpo despedaçado, dos medos e da insegurança. A criança sente-se apaziguada. É um sentimento peculiar esse desejo de perder-se e diluir-se na figura materna. Freud relacionou essa experiência a algo correlato à verdadeira fonte da religiosidade, o que já descrevemos anteriormente como o sentimento oceânico.

5.3.2.3 Identificação ou idealização

O terceiro conceito que nos interessa, nesse estudo, é o de *identificação* ou *idealização*. Trata-se de um processo do sujeito de perder-se totalmente no outro em busca da crença de ser "especial", único e com poderes acima de tudo e de todos, o *eu ideal*. Segundo Freud, o mecanismo de identificação constitui a forma mais primitiva de relação do sujeito com outra pessoa. Em *Psicologia das massas e análise do eu*, ele define identificação como

> a mais antiga manifestação de uma ligação afetiva a uma outra pessoa. Ela desempenha um determinado papel na pré-história do complexo de Édipo. O garoto revela um interesse especial por seu pai, gostaria de crescer e ser como ele, tomar o lugar dele em todas as situações. Digamos tranquilamente: ele toma o pai como seu ideal (Freud, 2011b).

La Boétie já havia observado esse fenômeno quando descreveu a fascinação do sujeito em relação à figura do tirano. Freud amplia o estudo, como também desvenda o mistério do amor sem limites da criança pelo pai e, consequentemente, pelas diversas autoridades constituídas na história humana. O estudo freudiano acrescenta um aspecto novo ao debate. Trata-se da ligação amorosa regida pela pulsão, a libido, como energia erótica, que estabelece um forte vínculo entre a criança e a mãe e, depois, o pai. Ora, a força da identificação é associada à idealização que o sujeito faz do outro, quando está enamorado – apaixonado por alguém especial, alguém possuidor do *falo*, e que lhe garante também ser um alguém "especial", único e completo, proporcionando a satisfação de seu *narcisismo* ou *eu ideal*. A contribuição de Freud é extraordinária para compreendermos o conceito de ideologia da vergonha. O seu aporte teórico inaugura a dimensão do erótico enquanto prazer, na produção de uma concepção de mundo: a ideologia. Esse dado é fundamental para entendermos a complexidade que envolve a dominação do tirano e a servidão voluntária do oprimido.

5.3.2.4 Ideal do eu

O último conceito psicanalítico proposto para nossa reflexão é o *ideal do eu*. O que Freud definiu como ideal do eu? São traços ou características que as pessoas imaginam, inconscientemente, que deveriam ter para reconquistar a plenitude, a sensação de ser um sujeito único ou de viver a felicidade idealizada que elas tinham quando eram crianças. Os ideais do eu nunca são construções individuais. Eles se formam por meio das identificações sociais, que incluem necessariamente o *outro*, os modelos sociais. É preciso que haja um modelo ideal, perfeito ou quase (Souza, 2021). Um modelo que recupere o narcisismo original perdido, ainda que seja através de uma mediação. O menino veste-se de super-herói e cria cenas mirabolantes do personagem identificado e idealizado com habilidades e poderes superiores à média dos humanos. A menina cuida caprichosamente de suas bonecas, superando a figura da mãe com atos de amamentação, higiene e bem-estar dos filhos. Trata-se de uma nova edição materna, perfeita e completa. O padre paramenta-se com a túnica maravilhosa adquirida na loja romana de grife. O ministro veste-se com a toga engomada do STJ. O jogador de futebol ornamenta seu corpo com exóticas tatuagens.

Há sempre uma sensação de triunfo quando algo no *eu* coincide com o *ideal do eu*. Mas o relacionamento entre o *eu* e o *ideal do eu* é sempre vivido sob o signo da tensão. Essa tensão é vivida pelo forte *superego*, exigente e moralista. E como não sê-lo, se o *superego* bombardeia o pobre *eu* com incessantes exigências imperativas de atingir um *ideal* quase sempre inalcançável? Sentimentos de menos-valia, autodesvalorização, conformismo, de culpa e inferioridade atormentam aqueles cujo *eu* cai sempre na desgraça de não corresponder com os ideais de perfeição do *superego*. Essa é a lógica da sociedade do espetáculo, do mercado e das exigências exibicionistas, tanto profanas quanto religiosas. Portanto, o sentimento de insuficiência, o medo de perder o amor do tirano, que representa, no psiquismo, a esperança de recuperar a fatia de narcisismo perdido, torna o subalterno forte candidato à depressão, fruto da ideologia da vergonha.

A psicanálise mostra que a criança, durante seus primeiros anos, é frágil e indefesa, e desenvolve um pensamento mágico, visando obter todas as coisas de que precisa para afugentar sua incompletude. No adulto, a magia do pensamento, às vezes, dilata excessivamente o sujeito, quando ele busca *performances* idealizadas e inatingíveis a todo custo, como uma forma de restituir a experiência onipotente da infância. A psique é uma usina de fantasias em torno do *ideal do eu*, vangloriando-se de efeitos extraordinários de poder, dinheiro, *status*, prestígio, imagens corporais e sexuais. Há indivíduos da alta classe econômica, valentões *fitness*, fanfarrões do alto clero eclesiástico, políticos e artistas famosos, personalidades que produzem exigentes desempenhos e puras compensações daquilo que não viveram na infância, como também da recusa da garantia de ser "especial", único e completo, visando a satisfazerem os desempenhos de seu *narcisismo* ou *eu ideal*.

Freud descreve a origem da civilização como resultado do recalcamento das pulsões e, consequentemente, do desamparo, que leva ao aparecimento das neuroses. O recalcamento é a experiência da criança que começa a perceber que ela não é "sua majestade". A imagem narcisista do ser humano experimenta furos e incompletudes. Metaforicamente, ela deixa de ser o queijo mineiro compacto e se transforma num queijo suíço, cheio de buracos. Versa-se, agora, de amar não o *eu ideal*, mas de buscar *ideais para o eu* (furado) se realizar na busca de amor. Nessa linha de pensamento, a neurose seria a conclusão de que a felicidade (a majestade) é uma aspiração irremediavelmente condenada ao fracasso.

Na civilização, o ser humano experimenta forte sentimento de desamparo ou do "desaparecer de si", buscando infinitas formas de ilusão – ideais, sonhos, utopias ou marcas de grife, *status*, poder em liturgias pomposas... – para apaziguar a angústia. Diante da constatação de que viver é difícil e, muitas vezes, cruel, tudo se reduz à procura de ilusões para suavizar a dor da existência. A busca constante de ilusões, portanto, é um retorno à experiência do narcisismo infantil, sem nunca o alcançar novamente. O *ideal do eu* é a busca perseverante de metas e utopias ativas possíveis de se realizar. Há metas ambiciosas, vaidosas e impossíveis de serem vividas. Muitas delas são produzidas pela ideologia dominante a serviço da mitificação, da dominação e da exploração de determinados grupos dominadores sobre os oprimidos. Outras são utopias ativas, experiências de solidariedade e de partilha entre os seres humanos – possíveis de serem vividas. Um exemplo disso é a nova economia de Francisco.

É oportuno, nesse espaço, narrar uma história ilustrativa sobre o sentido do *ideal do eu* e os efeitos desse dispositivo na construção da ideologia dominante. A lenda retrata um carroceiro, dono de uma carroça e de um burro que, diariamente, desempenha o serviço comumente prestado por profissionais autônomos para transportar pequenas cargas em trajetos de média distância. O carroceiro ambicioso, com o objetivo de sempre ganhar e obter mais prestígio, elaborou uma viseira para vedar parcialmente os olhos do burro durante as atividades do transporte de cargas. O carroceiro fabricou a viseira com um corte ou filete horizontal, de modo que o burro enxergasse apenas o que estivesse à frente. O pequeno espaço visual era suficiente para o burro fixar sua visão para a frente, evitando que ele percebesse alguma moita de capim na calçada ou uma atraente égua disponível. Além disso, o dono fixou uma espiga aquecida de milho, à frente da viseira, para o cheiro produzir sensações no órgão olfativo do animal, resultando em infinitas motivações de trabalho durante a pesada tarefa de puxar cargas pesadas para cima e para baixo. O resultado da invenção do carroceiro foi surpreendente: houve excelente desempenho do burro e alto rendimento com a carroça. O ganho do burro ficou apenas no gozo da promessa de, algum dia, comer a deliciosa espiga de milho em algum Jardim de Éden.

Num primeiro recorte, o *ideal do eu* é um poderoso instrumento de enorme importância psicossocial, e política, no qual o conjunto de sistemas econômicos, sociais e políticos constroem enormes promessas por meio de "espigas de milho aquecidas" para a maioria dos trabalhadores desempenharem trabalhos de forma disciplinada e pacífica, na esperança de um dia saborearem o fruto proibido do paraíso. A espiga de milho aquecida é a promessa do absoluto para que um determinado grupo humano se comporte de um modo social aceitável, trabalhe corretamente e aceite as autoridades, pois todas "são constituídas por Deus", e todas as "normas são para serem cumpridas dentro dos padrões da moral, da família e do respeito à propriedade privada". O *ideal do eu* de uma criança empobrecida, em contrapartida ao que ocorre regularmente com os mais ricos, é forjado desrespeitando aquilo que ocorre em processos de identificações normais entre as crianças. O modelo de identificação do desenvolvimento infantil oferecido a uma criança pobre é uma espécie de fetiche: "Você tem que se identificar com o modelo (de fetiche) do rico" (Souza, 2021), e jamais se identificar com sua cultura, sua origem. A proposição do *ideal de eu* inconsciente, a espiga aquecida, é o recurso fundamental de controle social que o sistema hegemônico utiliza como promessa do absoluto: ser "especial", único e completo – satisfação plena do *narcisismo* ou do *eu ideal*.

Os grupos humanos, sobretudo as organizações mais pobres, depositam no líder, nas figuras de autoridade, seu próprio *ideal do eu* e isso lhes permite estabelecer entre si um forte vínculo erótico e amoroso, de forma a constituir uma unidade perfeita, em que todos são um, no líder, e o líder é um homem como um deles. Na prática, isso acontece com a transferência amorosa libidinal ao líder: inconscientemente, creem que se eles acompanharem as ordens do grande líder, se eles conseguirem que o líder se sinta plenamente realizado com eles e os ame por igual, todos eles gozarão da onipotência que atribuem ao grande mestre. Geralmente, todo grande líder não cumpre esse acordo, transforma-se no tirano e estabelece com os comandados uma relação assimétrica, hierárquica e de poder.

A relação de onipotência (narcisista) do *eu ideal* é revivida enquanto lembrança da relação mãe-filho. Na realidade, essa força de potência não é do líder, é de cada um e da organização grupal. Mas o desejo de restaurar a segurança plena, de dar pelo menos "uma lambidinha na espiga de milho" é sabotada e traída pelo grande e perverso líder. Ora, os predicados dos sujeitos e dos grupos humanos humilhados deslocam-se ao grande *outro* por meio da identificação e idealização erótica e acabam cedendo à servidão voluntária. O envergonhado é aquele que se esforça para submeter-se às exigências do tirano (superego), como se com isso lhe fosse possível reverter a perda subjetiva (*amor total*) e recuperar a unidade narcisista da infância. Todo perverso, o tirano, faz contrato com o outro. Ele não é psicótico, mas seu contrato tem apenas uma cláusula: "Que eu leve vantagem em tudo".

Num segundo recorte, o *ideal do eu* é também um instrumento de transformação psicossocial (político) onde os movimentos populares constroem sonhos de "perfumes de espigas aquecidas de milho" para a maioria dos oprimidos desempenharem seu trabalho e viverem de forma solidária, ética e emancipatória. Tais movimentos não são sedutores de vida plena. Eles recusam a garantia de serem "especiais", únicos e completos. Não prometem efeitos especiais de pirotecnia visando satisfazer sujeitos inflados. Parafraseando Galeno, suas espigas de milho exalam o aroma de carismas e utopias que estão *lá no horizonte. Quando nos aproximamos dois passos, ele se afasta outros dois. Caminhamos dez passos e o horizonte corre dez passos. Por mais que caminhemos, jamais o atingiremos. Para que servem, então, o carisma e a utopia humanista? Servem para isto: para que não deixemos de caminhar e lutar.*

5.4 A ideologia da vergonha no texto de Paulo Apóstolo

O trecho da carta do Apóstolo Paulo (1Cor 1,20-29) enfatiza que a sabedoria do mundo é considerada loucura por Deus e que a salvação ocorre através da "loucura" da pregação da cruz, e não através da sabedoria humana. Deus escolheu as pessoas fracas e insignificantes para envergonhar os sábios e poderosos.

A força da ideologia existe entre os grupos sociais. Existem diferentes ideologias. Há ideologias (sombras da caverna – Platão) produzidas por sábios e poderosos de empreendimentos que desejam manter relações de dependência infantil e formas míticas que visam à exploração e à dominação das pessoas, eternizando o gozo servil entre tiranos e escravos. Tais ideologias são geralmente construídas pela divisão econômica das classes sociais (Marx), quando uma parcela da população se aliena e se coisifica. Quando tais ideologias são internalizadas pelos sujeitos oprimidos, elas produzem vergonha, ignomínia e servidão voluntária. No plano psicoafetivo, elas remetem ao *eu ideal* e ao *narcisismo* da pessoa, ampliando, mais ainda, a menor valia e a visão esgarçada de si mesmo. Nesse caso, a vergonha embaraça a autoestima. A espiga aquecida de milho, ou *ideal do eu*, enquanto promessa do absoluto, para que o sujeito se comporte de um jeito social aceitável, entra em colapso e dilacera a pessoa. O *ideal do eu* transforma-se em "avaliador moral" ou "juiz tirano" (ideologia dominante) com a função de classificar o sujeito oprimido como indigno, sujo e impotente.

Mas, quando os interesses dos explorados são esclarecidos e eles se recusam a servir os senhores (La Boétie), os oprimidos deixam de obedecer e se libertam. Portanto, há ideologias (Gramsci) ou crenças produzidas pelos que mais sofrem e se apropriam do conhecimento almejando a própria emancipação. Quando isso ocorre, eles criam grupos orgânicos que se autogovernam. Regidos pelos *ideais de eu* – a aromática espiga de milho dos afetos e regrados pela força libidinal do amor solidário loucura da paixão da cruz de Cristo – transformam-se, simplesmente, em irmãos. Não há mais senhor e servo, como prevê Jesus:

> Este é o meu mandamento: que vos ameis uns aos outros, assim como eu vos amei. Ninguém tem maior amor do que aquele que dá a própria vida por seus amigos. Vós sois meus amigos, se fizerdes o que eu vos mando. Já não vos chamo servos, porque o servo não sabe o que faz seu senhor. Eu vos chamo amigos, porque vos dei a conhecer tudo o que ouvi de meu Pai (Jo 15,12-15).

A pesquisa com os padres brasileiros – voltada para a análise de dados sobre idade, região, raça, origem familiar e social, situação econômica e níveis educacional, eclesiológico e espiritual – evidenciou que os presbíteros atingiram uma ascensão social, diferentemente de seus pais e sua família de origem. Embora não possamos negar a exclusão e a desigualdade pertinentes ao capitalismo, também é preciso observar que o sistema permite algum tipo de ascensão social, ainda que seja para poucos sujeitos. Isso ficou evidente, nesse segmento dos membros do clero do Brasil.

Há anos que as pesquisas da CNBB e do Ceris evidenciam que quase 70% dos padres brasileiros são oriundos de setores mais pobres da população. Esse contingente equivale aos 40% da população mais pobre do Brasil. Segundo Jessé Souza (2024, p. 70),

> a classe de humilhados e perseguidos, que perfaz cerca de 40% de nossa sociedade, é a pedra de toque para que saibamos como toda a sociedade funciona. Ela tem um efeito semelhante à casta dos intocáveis da Índia, os dálites, que executam os serviços sujos e mal pagos que ninguém mais quer fazer.

Atualmente, várias condições psíquicas, intelectuais e de desenvolvimento econômico-social do país proporcionaram à maioria da população uma certa ascensão social – passagem para uma classe na qual as condições de vida são melhores que as da classe anterior, seja no aspecto psíquico, via autoestima, seja nos planos intelectual, financeiro, habitacional, de infraestrutura pastoral, de saúde, *status*, prestígio etc. Ascensão não só a posição na instância econômica, mas também a relação dos agentes com o poder (lugar no aparelho jurídico-político do Estado) e com os emblemas de classes (valores éticos e estéticos). A pesquisa revelou que alguns padres precisam auxiliar suas famílias, pois elas permanecem muito pobres.

É louvável que a Igreja Católica promova condições dignas de vida e de trabalho pastoral a seus bispos, presbíteros e diáconos permanentes: "Cuidem de vocês e de todo o rebanho..." (At 20,28). Porém, há que se perguntar: esse ascenso, na esfera da subsistência, de vários membros da hierarquia da Igreja, tem sido acompanhado de uma ascensão nos planos espiritual, pastoral, intelectual e social? O que isso significa, em termos do engajamento da Igreja, no contexto social pobre ou de extrema miséria em que muitos nasceram e se constituíram como pessoas? Esses religiosos abandonaram seus semelhantes? Eles têm vergonha de suas histórias, de seus pais, dos lugares onde nasceram, dos amigos e das amigas de sua origem empobrecida?

"Deus escolheu o que é fraco para confundir os fortes. Deus escolheu o que é baixo e desprezível, conforme o mundo, e escolheu o que não vale nada para destruir aquilo que é" (1Cor 1,20-29). Esse grupo (bispo, presbíteros e diáconos) "desprezível, conforme o mundo", que foi escolhido "para confundir os fortes", está mesmo confundindo os fortes ou vem adotando seus modos de vida profundamente dependentes dos "fortes" (figuras dominadoras da sociedade) ou, pautados pelo consumismo, pela indiferença aos sofrimentos dos mais empobrecidos, pelo individualismo, pela celebrização do sujeito enquanto influenciador católico? A vaidade é luxúria do espírito, segundo os primeiros Padres da Igreja.

Esse grupo (bispo, padres e diáconos permanentes) "desprezível de sabedoria", que foi escolhido "para confundir os sábios", está mesmo dialogando com as propostas da atual cultura urbana brasileira ou continua adotando modos de vida arcaicos, pautados pelo senso comum, orientados por dogmatismo e fundamentalismo, ou apelando para condutas morais clericais autoritárias e até preconceituosas, com as questões dos direitos humanos, dos grupos feministas, dos grupos LGBTQIAPN+, dos artistas populares, dos portadores de necessidades especiais, dos segmentos de idosos, dos imigrantes, dos indígenas, o movimento Três Ts[69], dos ambientalistas?

Em sua prática ministerial episcopal, presbiteral e diaconal, esse grupo – "seguidor de Cristo crucificado e da loucura de Deus" que foi escolhido para acolher e ser fonte de misericórdia, tem interpretado, eticamente, a nova vivência antropológica da afetividade e da sexualidade, das questões raciais ou de gênero e dos imigrantes, que chegam

69. O Três Ts, Terra, Teto e Trabalho, é um movimento de resposta à desigualdade social e à necessidade de garantir o acesso a direitos básicos, como moradia, alimentação e trabalho digno. O Papa Francisco sempre promoveu esse movimento, incentivando a Igreja e a sociedade a se engajarem na promoção da justiça social e na defesa dos direitos humanos.

até a Igreja? Esse grupo, originário da mesa ao redor de Jesus, tem compreendido a urgência de se educar, de forma sinodal e na fraternidade presbiteral e diaconal em torno do bispo, respeitando as características das novas gerações? Papa Francisco (2025, p. 254) advertiu quando convocou o Sínodo:

> Sinodalidade não é moda, muito menos um *slogan* a ser instrumentalizado: é uma dinâmica de escuta recíproca, conduzida em todos os níveis, envolvendo todo o povo de Deus. Não se trata de colher opiniões nem de fazer pesquisas, mas de caminhar juntos e de ter ouvidos abertos ao vento do Espírito Santo, que desencadeia crises, reserva surpresas, escancara portas e janelas, derruba muros, rompe correntes, libera fronteiras.

E ainda, o presbitério das dioceses tem escolhido a pedagogia da ideologia do tirano, que goza de maneira escravocrata com o prazer de humilhar e submeter o outro? A alma da escravidão é alimentada pela ideologia da vergonha.

Desde os primórdios do cristianismo, a religião desponta como uma experiência de fé dos pobres. Ainda na infância, Jesus recebeu pelo menos duas manifestações de assédio moral. A primeira está citada em Jo 1,46-47: "De Nazaré pode sair algo de bom?" A segunda está escrita em Mt 13,55-57: "Não é este o filho do carpinteiro?" Mais tarde, na escolha de seus companheiros e companheiras, Cristo optou por homens rudes e mulheres suspeitas, decisão que incomodava os hipócritas e fariseus nas sinagogas.

Em nossa visão, suspeito que o Apóstolo Paulo, em 1Cor 1,20-29, criou o conceito de *ideologia da vergonha* ao sinalizar que os escolhidos de Deus são aqueles considerados os indignos da sociedade hegemônica, normativa e predominantemente elitista. Aos olhos dos "campeões na vida", os despossuídos, os carentes de sabedoria, são os que não têm predicados para viver e se sentir amados (Andrade, 2019). O perdedor, ou demissionado, da sociedade de classes deixa sua vida gravitar em torno dos que são capazes de se determinar. A vida é governada por aqueles que se julgam "os campeões de tudo". Ou seja, com o colapso da identidade - isto é, com a perda do desejo pelo autocontrole e, por conseguinte, pelo controle do tempo e do espaço - o sujeito passa a se submeter ao domínio de outrem.

Paulo subverte a ordem. A vergonha, o pudor e a insegurança atingem o corpo do sujeito, oprimindo-o radicalmente. A imagem do *grande outro* provoca no sujeito a falência da imagem de si, nele produzindo forte inibição ou castração e severa ausência de autoestima. Como saída normativa, geralmente, o sujeito nega-se a si mesmo e se identifica com os traços de seu opressor: aquele que sabe, aquele que tem recursos econômicos e os predicados estéticos da moda.

Como consequência da ideologia da vergonha, as pessoas se tornam cansadas, doentes, desanimadas, tristes e repletas de acídia. O desânimo não é pela falta de ação, mas pelas ações repetitivas, pela monotonia de uma vida que perdeu a capacidade de reflorescer. Trata-se de um enfado, que se prolonga por meio da negação de suas próprias referências ou dos traços de sua origem identitária: raça, situação econômica, cultura, conhecimento, crenças religiosas e orientações sexuais. Várias pesquisas no meio do clero brasileiro confirmam essa situação de vários sintomas: *burnout*, acídia, cansaço, fadiga, tristeza, depressão, melancolia e até alguns casos de suicídio.

Por outro lado, para quem observa esse cenário, parece que boa parte dos presbíteros assistem ao jogo do alto da arquibancada, torcendo para os grandes empreendedores do time. Ao torcerem para o dono do time, até desejariam que sua "prole" estivesse na condição de jogador dominado pelo grande executivo. Ou, como na linha de Paulo Freire[70], podemos afirmar que *quando a educação não é libertadora, o sonho do oprimido é ser o opressor*. Ensinar não se resume a transferir conhecimento, mas criar as possibilidades para a sua própria produção ou a sua construção.

70. Paulo Freire foi um dos mais importantes educadores brasileiros e seu método chamava a atenção para as causas sociais do analfabetismo. Segundo Paiva (1973, p. 251), "o pensamento de Paulo Freire partia de uma visão cristã de mundo. Além das influências recebidas, principalmente dos pensadores cristãos franceses, o educador pernambucano recebia o influxo do pensamento isebiano que ele considerava como o 'resultado da identificação com o despertar da consciência nacional'".

São Paulo, ao escrever aos coríntios, abomina a atitude subserviente. Ele evidencia que exatamente aquilo que nos envergonha constitui os requisitos de nossa libertação. Em Mt 21,42, encontramos: "a pedra rejeitada pelos construtores tornou-se a pedra principal da construção".

5.5 Da melancolia ao luto: vergonha, enquanto fecundidade da emancipação

5.5.1 Cólera e indignação

A ideologia da vergonha vivida pelos oprimidos, por meio da epidemia milenar de ódio desenvolvida por violência física ou simbólica, é uma realidade dura e revoltante. Essa epidemia de violência contra os mais sofridos da sociedade tem sido produzida, predominantemente, à custa da construção de estratégias ideológicas em todas as instituições sociais: família, Igreja, escola, meios de comunicação social, clubes recreativos, áreas culturais e de lazer e, sobretudo, pelo Estado. As estratégias visam reprimir as energias afetivo-psíquicas e políticas que constituem o sujeito e os grupos sociais. A repressão afetiva, real ou simbólica, é uma espécie de quarentena radical, que sufoca qualquer sentimento ou manifestação de potência que, porventura, circule no psiquismo. Tal modelo tem inspiração nas formas institucionais hierárquicas e mantenedoras da divisão econômica de classes sociais, visando à perpetuação do controle do poder, do prazer e da riqueza. Na Igreja, isso se chama *clericalismo*.

Para além da estética pré-conciliar que impregna o universo de vários clérigos, com vestes exuberantes, batinas e barretes que cada vez mais se tornam comum na Igreja, o clericalismo se manifesta também nas ações autoritárias com os leigos e leigas, que coordenam as comunidades, pastorais sociais e movimentos eclesiais. Muitas lideranças são afastadas arbitrariamente de suas funções; os conselhos pastorais e administrativos são esvaziados; as contribuições dos leigos e leigas são desprezadas e as paróquias se tornam espaços de ações litúrgicas e pastorais à revelia das orientações da Igreja, de acordo com o que o padre delirantemente imagina. As lideranças e funcionários que permanecem nas funções são as que corroboram em tudo com a vontade do padre. Os leigos e leigas são infantilizados, estimulados a pedir bênção e a beijar a mão do padre, receber a comunhão na boca, de preferência de joelhos, cobertos com o véu da vergonha, e acabam reproduzindo o comportamento arbitrário e autoritário próprio do clericalismo nas relações que estabelecem entre si. Para alguns padres, o Sacramento da Ordem tem um efeito colateral diferente do previsto por Jesus. O efeito principal previsto por Jesus do Sacramento da Ordem é servir, jamais dominar, escravizar e humilhar o semelhante.

A busca da experiência de Deus é sustentada pelo estado luminoso da transcendência. Essa vivência pode consolar ou perturbar o sujeito. Deus é o objeto de desejo mais extraordinário ou perigoso de que dispõe a pessoa humana. Há três objetos de desejo de magnitude equivalente às desmedidas aspirações de totalidade humana: a luxúria, enquanto envolvimento sexual; o fetiche do dinheiro ou das mercadorias que dele emanam; e a fixação de cargos e funções no exercício do poder. Mas nenhum deles se compara à experiência de Deus. A relação com o desejo na experiência com o sagrado envolve uma alta carga de erotismo, afeto e rituais litúrgicos. Na perspectiva espiritual, segundo Bento XVI (2006), "Deus é amor: eros (erótico), filia (amor), ágape (ritual/celebrativo)".

Na história humana, em nome de Deus, registramos infinitas guerras, atrocidades, eleições partidárias e violências. Contraditoriamente, em diferentes séculos, a experiência de Deus iluminou infinitos projetos de libertação do povo de Deus. Há místicos loucos e loucos místicos (Morano, 2003). Os primeiros são profundamente humanos e veem Deus como consolo de suas angústias, separações, doenças e da finitude – a morte. O segundo grupo nega sua incompletude e busca Deus como prótese de seu vazio. Assim, Deus é experimentado como algo fascinante, absoluto, todo poderoso ou sádico castigador. A mente humana regida por um forte *superego* sente-se amparada por esse "Criador". Tais sujeitos adoram mitos, poder, rubricas, vestuários exóticos litúrgicos, regras e ideais absolutos como compensação do *eu* enfraquecido.

Há, contudo, quem pense que deve haver maior circulação dos sentimentos pulsionais de afeto e de indignação entre sujeitos, independentemente de rotulações ideológicas hegemônicas, que desprezam e impedem as formas legítimas de manifestação de grupos minoritários como os de classe social, de diferença racial e etária, de credo religioso, de gênero e de movimentos artísticos e sociais. Fazem parte desse anseio de libertação vários agentes de movimentos sociais, como os indígenas, as organizações de antirracismo, os grupos feministas, LGBTQIAPN+, os artistas populares, os portadores de necessidades especiais, os segmentos de idosos, os imigrantes, o movimento Três Ts: sem teto, sem trabalho e sem terra; os ambientalistas e os religiosos indignados contra as injustiças e toda espécie de ideologia da vergonha.

Há séculos, tais movimentos se diferenciam das manifestações de agressividade, ódio, cólera e ressentimento – eles representam, de fato, a "ira dos justos" a *indignação* diante das injustiças de qualquer espécie (Tomás de Aquino, *Sobre o ensino*; *Suma teológica*). Esses grupos carregam consigo uma valiosa mensagem: *A esperança tem duas filhas lindas, a indignação e a coragem. A indignação nos ensina a não aceitar as coisas como estão. A coragem, a mudá-las*[71].

Nessa perspectiva, pretendemos finalizar este livro entendendo a esperança como acontecimento, pois, quando suas duas filhas, a indignação e a coragem, pactuam e engendram profundas transformações no ambiente eclesial e social, ocorre, gradativamente, o declínio da ideologia da vergonha. A esperança não é um estado de passividade, mas a convocação para uma ação, no aqui e agora, diante de todo ato injusto que, por meio da indignação e da coragem, é capaz de converter a realidade. No Ano Jubilar da Esperança, antes de sua morte, Papa Francisco (2025, p. 315) nos ensinou: "É ela, a esperança, 'a menina que arrasta tudo', porque 'a fé só vê o que é, e a esperança vê o que será', e 'a caridade só ama o que é, e a esperança ama o que será'".

71. A autoria desta frase é desconhecida. Alguns a atribuem a Santo Agostinho, outros, a Pablo Neruda.

É necessário distinguir a agressividade, enquanto indignação, da ira, enquanto sinônimo de cólera (Castilho Pereira, 2021)[72]. A ira ou cólera é uma energia que não apresenta racionalidade, é como se fosse a imagem do vagalume que, efêmero e belo, acende sua luz de repente e logo a apaga. A ira carece de predicados e estratégias de sustentabilidade, pois está a serviço da revolta, e não da revolução. Sua energia perde força rapidamente, tendo como referência uma vingança obstinada contra o inimigo.

A cólera é uma qualidade precária de agressividade ou de indignação, talvez por sua forma pragmática, veloz e inconsequente. É uma emoção apaixonada, de manifestação brutal, em que a perda súbita do controle de si leva à agitação desordenada, à violência verbal e, muitas vezes, física. Ela tem um tempo curto, geralmente seguido por um longo período de vazio desesperado, sentimento de culpa difuso, submissão, cansaço e arrependimento. Muitos de seus aspectos levam ao desejo de destruição. A impulsividade, quando encontra saída na cólera, como intolerância absoluta às frustrações, facilita os influenciadores de personalidades antissociais, fundamentalistas, racistas, homofóbicas e xenofóbicas. Tais manifestações de ira e cólera estão a serviço de formas autoritárias e míticas, predominando em ideologias que desejam apenas se perpetuarem no poder social. Tais comportamentos são impulsionados pelo namoro do sujeito com a morte. A cólera é uma energia necrófila, uma atração pela morbidez.

A indignação – que é uma forma superior de agressividade – deve ser, também, considerada uma paixão. A indignação é da mesma origem pulsional dos afetos, energia fundamental e indispensável ao enfrentamento dos obstáculos da vida. A indignação nasce junto com a experiência do narcisismo: *o amor a si mesmo*, mas ela está a serviço da defesa dos interesses de si e do outro e, portanto, viabiliza as experiências da alteridade e da compaixão.

O fogo da violência que cresce sobre os excluídos transforma o oprimido em fortaleza e potência, pela via da indignação, levando-o a rea-

72. Importante a leitura da *ira* na perspectiva de Tomás de Aquino.

gir e buscar sua libertação. A face do opressor e o olhar ameaçador do tirano, que despedaçam de vergonha o oprimido, são experiências de uma violência que atinge a dimensão afetiva/sexual (grupo de mulheres e LGBTQIAPN+), a pele negra, as crianças abandonadas, o saber do analfabeto, o capital econômico do pobre, a criação do artista, o corpo do portador de deficiência física e a história dos idosos. Ao se indignar contra essa violência física e simbólica, os oprimidos constroem sua liberdade pessoal e coletiva. Papa Francisco, na *Evangelii Gaudium*, alertou a comunidade cristã quanto à missão de estar sempre ao lado dos que mais sofrem:

> Cada cristão e cada comunidade são convocados a agir como instrumento de Deus para libertação de todo o povo e a ascensão dos pobres. Permanecer surdos ao grito dos pobres nos exclui da vontade do Pai e do Seu projeto. Isso implica muito mais que um ato esporádico de generosidade: exige criar uma mentalidade que pense em termos de comunidade, de priorizar a vida de todos em detrimento da apropriação dos bens por parte de poucos. Jesus quer que toquemos a miséria humana, que toquemos a carne sofrida do outro, que aceitemos verdadeiramente entrar em contato com a sua existência concreta e que conheçamos a força da ternura.

O risco de essa operação de sobrevivência e libertação não funcionar é o oprimido introjetar o opressor, como dizia Paulo Freire. É possível que o oprimido se autotorture, autoagrida, ao escutar a voz do opressor, e passe a condenar a si mesmo. A consequência de se evitar a angústia da separação do opressor é desenvolver uma identificação com ele. Trata-se de um desejo mimético – cópia ou imitação do opressor. É a ideologia da vergonha funcionando e trabalhando intensamente. Uma longa história de opressão acaba transformando a tristeza, a apatia e a indiferença em cólera ou ira, a qual pode se tornar autoagressiva.

Ao contrário disso, a indignação pode surgir da consciência da tristeza e reacender a esperança de transformação do sistema vigente. Essa ação é animada pela esperança de poder intervir na dor dos excluídos. A esperança é um elemento estritamente vinculado à paixão da indignação. É o perfume da "espiga de milho", aquecida pela utopia, que mobiliza os desejos do ser humano, como apresentamos nas páginas anteriores. A esperança é uma utopia que, com a indignação, movimenta os sonhos dos sujeitos. Os afetos e o intelecto não são opostos, eles tendem a potencializar a vontade. Ambos criam estratégias, construções do pensamento, paciência histórica e ternura entre as minorias. O reconhecimento da indignação, da esperança e da ternura abrem perspectivas multilaterais, fazendo do objeto da ação política uma invenção de inúmeras trincheiras de luta contra a opressão. Essa é a origem da doutrina social da Igreja, dos movimentos sociais e das ONGs, dos princípios dos direitos humanos, de organizações sindicais e partidos políticos que desejam o *bem-comum, a democracia e políticas públicas voltadas para os mais pobres.*

Platão, em *A República*, descreve a importância da consciência do sujeito no processo de libertação. O filósofo ateniense faz alusão a um grupo de pessoas acorrentadas e oprimidas que se contentavam com as sombras projetadas na parede de uma caverna, vindas da luz do sol do ambiente externo. A mistura de luz e sombra produzia uma fantasmagórica visão do mundo real e, portanto, a alienação dos escravos. Quando um dos oprimidos se livra das correntes e avista a luz na entrada da caverna, vê pela primeira vez não a sombra, mas a luz da liberdade. Com os olhos ofuscados, porém muito mais encantado com a claridade, enche-se de indignação e esperança, corre até o grupo para anunciar a força da irradiação da utopia. Boa parte do grupo tenta contê-lo, incrédula, mas uma pequena parcela percebe, com lucidez, a dimensão política de sua descoberta e compreende que *a vida é uma luta*.

Há duas saídas para o ser humano, primeiro, voltar-se para dentro da caverna e experimentar a melancolia. Trata-se de reprimir a esperança e as suas duas filhas: a indignação e a coragem. A outra possibilidade é escapar da caverna, é a saída de dentro de si mesmo, enquanto um ato de separação da segurança (ideologia dominante). Para isso acontecer, o sujeito deve elaborar o luto pela perda da segurança, desenvolver a indignação como energia propulsora e construir a esperança que transforma – processo afetivo e político, pois envolve a ressignificação de situações de dependência e opressão.

Contemporaneamente, observa-se na população brasileira, também, uma parcela do clero católico, um número excessivo de sintomas de adoecimento físico e psíquico: *burnout*, síndrome do pânico, acídia, cansaço, fadiga, tristeza, depressão e até melancolia. No contexto macrossocial, cresce assustadoramente o uso indiscriminado de psicotrópicos e drogas lícitas: ansiolíticos, soníferos ou hipnóticos, antidepressivos e antipsicóticos. Desde a década de 1970, observa-se o empenho da indústria farmacêutica em desenvolver e difundir técnicas de diagnóstico favoráveis ao uso – quando não ao abuso – dos antidepressivos lançados a cada ano no mercado. É o grande negócio da indústria dos psicofármacos. Por meio da indústria paralela, avoluma-se o consumo de drogas ilícitas, afiançadas pelo crime organizado das milícias, dos grupos econômicos e dos partidos políticos de extrema direita. O índice de suicídios e quadros de automutilação amplia exponencialmente entre jovens, indígenas, policiais, negros, pastores e padres. Segundo o Papa Francisco (2025, p. 342),

> entre os mais jovens, um em cada quatro adolescentes está envolvido em episódios de *cyberbullying*, e, de modo geral, todos os usuários estão expostos à ilusão de que a web pode satisfazê-los totalmente no âmbito relacional, um engano que provoca uma grave dilaceração no tecido social.

A produção de livros no Brasil sobre a temática da melancolia, da depressão e da acídia é assombrosa. Apenas para registrar exemplos disso, vejamos alguns títulos de obras atuais: *O cansaço dos bons*, *A sociedade do cansaço*, *O sofrimento psíquico dos presbíteros*, *Síndrome do bom samaritano desiludido*, *Síndrome de burnout*, *O tempo e o cão*, *Sobre losers: fracasso, impotência e afetos no capitalismo contemporâneo*, *O sujeito e a contemporaneidade: espaço, dor e desalento na atualidade*, *Mal-estar, sofrimento e sintoma: uma psicopatologia do Brasil entre muros*, *O circuito dos afetos: corpos políticos, desamparo e o fim do indivíduo*. Sem dúvida, estamos vivendo a era das paixões tristes e melancólicas, pois um mundo está morrendo e o outro ainda não nasceu. Por ora, muitos estão chorando as perdas, olhar voltado para o passado. É preciso virar o rosto para o futuro e construir com esperança o seu parto, fortalecendo o presente no rumo de um novo tempo.

5.5.2 A melancolia e o luto

O que é o estado de melancolia? E o processo de luto? O que esses sintomas têm a ver com a ideologia da vergonha? A melancolia não é simplesmente uma depressão dilatada. Não se pode confundir melancolia com depressão. Ela tem uma história e, etimologicamente, congrega dois sentidos.

O primeiro significado, do grego *melagkholía*, está relacionado à condição de alguém ser portador da bile negra. O vocábulo *melagkholía*, na visão das escolas filosóficas clássicas, por volta de 460 a.C., provém de uma visão da natureza como sendo constituída pela mistura de quatro elementos: ar, terra, fogo e água. Nessa perspectiva, Hipócrates postulava que o organismo humano seria composto por *quatro humores*: *sangue*, *fleuma*, *bile amarela* e *bile negra*. O componente fleuma referia-se a uma espécie de muco nasal, produzido pelo cérebro; a bile amarela constituía uma secreção do fígado; a bile negra, uma secreção produzida pelo baço e sinalizadora de mau prognóstico para as doenças. Hipócrates classificou, ainda, os temperamentos humanos em quatro tipos: sanguíneos, fleumáticos, coléricos e melancólicos – termos ainda existentes na clínica.

A segunda acepção vem do grego clássico, *akedia*, indicando desinteresse, indiferença e falta de atividade e, portanto, tendo o mesmo sentido do vocábulo latino *acedia*, que, em português, é *acídia*. Evágrio Pôntico (345-399) parece ter sido o primeiro pensador a identificar a acídia como "demônio do meio-dia". O período da tarde e as práticas de jejum, provavelmente, teriam influenciado mais a indolência dos monges do que as tentações do demônio (Wasserstein, 2005, p. 54). Na tradição da Igreja, Delumeau (2003, p. 432) percebe a acídia como *sonolência espiritual, dificuldades dos exercícios religiosos, tristeza que apagava da alma o desejo de servir a Deus*. Para Maria Kehl (2014, p. 67-68),

> a metáfora para a acedia – "demônio do meio-dia" – remete à fraqueza corporal produzida pelo prolongado jejum a que os monges se submetiam por amor a Deus. A fome, o calor, a prostração do corpo enfraquecido abatem também a vontade da "alma", que recua diante da impossível proposta de encontro puramente espiritual com Deus – o que comprova que nem tudo, da pulsão, pode ser sublimado.

Os primeiros teólogos – Agostinho de Hipona, Gregório Magno e Tomás de Aquino (*Sobre o ensino*) – viam na acídia um complexo de sintomas próximos da tristeza. Tomás de Aquino, em complemento, enfatizava o termo *tristeza*, ou *tristitia*, enquanto vazio da alma ou tédio profundo diante do bem espiritual. Atrás da aparência do sétimo pecado capital, a preguiça, existem sofrimentos verdadeiros: apatia da alma (interioridade), ausência de prazer, excesso de agressividade e autoagressividade, letargia, alienação, pusilanimidade (covardia para agir e divagação mental). Parafraseando Chico Buarque, quando ele afirma que a "dor da gente não sai no jornal" (Barbosa; Reis, 1960), diríamos que a dor da gente também não sai em protocolos médicos. O diagnóstico e o tratamento da depressão continuam malconhecidos em sua complexidade. Na verdade, a depressão é uma doença que atinge todo o grupo humano – sendo social, contudo, ela surge, principalmente, no interior da população mais pobre e sofrida.

Neste texto pretendemos usar o vocábulo *melancolia*, de um lado, enquanto pulsão de ódio ou cólera, a bile negra, e, de outro, como acídia, tristeza, depressão. Na Modernidade, a tristeza e seus sintomas ganham estatuto científico e mudam de nome. Com a psiquiatria, a tristeza vem colecionando uma série de terminologias: psicastenia, neurastenia, abulia, pragmatismo, anedonia, depressão e transtorno de humor. Atualmente, o conceito de depressão designa tanto um sintoma quanto um transtorno[73]. Ela é vista como o resultado de múltiplas causas: biológicas, psicológi-

---

73. Segundo a OMS, em 2017, 322 milhões de pessoas estavam afetadas pela depressão, o que quase equivale à população dos Estados Unidos. No Brasil, esse mal atinge 11,5 milhões de indivíduos ou praticamente o número de habitantes da cidade de São Paulo (Veloso, 2018).

cas e socioculturais. O sujeito deprimido apresenta exaustão emocional, despersonalização e baixo desempenho cognitivo-afetivo – ausência de autoestima. Nesse cenário, ocorrem somatizações do tipo: cansaço físico, mal-estar geral, fadiga, dores, alteração alimentar e do sono, aumento dos batimentos cardíacos, desordens gastrointestinais, fibromialgias. Surgem também dificuldades de comportamento, como irritabilidade e frequentes conflitos interpessoais, vergonha e quadros persecutórios, distanciamento afetivo, absenteísmo, variação de humor. É possível também que haja condutas aditivas e transtornos alimentares.

Geralmente, os sintomas da cólera e da acídia surgem depois da vivência de profundas humilhações e perdas de afeto (ausência de autoestima); de experiência religiosa frustrada (desilusão com ideais, sonhos e carisma); de perdas econômicas significativas; de ausência de perspectivas políticas ou falta de sentido para a vida. Finalmente, observam-se as debilidades do corpo com o surgimento de sintomas graves: câncer, problemas cardíacos e complicações pós-cirúrgicas.

O diagnóstico psiquiátrico exige que vários desses sintomas estejam presentes por um período mínimo de duas semanas, e que tal quadro não seja explicado apenas por perda ou situação estressora recente. É necessário rever a história do sujeito: episódios semelhantes, quadros familiares, elementos genéticos, sintomas orgânicos recentes e contingências imprevisíveis de perdas, insultos, domínios e maus-tratos, incluindo-se as violências provocadoras de vergonha física e simbólica nos campos sexual, racial, econômico e de gênero.

Quanto à escolha do medicamento para o tratamento da depressão, deve-se levar em conta uma série de fatores: a gravidade do episódio depressivo, os diversos sintomas, a história de tratamentos anteriores, o perfil de efeitos colaterais e até mesmo o custo dessas medicações. Em geral, a atuação dos medicamentos antidepressivos envolve a inibição da recaptação de neurotransmissores cerebrais (serotonina, noradrenalina e dopamina), de forma mais ou menos seletiva, dependendo da classe estudada. Há, ainda, outros mecanismos de ação terapêutica, específicos de determinados psicofármacos.

O sujeito melancólico sofre duplamente. Primeiro, pelo quadro físico e mental dos sintomas. Segundo, pelo olhar preconceituoso das instituições. O deprimido passa a conviver com a ideia de que não tem valor nenhum, de que não chegará nunca a nada – será o eterno preguiçoso. Acusá-lo de preguiça – lembremos de Jeca Tatu, Macunaíma, Policarpo Quaresma – pode ser uma explicação simples para as pessoas que convivem com ele. É a construção da *ideologia da vergonha*. A vergonha é um afeto causado quando o ser humano é ferido em sua imagem pública. A vergonha isola o sujeito, não convida à partilha ou à vida social. Aliviados de suas culpas, institucionalmente, os acusadores passam a tentar entender o quadro a partir de uma perspectiva moral, ou como uma escolha de vida medíocre. O deprimido, por seu sentimento de culpa, vê seu retrato refletido sob a forma de humilhação. Assim, percebe seu estado como o termo de pagamento de seus pecados ou a dor da autoagressão à sua imagem indolente, e se identifica como um sujeito incapaz de se esforçar. Ele desafina o coro dos ditos normais. Esse é o enredo do teatro do oprimido que, ao introjetar os olhares dos opressores, sente-se purificado pela dor da culpa, ataca a si mesmo e padece sob os olhares cruéis do outro imaginário – essa é a base fundamental da ideologia da vergonha, ou seja, o eterno demissionário.

Outro conceito próximo da depressão é denominado síndrome de *burnout* (Castilho Pereira, 2016, cap. 1). A palavra *burnout* designa uma síndrome que esvazia as forças afetivas do sujeito, produzindo enfraquecimento pessoal e dificuldades na realização de um projeto de vida. Em sua origem, a palavra inglesa é o resultado da junção de *burn* (queima) e *out* (fora), indicando algo que já não está queimando, que foi perdendo energia, cujo fogo se apagou. A palavra caracteriza um sofrimento psíquico acumulativo, fruto de desgaste orgânico, principalmente nas relações interpessoais. Usa-se também o termo *worn-out* para designar coisas gastas ou pessoas exauridas, cansadas.

Outra circunscrição da melancolia é a síndrome do abandono. O abandonado vive uma prática diferente da experiência do desamparado. Vamos analisá-la, logo abaixo, quando discutirmos o processo do luto. Em geral, o abandono gera muito medo, promove o isolamento, a resistência a novos vínculos, provoca atitudes infantis, dissemina a fragmentação, a culpa e as formas de desabamento dos predicados pessoais (Safatle, 2016). O sujeito abandonado fica paralisado, sem reação, torna-se portador de extrema vulnerabilidade e do sentimento de estar fora de si (Gros, 2023, p. 69). Essas características dizem respeito ao estado de prematuração do bebê, à angústia de um nascituro precoce, diante de sua própria vulnerabilidade. O melancólico não cresce, não se projeta no horizonte e vive sempre a desesperança. Nesse caso, ele tem uma dependência extrema do olhar de vigilância ou aprovação do outro, reconstituindo a relação tirano ou servidão voluntária, como já dizia La Boétie.

O sujeito melancólico vive o fracasso total do amor, do investimento libidinal. No interior do melancólico, cessam todos os investimentos amorosos de uma pessoa, os ideais, as utopias, as crenças e os objetos de estimação. Na ausência de autoestima, o sujeito transforma a ira em violência contra si mesmo: processos de autopunição e autoagressão. A melancolia é uma raiva de você com você, e de você mesmo. É o ciclo de apagamento das luzes de utopias e sonhos. O carisma presbiteral desaba. Tomam conta do sujeito o negativismo, falta de ânimo, falta de autoestima, fantasias autodestrutivas, distúrbios somáticos e várias manifestações de dor psíquica. Surge a produção perseverante de autorrecriminação e autoinsulto, fruto dos olhares dos tiranos, a ideologia dominante da vergonha, transformando o sujeito no escárnio de si mesmo, em sua própria ignomínia e opróbio. É a porta aberta de uma expectativa delirante de punição que aproxima o sujeito do suicídio. Ele mata uma parte de si. Quem matamos, quando matamos a nós mesmos? Talvez a imagem do tirano, porém, colada no oprimido. Infelizmente, a melancolia é o resultado da fusão entre o opressor e o oprimido. Com o tempo, os dois se tornam gêmeos siameses. A imagem horrenda da autoagressão reside no fato de que é pela própria extinção do corpo que o suicida produz uma marca indelével no mundo simbólico de seus entes. Quando o sujeito morre ele se torna, para os outros, um signo eterno. Um herói sem causa.

5.5.3 *A vergonha, enquanto fecundidade de emancipação*

O que é o processo de luto? É uma dor de solidão acompanhada. Enquanto a melancolia é uma dor absolutamente desacompanhada. Todo luto demanda tempo. O luto pede o período de elaboração e reconstrução de novas afeições de ausência e presença de objetos e pessoas. Trata-se do sofrimento psíquico no enfrentamento da supressão de algo – do rosário de perdas que o sujeito envergonhado é convocado a reelaborar durante o percurso de sua vida. Trata-se aqui de redescobrir o sentido da vergonha, de modo que ela não oprima o sujeito, mas que o lance para a frente. É a ideologia da vergonha revisitada e repaginada com sua própria escrita. O sujeito é convocado a viver o desamparo, enquanto perda da competência forjada do outro; do olhar sedutor do outro tirano; da imagem do corpo eroticamente idealizado; das dificuldades no relacionamento afetivo; da ausência de autoestima introjetada pela perda de *status,* poder econômico e prestígio emprestados do déspota e, finalmente, pela experiência de finitude – a morte.

O luto é um longo processo de vivência da separação e, em seu primeiro momento, o mundo se torna pobre e vazio. Tudo desaba. É um gradativo encontro com o devir-outro que exige elaboração da alteridade e do diferente. Mas a consciência do desamparo pode gerar a emancipação, sobretudo quando formos capazes de manejar, minimamente, nossa angústia frente às mudanças (Gros, 2023, p. 69). O desamparo, a angústia da mudança, cria o desejo de vínculos de solidariedade. O desamparo não pode ser experimentado como algo que se rejeita e contra o qual se luta. Ele gera naturalmente a angústia. Mas *há fecundidade na solidão*. E ela deve ser vivida como algo que se afiança. O desamparo pode gerar medo. Mas o desamparo pode ser também pura energia ou potência libertadora. Retirar o desamparo de uma prisão fóbica, por meio da afetividade, é a primeira condição para se realizar a emancipação. No processo de luto, a experiência de desamparo abre-se aos afetos. Essa descoberta afetiva descortina predicados que proporcionam novas maneiras de identificação do sujeito. Precisamos considerar que *predicado* é algo que o sujeito *possui*: não se trata de uma benevolência do tirano, mas de um modo privilegiado de autorreconhecimento dos dons da própria pessoa e dos grupos oprimidos. É o aroma da espiga de milho, capaz de engendrar as ideologias emancipatórias dos que mais sofrem. Contraditoriamente, é a partir do desamparo que abrimos nossos afetos para o outro. Quando não corremos esse risco – de nos abrir ao outro – fechamo-nos no medo enclausurante, na dependência do grande outro. Somente os desamparados são capazes de agir politicamente e transformar as instituições. A maior solidão é a dos seres que não amam e não se abrem ao outro.

Os desamparados, enquanto aqueles que processam os lutos de separação dos ídolos e dos projetos mirabolantes, não são considerados ressentidos. Eles são capazes de esquecer a dominação sofrida e superarem o mal que os vitimou. Ao superarem os ressentimentos, não atribuem mais a responsabilidade aos que os fizeram sofrer, pois sua positividade os liberta e distancia dos opressores. O ressentimento introjetado do opressor deixa de ser a vingança adiada e se transfigura na *esperança*, enquanto indignação e coragem. Assim, os envergonhados suspendem para sempre a moratória da dívida histórica com seu opressor.

A luta para perceber a estrutura de referência de si mesmo diante do outro exige altruísmo, ascese de si e distanciamento pessoal dos próprios algozes e opressores. Evidentemente, tal esforço gera angústia e encontro com a dor, que se fundamenta nos laços afetivos e amorosos e tende a se consolidar, gerando sofrimento e depois libertação. A construção do vínculo afetivo e o compartilhamento das singularidades têm como alicerce o espírito de compaixão e conduzem a um envolvimento absolutamente inevitável, que interfere no cotidiano do sujeito, sob a forma de encontros e fraternidades. A sensibilidade solidária promove relacionamentos e aproxima o sujeito do convívio e do diálogo.

Termino este livro relembrando minutos antes da programação do cardeal argentino Jorge Bergoglio, quando pronunciaram o seu nome pela septuagésima vez, conclamando-o como novo papa. Disse Bergoglio: "Nesse momento, enquanto os cardeais aplaudiam e o escrutínio seguia, o Cardeal Cláudio Hummes, levantou-se e veio me abraçar: 'Não se esqueça dos pobres', disse-me. Aquela frase me marcou, eu a senti na minha carne. Foi ali que surgiu o nome Francisco" (Francisco, 2025, p. 235-236). Também, o Papa Leão XIV ([2025a]), disse aos bispos de Madagascar: "Exorto vocês a não desviarem o olhar dos pobres: eles estão no centro do Evangelho e são os destinatários privilegiados do anúncio da Boa-nova". A cada presbítero do Brasil, eu diria: Não se envergonhe de sua origem, menos ainda, de toda a população pauperizada. A vergonha pode ser um indicador na direção da libertação.

Posfácio
Da vergonha à esperança: por uma Igreja enraizada no Evangelho, em diálogo com as culturas

Dom Esmeraldo Barreto de Farias
Bispo emérito de Araçuaí, Minas Gerais

> De fato, irmãos, vede vossa vocação: não há entre vós muitos sábios segundo a carne, nem muitos poderosos, nem muitos de família nobre. O que, porém, para o mundo é loucura, Deus o escolheu para envergonhar os sábios; e o que para o mundo é fraqueza, Deus o escolheu para envergonhar aquilo que é forte. O que para o mundo é sem prestígio e desprezível Deus o escolheu, aquilo que é nada, para anular aquilo que é. Assim, ninguém poderá gloriar-se diante de Deus. [...] Quem se gloriar, glorie-se no Senhor (1Cor 1,26-29.31).

Convidado pelo Professor William Cesar Castilho Pereira para escrever o posfácio de *A ideologia da vergonha e o clero do Brasil*, aceitei sem hesitar. Reconheço a relevância de seus estudos, que lançam luz sobre os desafios urgentes do ambiente social e eclesial no Brasil, e admiro sua constante disponibilidade e competência profissional para ouvir e aconselhar tantos amigos e amigas. Sempre atento aos sinais dos tempos e às vicissitudes humanas, sensível à escuta que edifica e dá voz ao mundo interior de presbíteros, engajado na denúncia das ideologias dos poderes dominantes, o Professor William nos brinda, mais uma vez, com uma obra indispensável e profética. Sua vivência da fé católica, nutrida desde a infância no seio familiar, e seus anos na sala de aula como professor da PUC Minas e no consultório como psicanalista legitimam a escrita crítica e esperançadora deste livro.

Mais do que uma análise conceitual da ideologia e da vergonha no ministério presbiteral, a obra oferece um diagnóstico profundo do mal-estar eclesial contemporâneo. Ele nos conduz a um exame de vida e a um discernimento – pessoal, social e eclesial – a respeito das forças que moldam silenciosamente nossas ações, identidades e omissões. Esse mal-estar tem raízes no clericalismo, que hierarquiza a vida comunitária entre padres e leigos e absolutiza a figura idealizada de poder, como o tirano descrito por Étienne de La Boétie. Tal postura revela sua natureza autoritária do clericalismo, que distancia as pessoas e reproduz a lógica perversa da meritocracia neoliberal, na qual os "vencedores" supostamente merecem seus privilégios e os "fracassados" (os pobres abandonados) são culpabilizados por sua condição e devem aceitá-la sem questionamentos. Não por acaso, o Papa Francisco criticou severamente essas atitudes clericalistas – tanto em padres quanto em leigos –, relacionadas, segundo o Professor William, à ascensão social de presbíteros oriundos de classes mais populares que, ao se afastarem de seu compromisso com os mais pobres, com uma Igreja evangélica e solidária, acabam por reproduzir uma mentalidade elitista e excludente.

Desde as primeiras páginas, impressiona o estilo com que o Professor William entrelaça filosofia, psicanálise, teologia e sociologia, sem comprometer a acessibilidade do texto. Com equilíbrio entre profundidade e clareza, ele recorre com sabedoria a metáforas, imagens bíblicas, analogias e referências literárias para tornar visível o drama ambíguo da vergonha entre os presbíteros: ora como violência simbólica e silenciamento histórico, ora como resistência à lógica mundana de poder, possibilidade de emancipação e fortalecimento de uma identidade missionária e comunitária. Essa ambiguidade da vergonha exige, tanto do sujeito quanto da Igreja, uma travessia: da vergonha que gera servidão voluntária à esperança que nasce de relações humanas saudáveis e fé amadurecida, por meio de um processo de conversão missionária (DAp 370), como o exemplo de Paulo, que vê na "fraqueza dos humildes a força do Reino". Para mim, o Evangelho nos oferece uma luz muito clara: assumir o estilo de vida missionária e comunitária de Jesus de Nazaré.

O livro ilumina várias dimensões da vida de quem recebeu o ministério ordenado, e suscita mais perguntas do que respostas. Eis algumas: como resgatar uma espiritualidade que, longe de se envergonhar da pobreza, a reconheça como lugar privilegiado de encontro com o Evangelho? Que caminhos devemos percorrer para unir fé e vida, voltar às fontes do cristianismo, retomando as intuições do Concílio Vaticano II e ressignificando a tradição para o nosso tempo? Como identificar criticamente o conceito de ideologia da vergonha nas práticas pastorais de hoje e ajudar padres, leigos e leigas a descobrirem e fortalecerem sua consciência crítica e a comunhão em um mundo cada vez mais hostil à vida comunitária? Como transformar a Igreja em espaço de luto coletivo (pelas vítimas da história), e não de melancolia clerical (que perpetua opressões e sistemas opressores)? De que maneira a vergonha estrutura, silenciosamente, as relações entre padres e leigos?

Não pretendo esgotar essas questões, mas apenas retomar, à luz da minha própria caminhada, alguns eixos de reflexão que dialogam com as provocações do livro: a valorização das origens e o entrelaçamento das culturas; a redescoberta da comunidade e da sinodalidade como horizonte de superação da servidão voluntária; e o estilo de vida de Jesus, o itinerário da vergonha à cruz, da cruz ao luto, e do luto à esperança – como viveu o Apóstolo São Paulo.

Parafraseando Martin Heidegger, esquecer a origem é cair no esquecimento do Ser – ou seja, dissolver-se no anonimato, tornar-se um sujeito sem identidade, memória ou cultura, desenraizado da própria experiência. Nasci na pequena comunidade rural do Bonfim, em Santo Antônio de Jesus, interior da Bahia. Desde cedo, sentia o chamado a ser missionário padre, inspirado pelo testemunho de ministros ordenados que me precederam[74]. Por um tempo, contudo, carreguei vergonha pela minha origem, internalizando preconceitos e expressões pejorativas que inferiorizavam a população pobre do campo e das periferias urbanas. Só mais tarde, num encontro de espiritualidade coordenado pelos Irmãos de Taizé, em Cariacica, Espírito Santo, confrontei essa vergonha e a ressignifiquei como força e dignidade. Aquilo que antes era mecanismo de controle e silenciamento passou a ser potência de transformação e resistência à ideologia da vergonha – um gesto de autoconsciência pastoral e teológica. A reconciliação com minha origem rural e pobre deu frutos concretos quando passei a viver nos centros urbanos. Tornei-me mais consciente do lugar onde minha vocação foi gestada, da dignidade que lhe era inerente, e desejei colaborar com os pobres para que também descobrissem os sinais de Deus em suas vidas.

Essa conversão interior me fez recusar o discurso do opressor, e me impulsionou a lutar com pessoas e comunidades de periferias por melhores condições de vida, a colaborar na criação de comunidades eclesiais, de sindicatos de trabalhadores rurais e na formação de lideranças pastorais como sujeitos do processo evangelizador, inspirado pela vida de Jesus, pela Palavra de Deus e orientações da Igreja. A transição do rural para o urbano não deve significar uma ruptura com os valores de justiça, solidariedade e comunhão, mas sua integração criativa aos desafios da cidade. A cultura urbana também é espaço de evangelização e testemunho, desde que cultivada com respeito à dignidade humana e à memória viva das raízes. Não se trata de eliminar uma cultura em detrimento da outra, mas de entrelaçar experiências para viver em todos os contextos, a fé que brota do encontro com Jesus, o verbo encarnado, considerando todas as dimensões do ser humano: simbólica, espiritual,

74. Das várias pessoas que foram importantes para minha caminhada vocacional, lembro-me, com carinho, do Monsenhor Gilberto Vaz Sampaio e Dom Florêncio Sizínio, bispo da minha Diocese de Amargosa, Bahia. Uma descrição mais elaborada de minha trajetória eclesial pode ser encontrada no capítulo "Levanta-te e anda: indicativos a partir de uma vida missionária", publicado em *Experiências missionárias* (Farias et al., 2024).

relacional, sociopolítica, comunitária. Evangelizar hoje é anunciar o Evangelho com os recursos do nosso tempo – inclusive os meios digitais – e testemunhar a fé em Jesus Cristo na Igreja e na sociedade, promovendo o cuidado com a vida, com a Casa Comum, com a justiça e com o bem comum. Isso exige superar a pastoral da manutenção em favor de uma pastoral decididamente missionária sinodal.

Nesse processo, encontrei força na vida comunitária – lugar teológico e pastoral onde os pobres celebram sua fé, lutam por dignidade e se reconhecem como filhos e filhas de Deus. A comunidade é mais do que espaço de pertencimento: é horizonte concreto de transformação para a vida eclesial. Nela, cada batizado é chamado a ser sujeito e corresponsável pela missão (*EG* 120), e o presbítero reencontra sua vocação como servidor do povo e instrumento da misericórdia. O presbítero não é o dono da comunidade, mas aquele que caminha com as pessoas, de maneira humilde, exercitando o dom da escuta ativa e promovendo os ministérios e carismas de maneira sinodal. Assim, a comunidade se torna espaço privilegiado para superar a ideologia da vergonha, pois oferece escuta, partilha e intercâmbio de dons e saberes, estimulando no presbítero o reconhecimento de sua própria vulnerabilidade e humanidade como lugar da graça de Deus.

Para superar a servidão voluntária, é preciso tomar consciência dela, de suas causas e efeitos, e dar passos concretos para construir um projeto de transformação. Esse projeto requer cultivar a consciência de ser sujeito – sujeito que assume e defende a dignidade da vida e, ao mesmo tempo, abraça a sinodalidade como inspiração do Espírito Santo que ilumina o modo de ser da Igreja, marcado pela prática pedagógica da escuta, do discernimento e do caminhar juntos. É na e com a comunidade que nos reencontramos como discípulos, irmãos e servidores do Reino.

Quero destacar, por fim, o estilo de vida de Jesus como itinerário pascal: da vergonha à cruz, da cruz ao luto, e do luto à esperança. Esse é o centro da fé cristã e a chave hermenêutica que o livro oferece. A vergonha que paralisa só se transforma quando iluminada pela cruz de Cristo. Um dos grandes méritos da obra é fazer emergir, a partir da

Sagrada Escritura, especialmente da experiência de Paulo, uma teologia da cruz como ressignificação da vergonha. O Cristo crucificado é escândalo para uns, loucura para outros, mas revelação da graça para quem crê (1Cor 1,22-31). Paulo – outrora perseguidor, depois apóstolo – aprende a gloriar-se não em méritos próprios, mas na cruz de Cristo, por meio da qual a força de Deus se manifesta como fraqueza solidária, reverte as hierarquias do mundo e denuncia a lógica dos poderosos. Para o clero hoje a proposta é renascer a partir do mistério pascal de Jesus Cristo, que nos pede aceitar morrer para os modelos idealizados de prestígio, para a figura do "padre perfeito", para os lugares de privilégio que o afastam do povo.

Esse é o caminho do seguimento a Jesus, que exige configurar nossa vida à dele, assumindo um estilo de vida itinerante, missionário, afetivo, relacional, profundamente humano. Trata-se de morrer para o eu idealizado e os mecanismos de autopromoção, para renascer em fidelidade à escuta, à misericórdia e ao compromisso com os prediletos do Senhor com quem ele mesmo se identifica (Mt 25,31ss.). Só há ressurreição para quem passa pela cruz e pelo luto. E esse luto não é resignação, mas transformação: luto das estruturas caducas, luto das imagens idealizadas, luto das vaidades clericais. Em vez de melancolia institucional, que paralisa a Igreja e a lança num saudosismo estéril ou num moralismo estigmatizante, é necessário elaborar o luto como processo que conduz à esperança. A Igreja do luto é também a Igreja da esperança, que não esquece os pobres, como insistia o Papa Francisco. O livro nos convida a cultivar uma esperança encarnada, feita de coragem e indignação, capaz de transformar a vergonha em luta e a fraqueza em profecia. Esperança ativa como a do grão de trigo que, ao cair na terra e morrer, dá fruto (Jo 12,24).

Enfim, esta obra é um instrumento valioso para quem deseja compreender, com profundidade e afeto, os dramas e as potências do ministério ordenado no Brasil. Mais do que um estudo, é um diagnóstico lúcido e esperançoso da realidade eclesial, que aponta saídas possíveis, ainda que exigentes. Um convite à ação, à vivência da fé encarnada e histórica (NMI 5), aos saberes ativos e transformadores. A alternativa está numa Igreja cada vez mais próxima de Jesus Cristo, o Verbo encarnado, o Missionário do Pai, que entregou sua vida por amor e rompeu com a servidão voluntária e com os poderes dominantes para abraçar a luta dos oprimidos e excluídos, convidando-nos a ser cooperadores de Deus na instauração do Reino de justiça, amor, caridade e esperança. Como recordou o Papa Francisco, a verdadeira esperança nasce quando a indignação e a coragem se unem para transformar a realidade. Que esta obra nos ajude a transformar a vergonha em degrau para a libertação, a fraqueza em ponte para a graça e a memória de nossas origens em fonte inesgotável de esperança.

Referências

ABRAMO, H. W.; BRANCO, P. P. M. (org.). *Retratos da Juventude Brasileira*. São Paulo: Fundação Perseu Abramo; Instituto Cidadania, 1996.

AGAMBEN, G. *O mistério do mal*: Bento XVI e o fim dos tempos. São Paulo: Boitempo; Florianópolis: EdUFSC, 2015.

ALBUQUERQUE, J. C. G. *In*: BAREMBLITT, G. *Compêndio de análise institucional e outras correntes*: teoria e prática. Rio de Janeiro: Ibrapsi, 1992.

ALMADA, R. *O cansaço dos bons*. São Paulo: Cidade Nova, 2013.

ALVES, J. E. D. A aceleração da transição religiosa no Brasil. *Instituto Humanitas Unisinos (IHU)*, São Leopoldo, 14 out. 2022. Disponível em: https://www.ihu.unisinos.br/categorias/622998-a-aceleracao-da-transicao-religiosa-no-brasil-1872-2032-artigo-de-jose-eustaquio-diniz-alves. Acesso em: 17 jun. 2025.

ANDRADE, É. *Sobre losers*: fracasso, impotência e afetos no capitalismo contemporâneo. Curitiba: CRV, 2019.

ANDRADE, M. *Macunaíma*. São Paulo: Abril, 1976.

ANDRADE, O. Manifesto antropófago. *In*: SCHWARTZ, J. *Vanguardas latino-americanas*: polêmicas, manifestos e textos críticos. São Paulo: Edusp; Iluminuras; Fapesp, 1995.

ANGIOLETTI, A. Os 70% da contribuição da pessoa idosa acolhida para ILPI. *Ariane Angioletti (blog)*, Santa Catarina, 26 out. 2020. Disponível em: https://www.arianeangioletti.com/post/70-contribuicao-para-ilpi. Acesso em: 6 ago. 2025.

ARENDT, H. *O que é política?* Rio de Janeiro: Bertrand Brasil, 1998.

AZEVEDO, M. C. *Comunidades eclesiais de base e inculturação da fé*. São Paulo: Loyola, 1986.

AZZI, R. *O catolicismo popular no Brasil*. Petrópolis: Vozes, 1978.

BANDEIRA do divino. Interpretação de Ivan Lins. Composição de Ivan Lins e Vitor Martins. *In*: AOS NOSSOS filhos. Rio de Janeiro: EMI-Odeon, 1978. 1 LP, faixa 1 (3min 12s).

BARBOSA, H.; REIS, L. Notícia de jornal. *Dicionário Cravo Albin da Música Popular Brasileira*, Rio de Janeiro, 1960. Disponível em: http://dicionariompb.com.br/haroldo-barbosa/obra. Acesso em: 2 ago. 2020.

BAREMBLITT, G. *Compêndio de análise institucional*. Belo Horizonte: Record, 1992.

BARROSO, L. R. Ética e jeitinho brasileiro: por que a gente é assim? *O Globo*, Rio de Janeiro, p. 40, 3 set. 2017.

BAUDELAIRE, Charles. *Poesia e prosa*. Rio de Janeiro: Nova Aguilar, 1995.

BELANDI, C.; GOMES, I. Censo 2022: pela primeira vez, desde 1991, a maior parte da população do Brasil se declara parda. *Agência IBGE Notícias*, Rio de Janeiro, 22 dez. 2023. Censo 2022; IBGE. Disponível em: https://agenciadenoticias.ibge.gov.br/agencia-noticias/2012-agencia-de-noticias/noticias/38559-pretos-ou-pardos-sao-maioria-no-pais-mostram-resultados-do-censo-2022. Acesso em: 1 maio 2025.

BENTO XVI. *Deus caritas est*: carta encíclica. São Paulo: Paulus; Loyola, 2006.

BERNARD, D. *Lacan e a vergonha*. São Paulo: Blucher, 2022.

BÍBLIA SAGRADA. Tradução oficial da Conferência Nacional dos Bispos do Brasil. Brasília: Edições CNBB, 2018.

BILENKY, M. K. *O que fazer?* São Paulo: Blucher, 2017.

BIRMAN, J. *O sujeito e a contemporaneidade*: espaço, dor e desalento na atualidade. Rio de Janeiro: Civilização Brasileira, 2012.

BOTTOMORE, Thomas. *Dicionário do pensamento marxista*. Rio de Janeiro: Zahar,1993.

BOURDIEU, P. *A economia das trocas simbólicas*. 6. ed. São Paulo: Perspectiva, 2009. (Estudos; 20).

BRANDÃO, J. S. *Mitologia grega*. Petrópolis: Vozes, 1986. v. 2.

BRASIL registra 274 línguas indígenas diferentes faladas por 305 etnias. *Fundação Nacional dos Povos Indígenas*, Brasília, 27 out. 2022. Disponível em: https://www.gov.br/funai/pt-br/assuntos/noticias/2022-02/brasil-registra-274-linguas-indigenas-diferentes-faladas-por-305-etnias. Acesso em: 31 maio 2025.

BRASIL. Ministério da Mulher, da Família e dos Direitos Humanos. Secretaria Nacional da Família. *Fatos e números*: famílias e filhos no Brasil. Brasília: Observatório Nacional da Família, [2021]. Disponível em: https://www.gov.br/mdh/pt-br/navegue-por-temas/observatorio-nacional-da-familia/fatos-e-numeros/familias-e-filhos-no-brasil.pdf. Acesso em: 6 jun. 2025.

BRASIL. Ministério do Trabalho e Emprego. *3º Relatório de transparência salarial e critérios remuneratórios*. Brasília: Ministério do Trabalho, abr. 2025. Disponível em: https://www.gov.br/trabalho/pt-br. Acesso em: 6 maio 2025.

BRIGHENTI, A. *O novo rosto do clero*. Petrópolis: Vozes, 2021.

BURIN, M.; MONCARZ, E.; VELÁSQUEZ, S. *El malestar de las mujeres*: la tranquilidad recetada. Buenos Aires: Paidós, 1990.

CABRAL, C. S. Juventudes, sexualidade e saúde: reflexões teóricas e metodológicas a partir de uma pesquisa multissituada sobre trajetórias afetivo-sexuais juvenis. *Saúde e Sociedade*, São Paulo, v. 33, n. 1, e240001, 2024. Dossiê: Juventudes e sexualidades na era digital. Disponível em: https://www.scielo.br/j/sausoc/a/w5mKn7npyb94bKgQjwfC3bC/. Acesso em: 19 jun. 2025.

CABRAL, U. A. Em 2023, massa de rendimentos e rendimento domiciliar per capita atingem recorde. *Agência IBGE Notícias*, Rio de Janeiro, 19 abr. 2024. PNAD Contínua; Estatísticas Sociais. Disponível em: https://agenciadenoticias.ibge.gov.br/agencia-noticias/2012-agencia-de-noticias/noticias/39809-em-2023-massa-de-rendimentos-e-rendimento-domiciliar-per-capita-atingem-recorde. Acesso em: 6 ago. 2025.

CALAZANS, G. Os jovens falam sobre sua sexualidade e saúde reprodutiva. *In*: ABRAMO, H. W.; BRANCO, P. P. M. (org.). *Retratos da juventude brasileira*. São Paulo: Fundação Perseu Abramo; Instituto Cidadania, 1996.

CALLIGARIS, C. *Adolescência*. São Paulo: Publifolha, 2000. (Folha Explica).

CARVALHO, B. L. P. Antoine Destutt de Tracy: o "pai" do termo ideologia. *Café História*, [*S. l.*], 2017. Disponível em: https://www.cafehistoria.com.br/o-pai-do-termo-ideologia/. Acesso em: 5 maio 2025.

CARVALHO, E. B. *Outra economia possível*. São Paulo: Ideias e Letras, 2023.

CASALDÁLIGA, P. D.; TIERRA, P.; COPLAS, M. *Missa da Terra sem Males*. Fotos de Cláudia Andujar. Rio de Janeiro: Tempo e Presença, 1980. (Tempo e Presença, 27). Disponível em: https://acervo.socioambiental.org/sites/default/files/documents/j1l00003.pdf. Acesso em: 31 maio 2025.

CASTELLS, M. *A questão urbana*. São Paulo: Paz e Terra, 2019.

CASTILHO, P.; LISBOA, L. O mau selvagem: a apropriação do mito freudiano de totem e tabu por Oswald de Andrade. *Em Tese*, Belo Horizonte, v. 23, n. 1, p. 119-132, 2017.

CASTILHO PEREIRA, W. C. Aspectos psicossociais dos vocacionados ao Ministério Ordenado da Igreja e à vida religiosa consagrada, à luz de pesquisas com o clero brasileiro. *In*: FONTES, D.; MORAIS, J.; FERREIRA, N. (org.). *A formação sacerdotal hoje*. Rio Bonito: Benedictus, 2018.

CASTILHO PEREIRA, W. C. *Os sete pecados capitais à luz da psicanálise*. Petrópolis: Vozes, 2021.

CASTILHO PEREIRA, W. C. *Sofrimento psíquico do subproletariado*. 4. ed. Rio de Janeiro: Imago, 2004.

CASTILHO PEREIRA, W. C. *Sofrimento psíquico dos presbíteros*: dor institucional. 12. reimpressão. Petrópolis: Vozes, 2016.

CESAR, W. O que é popular no catolicismo popular. *Revista Eclesiástica Brasileira*, Petrópolis, v. 36, fasc. 141, p. 6, 1976.

CHAUÍ, M. *Ideologia*: uma introdução. São Paulo: Boitempo, 2025.

CHICO Buarque. Gota d'água (1975). Composição de Chico Buarque e Paulo Pontes. *Letras.mus.br*, [*S. l.*], 16 nov. 2015a. Disponível em: https://www.letras.com.br/chico-buarque/gota-dagua. Acesso em: 20 jan. 2020.

CHICO Buarque. O que será? (À flor da pele) (1976). Composição de Chico Buarque. *Letras.mus.br*, [*S. l.*], 17 nov. 2015b. Disponível em: https://www.letras.com.br/chico-buarque/o-que-sera-a-flor-da-pele. Acesso em: 15 mar. 2020.

COMBLIN, J. *Pastoral urbana*: dinamismo na evangelização. 2. ed. Petrópolis: Vozes, 2000.

CNP – COMISSÃO NACIONAL DOS PRESBÍTEROS. *O presbítero no mundo globalizado*. 10º Encontro Nacional de Presbíteros, Itaici, 4-10 fev. 2004a.

CNP – COMISSÃO NACIONAL DOS PRESBÍTEROS. *Pastoral Presbiteral*. 4. ed. Brasília: CNBB, 2004b.

CNP – COMISSÃO NACIONAL DOS PRESBÍTEROS. *Presbíteros*: discípulo-missionário de Jesus Cristo na América Latina. Conclusão do 12º Encontro Nacional dos Presbíteros. Brasília: CNBB, 2008.

CNBB – CONFERÊNCIA NACIONAL DOS BISPOS DO BRASIL. *Comunidade de comunidades, uma nova paróquia*. Brasília: Edições CNBB, 2013. (Documento; 100).

CNBB. *Diretrizes para a formação dos presbíteros da Igreja no Brasil*. Brasília: Edições CNBB, 2010. (Documento; 93).

CNBB. *O perfil do presbítero brasileiro*. Pesquisa interna realizada pela CNBB. Brasília, 2019. Não publicada.

CNBB. *Pastoral do Dízimo*. Brasília: Edições CNBB, jun. 1975. (Estudos da CNBB; 8).

CNBB. *Saúde integral do clero*: dom precioso de Deus. Pesquisa sobre saúde física, psíquica e espiritual do clero brasileiro, 2022. Disponível em: https://omensageiro.org.br/suicidio-de-padres-um-grito-silencioso/. Acesso em: 29 ago. 2025.

CNBB; CERIS – CENTRO DE ESTATÍSTICA RELIGIOSA E INVESTIGAÇÕES SOCIAIS. *O perfil do presbítero brasileiro*: pesquisa realizada pelo Centro de Estatística Religiosa e Investigações Sociais. Subsídio da CNBB apresentado em sua 42ª Assembleia Geral, Itaici, 21-30 abr. 2004a.

CNBB; CERIS. *Plano de emergência para a Igreja do Brasil*. São Paulo: Paulinas, 2024b. (Documentos da CNBB; 76).

CONGREGAÇÃO PARA O CLERO. *O dom da vocação presbiteral*: ratio fundamentalis institutionis sacerdotalis. *L'Osservatore Romano*, Cidade do Vaticano, 8 dez. 2016. Disponível em: https://www.clerus.va/content/dam/clerus/documenti/ratio-2026/Ratio-PT-5-12-2016.pdf. Acesso em: 12 jun. 2025.

CELAM. *Documento de Aparecida*. Texto conclusivo da V Conferência Geral do Episcopado Latino-Americano e do Caribe. São Paulo: Paulus, 2007.

CELAM – CONSELHO EPISCOPAL LATINO-AMERICANO E CARIBENHO; CNBB – CONFERÊNCIA NACIONAL DOS BISPOS DO BRASIL. *A integridade do sacerdote*: formação humano-afetiva. 4. ed. Brasília: Edições CNBB, 2018.

CHESTERTON, G. K. *São Francisco de Assis*. Rio de Janeiro: Ediouro, 2003.

CNS – CONSELHO NACIONAL DE SAÚDE. *8ª Conferência Nacional de Saúde: quando o SUS ganhou forma*. Brasília: CNS, 22 maio 2019. Disponível em: https://conselho.saude.gov.br/ultimas-noticias-cns/592-8-conferencia-nacional-de-saude-quando-o-sus-ganhou-forma. Acesso em: 15 mar. 2023.

CONIC. *Campanha da Fraternidade de 2010*: economia e vida: manual. Brasília: Edições CNBB, 2009.

COSTA, J. F. *A inocência e o vício*. Rio de Janeiro: Relume-Dumará, 1992.

COSTA, J. F. *O vestígio e a aura*. Rio de Janeiro: Garamond, 2004.

COSTA, J. F. *Psicanálise e contexto cultural*. Rio de Janeiro: Campus, 1989.

COZZENS, D. B. *A face mutante do sacerdócio*. São Paulo: Loyola, 2001.

CRUZ, E. P. Três em cada dez jovens brasileiros quer ter o próprio negócio. *Agência Brasil*, Brasília, 4 dez. 2024. Disponível em: https://agenciabrasil.ebc.com.br/economia/noticia/2024-12/tres-em-cada-dez-jovens-brasileiros-quer-ter-o-proprio-negocio. Acesso em: 19 jun. 2025.

CUCCI, G. *Il fascino del male*: i vizi capitali. Roma: AdP, 2008.

CUCCI, G. *La crisi dell'adulto*: la sindrome di Peter Pan. Assisi: Cittadella, 2012.

CUCCI, G. *La fuerza que nace de la debilidad*. Santander: Sal Terrae, 2014.

CUCCI, G; ZÖLLNER, H. *Igreja e pedofilia, uma ferida aberta*: uma abordagem psicológico-pastoral. São Paulo: Loyola, 2011.

DAMATTA, R. *O jeitinho brasileiro*. Entrevista ao blog *Mania de História*. Disponível em: https://maniadehistoria.wordpress.com/o-jeitinho-brasileiro/. Acesso em: 30 jun. 2025.

DE MORI, G. L. “De profundis”: clamores, olhares, palavras… *Faculdade Jesuíta de Filosofia e Teologia*, Belo Horizonte, [2025]. Disponível em: https://faculdadejesuita.edu.br/de-profundis-clamores-olhares-palavras/. Acesso em: 18 maio 2025.

DELEUZE, G. *Mil platôs*: capitalismo e esquizofrenia. Tradução de Suely Rolnik. São Paulo: Editora 34, 1997. v. 2.

DELEUZE, G. Post-scriptum: sobre as sociedades de controle. *In*: DELEUZE, G. *Conversações*. Tradução de Peter Pál Pelbart. Rio de Janeiro: Editora 34, 1992.

DELEUZE, G.; GUATTARI, F. *Mil platôs*: capitalismo e esquizofrenia. Rio de Janeiro: Editora 34, 1997. v. 5. (Trans).

DELUMEAU, J. *O pecado e o medo*: a culpabilização no Ocidente (séculos 13-18). Bauru: Edusc, 2003. v. 1-2.

DESEMPREGO entre jovens no Brasil é mais que o dobro da taxa de grupo mais velho, aponta pesquisa. *O Globo*, Rio de Janeiro, 11 abr. 2025. Disponível em: https://gl.globo.com/trabalho-e-carreira/noticia/2025/04/11/. Acesso em: 19 jun. 2025.

DETOMI, Í. et al. Não é sobre o futuro: o que as juventudes dizem e quem se recusa a escutá-las. *CartaCapital*, São Paulo, 1 abr. 2025. Disponível em: https://www.cartacapital.com.br/blogs/br-cidades/nao-e-sobre-o-futuro-o-que-as-juventudes-dizem-e-quem-se-recusa-a-escuta-las/. Acesso em: 31 maio 2025.

DUBAR, C. *A socialização*: construção das identidades sociais e profissionais. Tradução de Andréa Stahel M. da Silva. São Paulo: Martins Fontes, 2005.

DUNKER, C. I. L. *A cultura da indiferença*. São Paulo: Segmento, 2014.

DUNKER, C. I. L. *Mal-estar, sofrimento e sintoma*: uma psicopatologia do Brasil entre muros. São Paulo: Boitempo, 2015. (Estado de Sítio).

DUNKER, C. I. L. *Reinvenção da intimidade*: políticas do sofrimento cotidiano. São Paulo: Ubu, 2017.

EAGLETON, T. *Ideologia, uma introdução*. São Paulo: Boitempo, 2019.

ECO, U.; MARTINI, C. M. Em que creem os que não creem? Tradução de Eliana Aguiar. Rio de Janeiro: Record, 1999.

EM MOVIMENTO; PACTO DAS JUVENTUDES PELOS ODS. *Atlas das juventudes*. São Paulo, 2021. Disponível em: https://atlasdasjuventudes.com.br/. Acesso em: 29 ago. 2025.

ERIKSON, E. H. *Identidade, juventude e crise*. Rio de Janeiro: Zahar, 1976.

FANON, F. *Os condenados da terra*. Tradução de Enilce Albergaria Rocha e Lucy Magalhães. Juiz de Fora: Editora UFJF, 2010.

FANON, F. *Pele negra, máscaras brancas*. Salvador: Edufba, 2008.

FARIAS, E. B. Levanta-te e anda: indicativos a partir de uma vida missionária. *In*: FARIAS, E. B.; SANTOS JÚNIOR, I. F.; CRUZ, J. F. G. S.; BERNARDI, J. (org.). *Experiências missionárias*: caminhos para uma formação presbiteral em chave missionária. Brasília: Edições CNBB, 2024. p. 19-40.

FEIJÓ, J.; PERUCHETTI, P. Mais pessoas empregadas e mais renda nas regiões brasileiras. *Blog do Ibre (FGV)*, Rio de Janeiro, 30 dez. 2024. Trabalho. Disponível em: https://blogdoibre.fgv.br/posts/mais-pessoas-empregadas-e-mais-renda-nas-regioes-brasileiras. Acesso em: 4 ago. 2025.

FERREIRA, I. Novos recortes geográficos do IBGE detalham desigualdades do país em 2023. *Agência IBGE Notícias*, Rio de Janeiro, 4 dez. 2024. Síntese de Indicadores Sociais; Estatísticas Sociais. Disponível em: https://agenciadenoticias.ibge.gov.br/agencia-noticias/2012-agencia-de-noticias/noticias/42074-novos-recortes-geograficos-do-ibge-detalham-desigualdades-do-pais-em-2023. Acesso em: 17 jun. 2025.

FONTES, D.; MORAIS, J.; FERREIRA, N. (org.). *A formação sacerdotal hoje*. Rio Bonito: Benedictus, 2018.

FÓRUM BRASILEIRO DE SEGURANÇA PÚBLICA. *Um retrato da violência contra negros no Brasil 2024*. São Paulo: FBSP, 19 set. 2024. Infográfico. Disponível em: https://publicacoes.forumseguranca.org.br/items/260984a6-2cbf-49fd-92f0-f5f2b91dd27d. Acesso em: 16 jun. 2025.

FOUCAULT, M. *História da loucura*. São Paulo: Perspectiva, 1978.

FOUCAULT, M. *História da sexualidade 2*: o uso dos prazeres. Tradução de Maria Thereza da Costa Albuquerque e J. A. Guilhon Albuquerque. Rio de Janeiro: Graal, 1984.

FOUCAULT, M. *Microfísica do poder*. 9. ed. Rio de Janeiro: Graal, 1990.

FOUCAULT, M. *Nascimento da biopolítica*: curso no Collège de France, 1978-1979. São Paulo: Martins Fontes, 2008a.

FOUCAULT, M. *Segurança, território e população*: curso no Collège de France, 1977-1978. São Paulo: Martins Fontes, 2008b.

FOUCAULT, M. *Vigiar e punir*: nascimento da prisão. Petrópolis: Vozes, 1997.

FOUCAULT, M.; SENNETT, R. Sexualidade e solidão. *London Review of Books*, London, v. 3, n. 9, p. 4-7, May/June 1981. Disponível em: https://historiacultural.mpbnet.com.br/pos-modernismo/Sennett-Foucault-Sexualidade_e_Solidao.pdf. Acesso em: 7 jan. 2018.

FRANCISCO. Discurso à Cúria Romana: os quinze pecados da Cúria. *Vatican*, Cidade do Vaticano, 22 dez. 2014. Disponível em: http://www.vatican.va/content/francesco/pt/speeches/2014/december/documents/papa-francesco_20141222_curia-romana.html. Acesso em: 26 dez. 2014.

FRANCISCO. *Esperança*: autobiografia. São Paulo: Fontamar, 2025.

FRANCISCO. *Evangelii Gaudium*: a alegria do Evangelho. Brasília: Edições CNBB, 2013. (Documentos Pontifícios; 17).

FRANCISCO. *Gaudete et Exsultate*: exortação apostólica sobre a chamada à santidade no mundo atual. Brasília: Edições CNBB, 2018.

FRANCISCO. *Homilia*: Santa Missa na praça Cristo Redentor em Santa Cruz de la Sierra, Bolívia. *Vatican*, Cidade do Vaticano, 9 jul. 2015. Disponível em: https://www.vatican.va/content/francesco/pt/homilies/2015/documents/papa-francesco_20150709_bolivia-omelia-santa-cruz.html. Acesso em: 26 maio 2025.

FRANCISCO. *Laudate Deum*: a todas as pessoas de boa vontade sobre a crise climática. São Paulo: Paulus, 2023.

FRANCISCO. *Mensagem aos participantes do encontro de movimentos populares*. Califórnia, fev. 2017.

FRANCISCO. Vigília penitencial no final do retiro sinodal realizado antes da abertura da Segunda Sessão da XVI Assembleia Geral do Sínodo dos Bispos, Basílica de São Paulo, Altar da Confissão, terça-feira, 1º de outubro de 2024. *Vatican*, Cidade do Vaticano, 1 out. 2024. Disponível em: https://www.vatican.va/content/francesco/pt/homilies/2024/documents/20241001-omelia-veglia-penitenziale.pdf. Acesso em: 6 ago. 2025.

FREI BETTO. Da prática pastoral popular. *Encontro com a Civilização Brasileira*, Rio de Janeiro, n. 2, p. 96, 1978.

FREUD, S. A moral sexual civilizada e doenças modernas. *In*: FREUD, S. *Edição standard brasileira das obras psicológicas completas de Sigmund Freud*. Rio de Janeiro: Imago, 2013a. v. 9.

FREUD, S. *Correspondência de amor e outras cartas (1873-1939)*. Tradução de Agenor Soares Santos. Rio de Janeiro: Nova Fronteira, 1982.

FREUD, S. *Introdução ao narcisismo, ensaios de metapsicologia e outros textos (1914-1916)*. Tradução de Paulo César de Souza. São Paulo: Companhia das Letras, 2013b. (Obras completas; 12).

FREUD, S. *Moisés e o monoteísmo, compêndio de psicanálise e outros textos (1937-1939)*. Tradução de Paulo César de Souza. São Paulo: Companhia das Letras, 2018. (Obras completas; 19).

FREUD, S. Moral sexual "civilizada" e doença nervosa moderna (1908). *In*: FREUD, S. *Edição standard brasileira das obras psicológicas completas de Sigmund Freud*. Rio de Janeiro: Imago, 1969a. v. 5.9, p. 187-208.

FREUD, S. *O eu e o id, "autobiografia" e outros textos (1923-1925)*. Tradução de Paulo César de Souza. São Paulo: Companhia das Letras, 2011a. (Obras completas; 16).

FREUD, S. *O futuro de uma ilusão (1926-1929)*. Tradução de Paulo César de Souza. São Paulo: Companhia das Letras, 2014. (Obras completas; 17).

FREUD, S. *O mal-estar na civilização, novas conferências introdutórias à psicanálise e outros textos (1930-1936)*. Tradução de Paulo César de Souza. São Paulo: Companhia das Letras, 2010. (Obras completas; 18).

FREUD, S. *Observações sobre um caso de neurose obsessiva [O Homem dos Ratos], uma recordação de infância de Leonardo da Vinci e outros textos (1909-*

1910). Tradução de Paulo César de Souza. São Paulo: Companhia das Letras, 2013c. (Obras completas; 9).

FREUD, S. Por que a guerra? (1933). *In*: FREUD, S. *Edição standard brasileira das obras psicológicas completas de Sigmund Freud*. Rio de Janeiro: Imago, 1969b. v. 22, p. 237-245.

FREUD, S. *Psicologia das massas e análise do eu e outros textos (1920-1923)*. Tradução de Paulo César de Souza. São Paulo: Companhia das Letras, 2011b. (Obras completas; 15).

FREUD, S. *Totem e tabu, contribuição à história do movimento psicanalítico e outros textos (1912-1914)*. Tradução de Paulo César de Souza. São Paulo: Companhia das Letras, 2012. (Obras completas; 11).

FUNDAÇÃO PERSEU ABRAMO. *Percepções e valores políticos nas periferias de São Paulo*. São Paulo: FPA, 4 abr. 2017. Disponível em: https://fpabramo.org.br/wp-content/uploads/2017/03/Pesquisa-Periferia-FPA-040420172.pdf. Acesso em: 10 jun. 2025.

GALIMBERTI, U. I vizi capitali e nuovi vizi. *In*: CUCCI, G. *Il fascino del male*: i vizi capitali. Roma: AdP, Pontificia Università Gregoriana, 2008.

GAULEJAC, V. *As origens da vergonha*. São Paulo: Via Lettera, 2006.

GIRARD, R. *A violência e o sagrado*. São Paulo: Editora Unesp, 1990.

GODOY, M. [Título do artigo]. *Vida Pastoral*, São Paulo, n. 197, p. 29-34, 1967.

GODOY, M. *Reações teológicas pastorais à pesquisa dos presbíteros*. [*S. l.*: *s. n.*], 2019. Mimeo.

GONÇALVES, A. J. A política é a forma mais perfeita da caridade. *O São Paulo*, São Paulo, 27 jul. 2022.

GONZÁLEZ, F. M. *La Iglesia del silencio*. Ciudad de México: Tiempo de Memoria Tusquets, 2009.

GRAMSCI, A. *Cartas do cárcere*. 2. ed. Rio de Janeiro: Civilização Brasileira, 1978.

GROS, F. *A vergonha é um sentimento revolucionário*. São Paulo: Ubu, 2023.

GUATTARI, F. *As três ecologias*. São Paulo: Papirus, 1990.

GUATTARI, F.; ROLNIK, S. *Micropolítica*: cartografias do desejo. Petrópolis: Vozes, 1986.

GUICHARD, J. *Église, luttes de classes et stratégies politiques*. Paris: Éditions du Cerf, 1972.

GUIMARÃES, J. G. M. *O novo humanismo*: paradigmas civilizatórios para o século XXI a partir do Papa Francisco. Belo Horizonte: NESP-PUC Minas; São Paulo: Paulus, 2022.

GUIMARÃES ROSA, J. *Grande sertão*: veredas. Rio de Janeiro: Nova Fronteira, 1988.

HAN, B.-C. *Sociedade do cansaço*. 2. ed. ampliada. Petrópolis: Vozes, 2017.

HAN, B.-C. *Topologia da violência*. Petrópolis: Vozes, 2017.

HOBBES, T. *Leviatã*. Tradução de João Paulo Monteiro e Maria Beatriz Nizza da Silva. São Paulo: Martins Fontes, 2003.

IBGE – INSTITUTO BRASILEIRO DE GEOGRAFIA E ESTATÍSTICA. *Agência IBGE Notícias*, Rio de Janeiro, [2025]. Disponível em: https://agenciadenoticias.ibge.gov.br/. Acesso em: 3 maio 2025.

IBGE – INSTITUTO BRASILEIRO DE GEOGRAFIA E ESTATÍSTICA. Censo 2022: Panorama. *IBGE*, Rio de Janeiro, 28 jun. 2023. Disponível em: https://censo2022.ibge.gov.br/panorama. Acesso em: 5 maio 2025.

Código de Direito Canônico [Codex Iuris Canonici]. Cânones 298-312. Promulgado por São João Paulo II em 1983. *L'Osservatore Romano*, Cidade do Vaticano, p. 537-539, 20 out. 1991.

IPEA – INSTITUTO DE PESQUISA ECONÔMICA APLICADA; FJP – FUNDAÇÃO JOÃO PINHEIRO; PNUD – PROGRAMA DAS NAÇÕES UNIDAS PARA O DESENVOLVIMENTO. *Atlas Brasil*. Brasília: Ipea; FJP; PNUD, [2025]. Disponível em: http://www.atlasbrasil.org.br/acervo/atlas. Acesso em: 6 maio 2025.

IPEA – INSTITUTO DE PESQUISA ECONÔMICA APLICADA; FJP – FUNDAÇÃO JOÃO PINHEIRO; PNUD – PROGRAMA DAS NAÇÕES UNIDAS

PARA O DESENVOLVIMENTO. *Desenvolvimento humano nas macrorregiões brasileiras*. Brasília: Ipea; FJP; PNUD, 2016.

INSTITUTO PRÓ-LIVRO. *Retratos da leitura no Brasil*. 6. ed. [*S. l.*: *s. n.*], [2025]. Disponível em: https://www.prolivro.org.br/wp-content/uploads/2024/11/Apresentac%CC%A7a%CC%83o_Retratos_da_Leitura_2024_13-11_SITE.pdf. Acesso em: 12 jun. 2025.

JOÃO PAULO II. *Discurso aos participantes do Congresso Mundial dos Movimentos Eclesiais*. Cidade do Vaticano: Tipografia Vaticana, 6 fev. 2004.

KEHL, M. R. A publicidade e o mestre do gozo. *Comunicação, Mídia e Consumo*, São Paulo, v. 1, n. 1, 6 jul. 2004. Disponível em: http://revistacmc.espm.br/index.php/revistacmc/article/view/14. Acesso em: 27 fev. 2018.

KEHL, M. R. Corpos estreitamente vigiados. *O Estado de S. Paulo*, São Paulo, 31 dez. 2006 . Disponível em: http://www.mariaritakehl.psc.br/resultado.php?id=138. Acesso em: 28 fev. 2018.

KEHL, M. R. *Deslocamentos do feminino*: a mulher freudiana na passagem para a Modernidade. 2. ed. São Paulo: Boitempo, 2016.

KEHL, M. R. *O tempo e o cão*: a atualidade das depressões. São Paulo: Boitempo, 2014.

KNAUTH, D. R.; PILECCO, F. B. Aids e prevenção do HIV entre adolescentes e jovens em seis municípios brasileiros. *Saúde e Sociedade*, v. 33, n. 1, e240002, 2024. Dossiê: Juventudes e sexualidades na era digital. Disponível em: https://doi.org/10.1590/S0104-12902024240002. Acesso em: 19 jun. 2025.

LA BOÉTIE, É. *Discurso da servidão voluntária*. São Paulo: Brasiliense, 1982.

LACAN, J. *O seminário, livro 14*: a lógica do fantasma. São Paulo: Zahar, 2024.

LACAN, J. *Escritos*. Rio de Janeiro: Zahar, 1995.

LACAN, J. *O triunfo da religião*. Rio de Janeiro: Zahar, 2005.

LASCH, C. *A cultura do narcisismo*. Rio de Janeiro: Imago, 1979.

LE BRETON, D. *Uma breve história da adolescência*. Belo Horizonte: Editora PUC Minas, 2017.

LEÃO XIV. Discurso ao acolher os pastores da Igreja de Madagascar. *Vatican News*, Vatican City, [2025a]. Disponível em: [URL]. Acesso em: 16 jul. 2025

LEÃO XIV. Homilia. *Vatican News*, Vatican City, [2025b]. Disponível em: [URL]. Acesso em: 1 jun. 2025.

LEERS, B. Religiosidade popular e evangelização. *Atualização*: Revista de Divulgação Teológica para o Cristão de Hoje, Belo Horizonte, n. 340/341, p. 15, 2009.

LEERS, B.; TRASFERETTI, J. *Homossexuais e ética cristã*. Campinas: Átomo, 2002.

LEITÃO, M. *História do futuro*: o horizonte do Brasil no século XXI. São Paulo: Intrínseca, 2015.

LIBÂNIO, J. B. *Cenários da Igreja*: num mundo plural e fragmentado. 4. ed. São Paulo: Loyola, 2009. (FAJE).

LIBÂNIO, J. B. Igreja mergulha em longo processo neoconservador. *Instituto Humanitas Unisinos (IHU)*, São Leopoldo, 16 fev. 2011. Disponível em: https://www.ihu.unisinos.br/entrevistas/40698-igreja-mergulha-em-longo-processo-neoconservador-entrevista-especial-com-joao-batista-libanio-. Acesso em: 11 jun. 2025.

LIGUORI, G.; VOZA, P. *Dicionário gramsciano*. São Paulo: Boitempo, 2017.

LINHAS de pobreza. *World Bank*, Washington, DC, 2025. Disponível em: https://www.worldbank.org/. Acesso em: 5 maio 2025.

LOSCHI, M. Censo 2022: católicos seguem em queda; evangélicos e sem religião crescem no país. *Agência IBGE Notícias*, Rio de Janeiro, 6 jun. 2025. Censo 2022; IBGE. Disponível em: https://agenciadenoticias.ibge.gov.br/agencia-noticias/2012-agencia-de-noticias/noticias/43593-censo-2022-catolicos-seguem-em-queda-evangelicos-e-sem-religiao-crescem-no-pais. Acesso em: 17 jun. 2025.

MANFROI, O. *A colonização italiana no Rio Grande do Sul*: implicações econômicas, políticas e culturais. 2. ed. Porto Alegre: EST, 2001.

MARX, K. *Manuscritos econômico-filosóficos*. Tradução de Jesus Ranieri. 4. reimpressão. São Paulo: Boitempo, 2010.

MARX, K. *Textos filosóficos*. Lisboa: Estampa, 1975.

MCLUHAN, M. *Os meios de comunicação como extensões do homem*. Tradução de Décio Pignatari. São Paulo: Cultrix, 1969.

MEDEIROS, F. F. et al. *Influenciadores digitais católicos*: efeitos e perspectivas. São Paulo: Ideias e Letras; Paulus, 2024.

MEDEIROS, K. M. C.; FERNANDES, S. R. A. (org.). *O padre no Brasil*: interpelações, dilemas e esperanças. São Paulo: Loyola, 2005.

MESSIAS, T. Evágrio Pôntico: introdução à vida, obra e teologia espiritual. *Atualidade Teológica*, Rio de Janeiro, ano 17, n. 44, maio/ago. 2013.

MESSORI, V. *Relatório sobre a fé*: Vittorio Messori conversa com o cardeal Joseph Ratzinger. Tradução de Alexandre Martins. São Paulo: Escola Ratzinger, 2011.

MOHN, W. R. *Religião popular e vida religiosa inserida*. Petrópolis: Vozes, 1986.

MOLIÈRE, J.-B. P. *O avarento*. Tradução de Dorothée de Bruchard. Porto Alegre: L&PM, 2017.

MORANO, C. D. *Crer depois de Freud*. São Paulo: Loyola, 2003.

MORANO, C. D. La lógica perversa del dinero. *Misión Joven*, Madrid, v. 41, p. 35-42, 2001. Disponível em: https://editorialccs.com/revista/mision-joven/. Acesso em: 9 maio 2025.

NEM-NEM ou sem-sem?: jovens querem trabalhar, mas não têm oportunidades no mercado. *Boletim Emprego em Pauta (DIEESE)*, São Paulo, n. 27, set. 2024. Disponível em: https://www.dieese.org.br/boletimempregoempauta/2024/boletimEmpregoemPauta27.html. Acesso em: 19 jun. 2025.

NERY, C. N. Censo 2022: Taxa de analfabetismo cai de 9,6% para 7% em 12 anos, mas desigualdades persistem. Agência IBGE Notícias, Rio de Janeiro, 17 maio 2024. Censo 2022; IBGE. Disponível em: https://agenciadenoticias.ibge.gov.br/agencia-noticias/2012-agencia-de-noticias/noticias/40098-censo-2022-taxa-de-analfabetismo-cai-de-9-6-para-7-0-em-12-anos-mas-desigualdades-persistem. Acesso em: 21 jun. 2025.

NERY, P. A fecundidade da solidão. *Convergência*, Rio de Janeiro, n. 306, p. 475-484, 1997. Disponível em: http://crbnacional.org.br/wp-content/uploads/1997/10/CONVERGENCIA_306.pdf. Acesso em: 4 fev. 2019.

NOSTALGIA da luz. Direção e roteiro: Patricio Guzmán. Produção: Renate Sachse. Chile: Atacama Production; France: Pyramide International; United States: Icarus Films, 2010. (90 min), color.

OLIVEIRA, L. L. *O Brasil dos imigrantes*. 2. ed. Rio de Janeiro: Zahar, 2002.

OMS – ORGANIZAÇÃO MUNDIAL DA SAÚDE. *Classificação de transtornos mentais e de comportamento da CID-10*: descrições clínicas e diretrizes diagnósticas. Tradução de Dorgival Caetano. Porto Alegre: Artes Médicas, 1993.

O QUE FOI FEITO deverá. Composição e interpretação de Milton Nascimento e Fernando Brant. *In*: CLUBE da Esquina 2. Rio de Janeiro: EMI-Odeon, 1978.

ORGANIZAÇÃO DE AUXÍLIO FRATERNO. A família marginalizada incompleta. *Cadernos do CEAS*, Salvador, n. 54, p. 20-24, mar./abr. 1978.

OXFAM BRASIL. Desigualdade S/A. *Oxfam Brasil*, São Paulo, [2025]. Disponível em: https://www.oxfam.org.br/forum-economico-de-davos/desigualdade-s-a/. Acesso em: 17 jun. 2025.

PAIVA, V. P. *Educação popular e educação de adultos*. São Paulo: Loyola. 1973.

PAIVA, V. Introduzindo o dossiê "Juventudes e sexualidades na era digital: desafios metodológicos e inspiração para renovar a pesquisa e a promoção da saúde sexual e reprodutiva". *Saúde e Sociedade*, São Paulo, v. 33, n. 1, e240000, 2024. Disponível em: https://doi.org/10.1590/S0104-12902024240000. Acesso em: 19 jun. 2025.

PAPA Francisco diz que *gays* não devem ser marginalizados. *Jornal Hoje*. São Paulo: Rede Globo, jul. 2013. Globoplay (3 min), color. Entrevista do Papa Francisco à jornalista Ilze Scamparini. Disponível em: https://globoplay.globo.com/v/2721878/. Acesso em: 13 jun. 2025.

PARA uma Igreja sinodal: comunhão, participação, missão. *In*: *XVI Assembleia Geral Ordinária do Sínodo dos Bispos*. Roma, 2-27 out. 2024.

PAULO VI. *Presbyterorum ordinis*: decreto sobre o ministério e vida dos presbíteros. Cidade do Vaticano: Tipografia Vaticana, 7 dez. 1965.

PEREIRA, J. C. *Operários da fé*. São Paulo: Matrix, 2023.

PERLMAN, J. E. *O mito da marginalidade*: favelas e política no Rio de Janeiro. Tradução de Waldívia Marchiori Portinho. Rio de Janeiro: Paz e Terra, 1977.

PIERUCCI, A. F. Não é ele o filho do carpinteiro?: origem sociocultural do clero católico. *In*: PRANDI, R.; PIERUCCI, A. F. *A realidade social das religiões no Brasil*. São Paulo: Hucitec, 1996.

PIO XII. Menti nostrae: sobre a santidade da vida sacerdotal. *Vatican*, Cidade do Vaticano, 23 set. 1950. Disponível em: https://www.vatican.va/content/pius-xii/pt/encyclicals/documents/hf p-xii enc 23091950 menti-nostrae.html Acesso em: 19 jul. 2025.

PLATÃO. *A República*. Tradução de Maria Helena da Rocha Pereira. São Paulo: Nova Cultural, 1997. (Os Pensadores).

PNAD Educação 2019: mais da metade das pessoas de 25 anos ou mais não completaram o ensino médio. Agência IBGE Notícias, Rio de Janeiro, 15 jul. 2020. Estatísticas Sociais. Disponível em: https://agenciadenoticias.ibge.gov.br/agencia-sala-de-imprensa/2013-agencia-de-noticias/releases/28285-pnad-educacao-2019-mais-da-metade-das-pessoas-de-25-anos-ou-mais-nao-completaram-o-ensino-medio. Acesso em: 1 maio 2025.

QUANTAS pessoas sofrem com o alcoolismo no Brasil e no mundo? *Centro de Informações sobre Saúde e Álcool (Cisa)*, São Paulo, 28 jan. 2025. Disponível em: https://cisa.org.br/sua-saude/informativos/artigo/item/518-quantas-pessoas-sofrem-com-o-alcoolismo-no-brasil-e-no-mundo. Acesso em: 21 jun. 2025.

REINA, M. L. Pentecostalismo e questão racial no Brasil: desafios e possibilidades do ser negro na Igreja evangélica. *Plural*: Revista do Programa de Pós-Graduação em Sociologia da USP, São Paulo, v. 24, n. 2, p. 253-275, 2017. Disponível em: https://doi.org/10.11606/issn.2176-8099.pcso.2017.139113. Acesso em: 1 maio 2025.

RETRATOS DO BRASIL. Dossiê: Da batalha em torno do gênero: educação básica contra-ataca. *Civilização Brasileira*, Rio de Janeiro, n. 14, abr. 1963.

RIGAMONTE, R. C. *Sertanejos contemporâneos*: entre a metrópole e o sertão. São Paulo: FAPESP, 2001.

ROSSI, M. Mais brasileiros se dizem negros e pardos e reduz o número de brancos. *El País*, Brasília, 13 nov. 2015. Disponível em: https://brasil.elpais.com/brasil/2015/11/13/politica/1447439643_374264.html. Acesso em: 15 mar. 2023.

SAFATLE, V. *O circuito dos afetos*: corpos políticos, desamparo e o fim do indivíduo. 2. ed. rev. Belo Horizonte: Autêntica, 2016.

SANCHIS, P. *Religião, cultura e identidades*: matrizes e matizes. Organização de Mauro Passos e Léa Freitas Perez. Petrópolis: Vozes, 2018.

AGOSTINHO DE HIPONA. *Comentário aos Salmos [Enarrationes in Psalmos]*: Salmos 1-50. São Paulo: Paulus, 1997. (Patrística).

SANTOS, J. V. Nem só católico, nem só evangélico: o Brasil das múltiplas religiões e religiosidades revelado pelos jovens. *Instituto Humanitas Unisinos (IHU)*, São Leopoldo, jun. 2022. Disponível em: https://www.ihu.unisinos.br/categorias/159-entrevistas/619333-nem-so-catolico-nem-so-evangelico-o-brasil-das-multiplas-religioes-e-religiosidades-revelado-pelos-jovens-entrevista-especial-com-regina-novaes. Acesso em: 14 abr. 1963.

SANTOS, M. *Por uma outra globalização*: do pensamento único à consciência universal. 10. ed. Rio de Janeiro: Record, 2003.

SASSE, C. Recordista em desigualdade, país estuda alternativas para ajudar os mais pobres. *Agência Senado (Senado Federal)*, Brasília, 12 mar. 2021. Disponível em: https://www12.senado.leg.br/noticias/infomaterias/2021/03/recordista-em-desigualdade-pais-estuda-alternativas-para-ajudar-os-mais-pobres#:~:text=%E2%80%94%20O%20Brasil%20est%C3%A1%20entre%20os. Acesso em: 6 ago. 2025.

SELL, C. E. *Para onde vai a Igreja Católica*. Petrópolis: Vozes, 2025.

SENNA, C. H C. *"Coisar sapato" e calçar a vida*: o trabalhador imigrante em Nova Serrana e a sua religião. 2017. 287 f. Tese (Doutorado em Ciências Sociais) – Programa de Pós-Graduação em Ciências Sociais, Pontifícia Universidade Católica de Minas Gerais, Belo Horizonte, 2017. Disponível em: https://oasisbr.ibict.br/vufind/Record/PUC_MINS_1d0757b45b87940636290b6c7fab3875?lng=en. Acesso em: 6 ago. 2025.

SERBIN, K. P. *Padres, celibato e conflito social*: uma história da Igreja Católica no Brasil. São Paulo: Companhia das Letras, 2008.

SILVA, J. R. Baudelaire e os pobres no Brasil: poética e política da pobreza. *Philipeia*, João Pessoa, n. 1, set. 2013. Disponível em: https://revistaphilipeia.files.wordpress.com/2013/09/pobreza.png. Acesso em: 12 abr. 2018.

SIQUEIRA, B.; BRITTO, V. Censo 2022: 87% da população brasileira vive em áreas urbanas. *Agência IBGE Notícias*, Rio de Janeiro, 14 nov. 2024. Censo 2022; IBGE. Disponível em: https://agenciadenoticias.ibge.gov.br/agencia-no

ticias/2012-agencia-de-noticias/noticias/41901-censo-2022-87-da-popula cao-brasileira-vive-em-areas-urbanas. Acesso em: 1 maio 2025.

Sócrates. São Paulo: Nova Cultural, 1996.

SOUZA, J. *O pobre de direita*. Rio de Janeiro: Civilização Brasileira, 2024.

SOUZA, N. S. *Tornar-se negro*. Rio de Janeiro: Zahar, 2021.

SUNG, J. M. *Desejo, mercado e religião*. 3. ed. Petrópolis: Vozes, 1997.

SUY, A. *A gente mira no amor e acerta na solidão*. São Paulo: Paidós, 2022.

TARTT, D. *La tessitura del mondo*. Civitas Vaticana: Libreria Editrice Vaticana, 2024.

TERRA plana. Composição e interpretação de Geraldo Vandré. *In*: CANTO geral. Interpretação de Geraldo Vandré. Rio de Janeiro: EMI-Odeon, 1968. 1 disco sonoro, lado A.

TOMÁS DE AQUINO. *Sobre o ensino [De magistro], os sete pecados capitais*. Tradução e estudos introdutórios de Luiz Jean Lauand. 2. ed. São Paulo: Martins Fontes, 2004. (Clássicos).

TOMÁS DE AQUINO. *Suma teológica*. Tradução de Alexandre Corrêa. Organização de Rovídio Costa e Luís A. de Boni. 2. ed. Porto Alegre: Escola Superior de Teologia São Lourenço de Brindes; Caxias do Sul: Universidade de Caxias do Sul, 1980.

TRIO Nagô. Sua majestade, o neném (1960). Composição de Armando Cavalcanti e Klécius Caldas. *Letras.mus.br*, [*S. l.*], 17 nov. 2015. Disponível em: https://www.letras.mus.br/trio-nago/1880164/. Acesso em: 14 fev. 2020.

TV BRASIL. Papa expulsa do sacerdócio padre chileno por abuso sexual. Repórter Brasil, 2018. Disponível em: https://tvbrasil.ebc.com.br/reporter-brasil/2018/09/papa-expulsa-do-sacerdocio-padre-chileno-por-abuso-sexual?page=152. Acesso em: 29 ago. 2025.

ÚLTIMO pau de arara. Composição de Venâncio Moraes e Manoel Firmino Alves Cavalcanti. Interpretação de Ary Lobo. [*S. l.*], 1956.

VALLE, E. (org.); BENEDETTI, L. R.; ANTONIAZZI, A. *Padre, você é feliz?*: uma sondagem psicossocial sobre a realização pessoal dos presbíteros do Brasil. 2. ed. São Paulo: Loyola, 2004.

VASCONCELOS, A. *Instituto de pensão do clero*. Rio de Janeiro: Lumen Juris, 1998.

VEIGA, E. *Era a escravidão que sustentava a Igreja Católica no Brasil. BBC News Brasil*, São Paulo, 12 maio 2025. Disponível em: https://www.bbc.com/portuguese/articles/cnv1j95q464o. Acesso em: 30 maio 2025.

VELOSO, A. M. Depressão social. *TAB UOL*, São Paulo, 12 mar. 2018. Disponível em: https://tab.uol.com.br/edicao/depressao/. Acesso em: 7 ago. 2025.

WASSERSTEIN, W. *Preguiça*. São Paulo: Arx, 2005. (Sete Pecados Capitais).

WEBER, M. *A ética protestante e o espírito do capitalismo*. Tradução de M. Irene de Q. F. Szmrecsányi e Tamás J. M. K. Szmrecsányi. 10. ed. São Paulo: Martin Claret, 2012.

WEBER, R. *Conferência proferida em São Gabriel da Cachoeira, Amazonas, 20 de julho de 2023*. [*S. l.*: *s. n.*], 30 maio 2025.

WINNICOTT, D. W. *Natureza humana*. Rio de Janeiro: Imago, 1990.

WINNICOTT, D. W. *O brincar e a realidade*. Rio de Janeiro: Imago, 1975.

WOODS, T. E. *Como a Igreja Católica construiu a civilização ocidental*. Tradução de Márcia Xavier de Brito. São Paulo: Quadrante, 2012.

WORLD BANK GROUP. Home. *World Bank*, Washington, DC, [2025]. Disa ponível em: https://www.worldbank.org/ext/en/home. Acesso em: 6 ago. 2025.

Conecte-se conosco:

facebook.com/editoravozes

@editoravozes

@editora_vozes

youtube.com/editoravozes

+55 24 2233-9033

www.vozes.com.br

Conheça nossas lojas:

www.livrariavozes.com.br

Belo Horizonte – Brasília – Campinas – Cuiabá – Curitiba
Fortaleza – Juiz de Fora – Petrópolis – Recife – São Paulo

EDITORA VOZES LTDA.
Rua Frei Luís, 100 – Centro – Cep 25689-900 – Petrópolis, RJ
Tel.: (24) 2233-9000 – E-mail: vendas@vozes.com.br